MINERVA
日本史ライブラリー
⑪

# 大正外交

—人物に見る外交戦略論—

関 静雄著

ミネルヴァ書房

# まえがき

最近、四五年の明治と六四年の昭和に君臨した「両大帝」に挟まれて影の薄かった一五年の大正の「天皇」が、その人間的な側面で見直されているが、本書も「栄光の明治」と「動乱の昭和」に介在する「大正の外交」の再評価を試みるものである。

本書の副題にいう「人物に見る外交戦略論」とは、それぞれの人物の国際政治観、歴史観、人間観などに基づいて設定された国家の対外目標と、それを達成する際の基本的枠組および手段・方策とに関する、彼らの考察と議論である。

従って、本書は「外交」というも具体的な外交交渉や国際的事件や外交家の行動を詳述するものではない。取り上げられた人物のうち、原敬と幣原喜重郎を除き他はすべて外交家でないのも、本書の性格を反映するものである。朝河貫一は歴史学者であり、宇垣一成は軍人であり、水野広徳は元軍人の軍事評論家であり、姉崎正治は宗教学者であり、清沢洌は外交評論家であり、池崎忠孝は漱石門下の元作家から軍事・外交評論家に転向した人物である。実際の外交に深くかかわった原首相と幣原外相の場合、彼らの具体的な外交行動にかなり多く触れることになるが、その場合でも、著者の関心の重点は、他の人物を扱った場合と同じように、人物の対外観、外交思想、外交目標とその達成法、そしてその二つの関連づけに関する思考・議論、すなわち、彼らの外交戦略論の体系化にある。

本書の目的の一つは、これらの人物の外交戦略論を分析、統合していくことによって、彼ら個人の外交思想の多彩な特徴を浮かび上がらせることにある。しかしそれにとどまらず、あえていくつかの元々独立していた論文をここに一冊の書物にまとめて公刊したゆえんは、明治の末期から引き継ぎ、そして昭和の前期に受け継がれて行くことになる「大正外交」の思想を形成する代表的な時代的潮流を描き出すことにある。

一つの時代としての特性を示しながらも、ある意味において当然のことながら、その前後の明治と昭和との時代的連続性を保持する大正の外交を、この文脈でよりよく理解できるようにと、大正外交そのものを扱う本章としての八つの章を挟んで、序章には日露戦争から日米開戦までをカバーする朝河貫一の外交戦略論を、そして終章には満州事変後の清沢洌と池崎忠孝の対照的な外交戦略論を配置した。

さて、明治・大正・昭和という三つの時代の流れを思い描こうとするさいに、坂の上の雲を目指して一直線に頂上を極めた明治日本が、大正という短い凪ぎを経て、その後また昭和日本が一直線に日中戦争の嵐に突入し、ついには日米戦争という奈落に落ちるというイメージが現れて来ないであろうか。

本書では、このような一般的イメージを否定するのではなくて、はざまの大正に焦点を当てることによって、一見「凪ぎ」と思える大正外交の表面下で、将来大きな台風に発達する芽がかなりの発育力を予想させる勢いで膨みはじめていたことを例証したい。その意味では、国際協調外交論を代表する朝河、姉崎、原、幣原、清沢と劣らぬほど重要な位置を、宇垣や「思想の大転化」前の水野や池崎が占めることになる。

大正外交は昭和の動乱の前に位置する国際平和と国際協調と軍備縮小の単なる小春日和であったわけではない。本書を書き上げた著者の今現在の大正外交のイメージは、平和と協調と軍縮の流れと戦争と抗争と軍拡の流れとが、がっぷり四つに組み合って、前者の優位のうちに進行しながらも、後者が土俵際で巻き返しを狙っているというものである。

著者が何年もかけていくつもの論文を一つ、一つと書き継いでいって、ようやくこのように何とかまとまった一冊の本に仕上げたすえ、やっと築き上げ確信を得たこのイメージを、著者の大学院以来の学友である中西輝政京大教授に新発見のように話すと、並外れて聡明で直覚に優れたこの学友は、こともなげに「そもそも歴史はあざなえる縄のようなものだからなあ」と評した。いみじくも中西氏に指摘された著者の「あざなえる縄のような大正外交」というイメージがどれほど説得力のあるものか、中西氏を含めて読者諸氏には本書をお読みいただいた上で、その判断を仰ぎたい。

そして、皆様がこの読書を通じて、本書で取り上げた人物が、同時代の外交について、それぞれ立場の違いもあり、中には甚だしい謬見もあるが、それぞれにとにかくも真剣に思索したその跡を追うことによって、読者諸氏の外交思想の形成に本書が些かでも貢献できたとしたら、それこそ著者の大きな幸せである。

# 大正外交——人物に見る外交戦略論

目次

まえがき

序　章　朝河貫一の日米関係論——日露戦争から日米開戦まで……1
第一節　日露戦争前夜……1
1　ロシアの南下……1
2　日本の対応……2
第二節　日露戦争後の日米危機……4
1　対満・対中方針……4
2　『日本の禍機』……6
第三節　日中戦争へ……8
1　張作霖爆殺……8
2　第一次上海事変……9
第四節　日米戦争へ……11
1　対独接近批判……11
2　日米戦争回避の努力……13

第一章　宇垣一成と第一次世界大戦……17
第一節　日露戦争前後から大戦勃発まで……17
1　生存競争と日本国家……17

2　日露戦争の影響……20
3　北進論と軍備……22
第二節　大戦勃発後の対中膨張論……25
1　中国本土への膨張……25
2　対中膨張と対英米軍備……27
3　対中威力手段……29
第三節　大戦中の欧米観……31
1　勝敗の予測……31
2　対英観の変転……33
3　対米警戒心の芽生え……35
第四節　戦争の長期化……37
1　長期戦対策……37
2　陸主海従論との関係……39
第五節　ロシア革命後の大陸膨張論……41
1　ロシア革命の余波……41
2　日華軍事協定と中国ナショナリズム観……43
第二章　水野広徳と第一次世界大戦……59
第一節　開戦からの教訓……59

1 この世に戦争は絶えない……59
2 戦争は突発する……65
3 海を制するものは戦いを制す……68
第二節 第一回欧米旅行からの教訓……73
1 ロンドン空襲を体験する……73
2 巨大国家アメリカを実見する……78
第三章 姉崎正治対水野広徳――第一次世界大戦後の日本の進路……87
第一節 ドイツ屈服からの教訓……87
1 日本のベルンハーディか……87
2 軍国主義は勝ちたり……91
第二節 戦後日本の進路……95
1 国際協調を進めよ……95
2 せめぎあう二つの流れ……99
3 日米戦争に備えよ……104
第四章 宇垣一成と第一次世界大戦後の日本の進路……115
第一節 戦争と平和……115
1 永遠平和と生存競争……115
2 将来の戦争の原因……117

第二節　国際連盟と軍備縮小……120
1　国際連盟批判……120
2　軍備必要論……123
第三節　ドイツの敗因と自給自足圏構想……125
1　海陸双股と長期戦対策不足……125
2　自給自足圏構想の正当化……128
第四節　対英米外交戦略構想……130
1　対英米観……130
2　対英米アプローチ……134
第五節　大陸外交戦略構想……137
1　対ソ外交戦略……137
2　対支外交戦略……139
第五章　原敬の日米提携論と日支親善論……147
第一節　日米協調主義の形成……147
1　日露戦争後の時代認識……147
2　第一次世界大戦と日米協調主義……150
第二節　大隈・寺内両外交批判……151
1　「日支親善論」……151

2 援段政策批判……153
3 シベリア政策批判……155
第三節 漸進主義的政治スタイル……160
1 ジャーナリスト原敬の政治観……160
2 政治家原敬の政治行動……162
第四節 中間策志向の外交指導……165
1 漸進的シベリア撤兵策……165
2 中間策的満蒙政策……167
3 原外交の評価……171

第六章 水野広徳の対米海軍八割論……175
第一節 水野広徳の実像は?……175
1 水野の自画像……175
2 ワシントン会議前の水野像……176
第二節 軍備全廃論……176
1 石橋湛山の主張……176
2 水野広徳の主張……179
第三節 軍備均等論対比率論……182
1 痩馬の大言壮語……182

2　日本海軍の対米七割論……185
第四節　水野の対米八割論……188
1　小国の「犠牲心」と大国の「雅量」……188
2　国家安全主義……190
3　軍事評論家水野の実像……192
第七章　幣原喜重郎と排日移民法……197
第一節　不吉な暗雲……197
1　排日移民法実施の日……197
2　親米家たちへの大打撃……200
第二節　船乗りの巧技……203
1　幣原の対米抗議方式……203
2　対米応接法の師ブライス……205
第三節　前途多難な航海……208
1　合理主義外交の陥穽……208
2　英国風外交移植の難関……212
第八章　幣原喜重郎の対支内政不干渉論……219
第一節　対支内政不干渉主義……219
1　内政不干渉主義の基礎……219

2 内政不干渉主義の試練……222
第二節 第二次奉直戦争……224
1 対支干渉論……224
2 幣原外交の対応……227
第三節 郭松齢事件……230
1 満蒙をめぐる幣原・小川論争……230
2 満蒙をめぐる赤化論争……233
3 幣原〝対支干渉〟外交……235
第四節 南京事件……237
1 蔣介石擁護策……237
2 幣原対英〝非協調〟外交……240
終 章 清沢洌対池崎忠孝――満州事変後の日米戦争論……245
第一節 運命論と自由論……245
1 一九三二年の清沢と池崎……245
2 日米戦争論……247
第二節 開戦の条件……250
1 池崎の議論……250
2 清沢の議論……252

第三節　満州問題……254
1　池崎の見解……254
2　清沢の見解……256
第四節　日米開戦……260
1　アメリカの安全保障政策……260
2　「予言者」としての清沢……261
あとがき……265
初出一覧……269
人名・事項索引

# 序章　朝河貫一の日米関係論――日露戦争から日米開戦まで

## 第一節　日露戦争前夜

### 1　ロシアの南下

#### 処女論文の執筆

一八九七（明治三〇）年一一月、中国山東省で異教徒の黄色人にドイツ人宣教師が殺害された。黄禍論の主唱者ヴィルヘルム二世は、「ドイツ皇帝をみくびってはならぬということを、予は清国人に示してやる。ドイツの鉄拳はこれだ」と宣言して、たちまち膠州湾を占領した(1)。

このような〝清国瓜分〟、ロシアの南下の趨勢を目の当たりにして、当時アメリカにあった中世史家・朝河貫一は、外交論に初めてその筆を染めた。翌年の『国民の友』六月号に掲載された彼の「日本の対外方針(2)」は、外交論としては処女論文ながら、そこには既に、その後五〇年にわたる彼の外交論に一貫する基本的枠組みがほぼ出そろっていた。この論文は直接日米関係を扱ったものではないが、後の日米関係を中心とした彼の時事評論は、ここに現れている基本公式の具体的事件への応用と言っても過言ではない。そこでまず、朝河の外交論の基本的視角を浮き彫りにするよう心がけながら、彼の「日本の対外方針」の趣旨を追っていくことにしよう。

### 不可避の日露戦争の性格

二〇〇有余年前のピョートル大帝から現在のニコライ二世に至るまで一貫しているロシアの対外方針は何か。それは、「雄略の方針」である。この膨張のロシアと新興の日本との東洋における衝突、すなわち、日露戦争は不可避の運命である。この日露の争いは、ロシアにとっての侵略戦争、日本にとっての「生存競争」という力の側面に加えて、イデオロギーの戦いという側面ももつ。というのは、ロシアは、日本と対抗してその雄略の野望を達成する口実として、人種論と宗教論を利用するからである。ロシアは、将来の日露戦争はキリスト教徒たる白色人種対異教徒たる黄色人種の戦いであると規定し、「日本をだに地球面より打ち払はゞ白色人種及び基督教の勝利に完成すべし」と欧米に訴える。

もちろん、このような論法は真理ではなく、僻見に基づくものである。しかし、「実威」のあることは否定できない。故に、「日本と露国との衝突は啻に避くべからざるのみならず、露国人は白色人種対黄色人種、基督教対異教の名を以て、欧米の声誉を背後に負ひて日本に向かふに至るべきこと火を観るよりも明也」と断言できる。

## 2　日本の対応

### 黄白人種論批判

この迫り来るロシアの南下への対応策を確立すること、これこそ日本にとっての急務である。その際日本人が絶対に避けねばならない陥穽は、二つの消極論、すなわち、黄白人種対抗論と西洋偽善論とである。第一に、「支那と同盟し黄色大連合を以て世界に当るべし」という日清同盟論が、なぜ国を誤る消極論であるかというと、黄禍論という欧米の僻見に対して同種の人種的僻見で当たるのは、日本が低次元の思想的立場に立つことを意味するだけでなく、日本を危難の底に突き落とす危険な火遊びになるからである。

端的に言えば、白人種膨張の勢いは、今や世界の大勢であって、白人種は「世界の主人」である。いかに不正直な人でも、世界を周遊して文明的、精神的、物質的勝敗の現状を観察すれば、「白人種の偉力」を認めざるを得まい。この明白な現状を無視して、日本が「黄人種の盟主」として白人種と対抗するのは、「徒手を以て全文明世界に逆ふもの」である。

### 西洋偽善論批判

第二に、「西洋の文明は名のみ人類の進歩を目的と称しながら実は偽善のみ獣力のみ」として この名を捨てこの実を取る西洋偽善論が、これまたなぜ国を誤る消極論かというと、それは、そうすれば「偽善禽獣」そのものとなってしまう日本の「全面の過失」を以て、「悪魔と天使の両面」をもっている西洋文明の「半面の過失」に当たることになり、日本は道義的に欧米の下位に立ってしまうからである。事実を直視すれば、西洋の偽善は「純粋の偽善」ではないことがわかる。偽善が行われている間にも、着々と「正義の大道」が進み、その跡には「堂々たる世界史」が築き上げられていっているのである。

### 朝河外交論のキー・ワード

アジア主義と近代の超克を〝大東亜戦争〟の大義とした日本が、ほとんど全世界を敵に回して、奈落に落ちて行く未来を予言しているようだが、それはさておき、以上の要約からわかるように、朝河の外交論のキー・ワードは、「世界史」・「文明」・「人類」・「進歩」・「道義」等である。これらに「真の愛国」を加えれば、すべて出そろうことになる。彼の「愛国」については後ほど見ることにして、ここでは続いて、「世界史の道義」・「文明最高の思想」を日本の対外方針とするということは、実際の外交の場で具体的にどのような形をとるのであろうか。次にこの具体論を問題としてみたい。朝河は、この点についてては「日本の対外方針」では触れていないので、以下、彼の著書『日本の禍機』(3)を中心に見ていくことにしよう。

# 第二節　日露戦争後の日米危機

## 1　対満・対中方針

### 『日露衝突』執筆の動機

一九〇〇（明治三三）年、義和団の乱が勃発した。黄人の手による駐北京ドイツ公使殺害の報に接したカイザーは、「匈奴演説」をなし、「敵は捕虜となすべからず。悉く殺戮すべし」と怒号した。しかし実際に乱鎮圧の主役を演じたのは、彼のドイツではなくて、大軍を北京に派遣できた日露両国であった。

平定後、日本軍が速やかに撤兵したのに対して、ロシア軍は満州に居座り、事実上満州を併呑し、さらに朝鮮半島への南下の気勢を示したため、一九〇四年二月、日露戦争が勃発した。

日本有利のうちに講和が近づいた頃、日本政府は、アメリカ政府に対して申し入れをなし、次のように確約した。すなわち、日本政府は、これまで「満州ニ於ケル機会均等ノ主義」と「清国領土保全主義」をとるとしばしば明言してきたが、これに関する日本政府の意志は今なお不変である[4]、と。

戦争が始まったときアメリカに在った朝河は、開戦後には日本擁護の論文を書き、全米四〇数カ所で講演を行い、ついに『日露衝突』（*The Russo-Japanese Conflict*）という英文の著書まで書き上げた。

彼のこの大車輪の活躍は、欧米人から黄禍論などの僻見を取り払い、日本は自国の存亡と清国主権の尊重と満州における機会均等とのために戦っていることを、彼らに訴えるためであった。朝河にとって、この日本の対外方針こそ、「世界の文明が東洋において要求するところ」と完全に一致している、と信じたのである。

しかしこれは曇りなき信念ではなかった。彼が日本の正義を説いている間も絶ゆることなく、心中の声が朝河にささやきかけていた。「汝の論は今日のみ善し。されども明日よりは世を欺き己を欺く偽善の言たらざるなきか」[5]と。

戦後、不幸なことに、朝河の不安の方が的中した。ロシアに勝った日本は、清国人のための解放者としてではなくて、ロシア人からの権利継承者として満州に入って来た。中国人もアメリカ人も、いわば〝北条の後に足利が来た〟というような失望感を感じた。

一九〇六年三月、アメリカ政府は、満州における日本の閉鎖的な行動に抗議して、「露国カ該地方ニテ実利ノ国家的独占ヲ為サントシテ失敗シタルノ企図ニ踵キ満州ニ於テ之ト均シキ日本ノ利益ノ排他的扶植ハ痛切ナル失望ノ起因タルヘシ」と日本政府の善処を要求した。[6]

### 満州経営論

この対策を協議するために、五月、元老・政府・軍部の主立った者がすべて一同に会した「満州問題ニ関スル協議会」が開かれた。席上、元老伊藤博文は、戦争中の公約に反して満州で「閉鎖主義」を続けるならば、日本は英米の同情も中国の同情もともに失うことになると主張した。

また、「満州経営と云ふ言葉は、戦時中から、我国人の口にして居た所で、今日では官吏は勿論商人なども切りに満州経営を説くけれども、満州は決して我国の属地ではない。純然たる清国領土の一部である」と説示して、伊藤は、「満州経営」を口にした参謀総長児玉源太郎をたしなめなければならなかった。[7]

しかし伊藤の説諭も空しく、満州の解放者として戦った日本は、戦後、利権継承者からさらに満州経営者へと変態していった。これに応じて、中国と英米の日本に対する期待感は、失望感へと、そして憎悪感へと変わって行ったのである。

## 2 『日本の禍機』

### 『日本の禍機』読解

この満州問題に排日移民問題と海軍問題とが加わって、日露戦争後の日米危機がピークに達した一九〇八年、やむにやまれぬ気持ちに駆り立てられて、朝河は筆を執った。出来上がった本は、翌年『日本の禍機』として出版された。

朝河の外交論の基本的枠組みが「世界史」・「文明」・「正義」などからなり、その具体的表現が「清国主権」と「機会均等」の擁護であることを知れば、朝河自身、先の『日露衝突』と「同一問題の継続」として、また「同一の理」によって書いたと言っている(8)『日本の禍機』を読解するのは、数学で基本公式を使って応用問題を解く試みと似ている。以下、その簡略化した解答を提示してみよう。

### 対米戦争の予言

「侵略主義」と「門戸閉鎖主義」の「旧外交」を代表するロシアを、「新外交」を代表する日本が、満州で撃ち破って、東洋に「清国主権」と「機会均等」の二大原則を「主義」として確立したのは、「世界史」に対する日本の偉大な貢献であった。ところが、戦後の日本は、米・中の、また朝河の期待をも裏切って、「主義」の実現に努力することなく、「世界史」の要求に逆らって「私曲」に走った。(9)

この「新外交」を構成する二大原則は、日米関係の未来を決定する根本義である。この原則はアメリカの不動の方針であるので、日本の方が「旧外交」を改めないかぎり、日本の国運は、確実に日に月に危うくなっていく。「この危難の何たるかは」、と朝河は続けて、「日本が、かえって自らこれらの原則を犯して世界史の命令に逆い、ついに清国をして我に敵抗せしめ、米国と争うに至らば……実に世に孤立せる私曲の国、文明の敵として戦うものならざるべからず」と、対中・対米戦争という悲劇を予言する。(10)

### 真の愛国とは

ここで、朝河にとって、また朝河の外交論を書く際の気構えとして、一体「愛国」とは何であったのかという質問を取り上げてみよう。

ある人は、『日本の禍機』の著者としての朝河の生涯を一貫する側面として、彼を「在外憂国者」と捕らえている。また別の人も、「熱なき光」を信条とする歴史家としての朝河が、在米外交評論家として日本の外交行動を論じる際に発する「熱」を、「憂国的情熱」と表現している。さらに他の人は、日露戦争以後の日本の外交に対する朝河の批評を、「愛国的な非難」と見ている。(11)

この朝河理解のもう一つのキー・ワード「真の愛国」も、彼の外交評論の基軸をなす「世界史」の概念と切り離せない。すなわち、彼にとって愛国者の義務とは、祖国日本を「世界史の大勢」の側に立たしめることであった。従って、祖国が「世界の潮流」に逆行しようとしているときは、間違った君主を諫止するのが真の忠臣であるように、誤った国家に諫言を呈するのが、真の愛国者であった。

そのような彼は、盲目的忠誠心や私利的愛国心とは対極に位置する、国家に対する批判的忠誠心（英語で言うところの critical allegiance）をもち続けた。『日本の禍機』の中で、彼は次のように言う。

「真に国を愛するもの誰か日本がかくのごとく正義の賊、進歩平和の破壊者たるの地位に陥るを目撃するに忍びんや(12)」。

この西洋文明の反面を天使のようなと高く評価したキリスト者は、同時に、下田踏海を企てた吉田松陰のような、やむにやまれぬ大和魂の持ち主でもあったのである。

# 第三節　日中戦争へ

## 1　張作霖爆殺

### 日本孤立の憂慮

『日本の禍機』の中で朝河が最も憂慮していたものは、「一時の国利」を重んじるあまり、「永久の国害」を論じる人をすら「非愛国者」とする日本の風土であった。彼は次のように言う。

「日本が清国に対し、また満韓において私曲の行為を重ぬるがごとき不幸、万一にもこれありとせよ、しかるにこれを世に公言せば日本の名を傷つくるがゆえに云わず、またこれを妨ぐれば日本当座の利を減ずるがゆえ評せず、もしくは人皆一時の国利に酔えるがゆえに識者といえども卓然独り自ら思慮する余裕なしとせば、その結果いかん。知らぬ間に日本は孤立し、世界を敵とするに至るべし[13]」と。

朝河の憂慮は、二〇年後現実となりつつあった。一九二八（昭和三）年、関東軍高級参謀河本大作が張作霖を爆殺したとき、日本は、明治の元老伊藤博文が憂慮した「満州経営」の方針からさらに歩を進めて、「満州領有」の冒険に乗り出した。つまり、そのとき依然としてアメリカの東洋政策の二大原則であった中国保全主義・門戸開放主義に真っ向から腕力でもって挑む道を、日本は選んだのである。

### 「暴露説」対「隠蔽説」

暗殺が日本の軍人の仕業らしいと聞いた昭和の元老西園寺公望は、「日本の陸軍の信用は勿論、国家の面目の上からいつても、立派に処罰してこそ、たとへ一時は支那に対する感情が悪くならうとも、それが国際的に信用を維持する所以である」と、目先の利害よりも永遠の利益を優先させた厳罰説を述べた[14]。田中義一首相も、小川平吉鉄道大臣が非難するところの「暴露説」を採り、犯人を厳罰に処すことを天皇に約束したが、その後、小川や陸軍の「隠蔽説」の圧力に屈してしまった。

小川の隠蔽説の根拠は、「抑も父は子の為に隠し子は父の為に隠す、真其中に有りとは東洋道徳の真諦なり、今之をあばかば対支有志家の諸士は勿論国民亦一斉に奮起して故なく国恥を暴露せるの妄挙を糾弾すべく、内閣は一朝にして崩壊し日支の国交は乱れて麻の如く、後継内閣と雖も収拾し難かるべく、日本の満州に於ける基礎は漸やく将さに動揺せんとす、首相の計画は断じて非なり」、というものであった。(15)

このような「私」の論理を正しい「公」の論理と混同、否、それに優先させる日本的風土が、政策決定過程にまではびこったとき、朝河が予言した通り、日本は、孤立の道、世界を敵とする道を歩み始めたのである。

## 2　第一次上海事変

### 兵力解決主義の欠陥

河本の謀略と兵力による解決主義は、板垣征四郎と石原莞爾という関東軍の参謀によって引き継がれ、満州事変、第一次上海事変となった。特に後者の上海事変が勃発すると、アメリカの世論は一方的に反日に傾いた。(16) 朝河は、この「世を挙りて日本を憎悪するに至りたる根底の理由」を、日本の兵力解決主義に求めた。

この主義には、彼が見るところでは、四つの大欠陥があった。第一に、正義の見地からすれば、他国の領土で兵力を用いて、流血、破壊をおかすのは、たとえ中国の側にも非道があるにせよ、この非道をはるかに越えた「罪悪」である。

第二に、国際秩序の問題からすると、一国が独り善がりの正義を名として、任意に兵力を用いるならば、「国際の秩序」は一日も維持できない。

第三に、解決可能性の観点からしても、日中間の難問題は、とても兵力で一気に解決できる性質のものではない。なぜなら、最近とみに民族主義的感情が生起しつつある、巨大な人口と富源を有す「将来の大国」、すなわち、隣国の中国に対して、兵力を用いてその敵意を激成しながら、「極東の平和」や「日支の親善」を達成することなど全く至難の業だからである。

第四に、国内への影響の点から見ると、兵力によって獲得したものを保障するためには、益々兵力に依存せざるを得なくなり、その結果、日本は益々軍国主義化し、農民は益々困窮化し、危険思想が激成し、同時に国外的には、日本は「支那及び列国を敵とする孤立の我儘者」となる。

以上のような四つの理由から、満州事変と第一次上海事変は、朝河にとっては、「国家百年の長計」を害する「私曲と等しき悪冒険」であった。[17]

**予言の的中へ**

昭和史は朝河の予言通り流れて行く。日本の軍部は、上海事変のどさくさに紛れて、満州国をでっちあげ、次には、この関東軍の銃口から生まれた〃偽国〃を「保障」するために、またまた謀略と兵力によって華北工作・内蒙工作を進めて行く。

他方、これと並行して国内では、農村の困窮を背景に陸軍過激派青年将校によるクーデター未遂事件が起こり、軍部が政策決定過程を牛耳る軍国主義化が進む。

この独善的兵力解決主義がもたらした内外の展開の論理的帰結として、一九三七年七月、他国の領土での武力衝突を契機に、日中両国は全面戦争へと突入した。

# 第四節　日米戦争へ

## 1　対独接近批判

### 歴史を作るもの

この間にヨーロッパでは、ヒトラーのナチス・ドイツが台頭していた。このドイツと日本が一九三六（昭和一一）年に防共協定を結んだ。その過ちは、朝河に言わせれば、日本の国運を利害関係の疎いドイツに結びつけ、現在も未来も最も日本の国運と関係が深い英米を敵にまわした点にあった。[18] さらにこの防共協定を強化して、ヒトラーのドイツと同盟するのは、狂気の悲劇的英雄に従って世界史の潮流に逆行し、ついには国を破滅に導く危険があった。なぜそうなるのか、その訳を朝河は、彼の歴史観とヒトラー観から説明している。

まず、朝河の歴史観からすると、歴史というものは、独裁国家の注文どおり、また人間が衣服を仕立てるように、そのように都合よく作られるものではない。歴史は「人間とより高い力の合作」である。この「より高い力」が究極的には味方する世界史は、「市民一人ひとりの自己の誠実と名誉の観念への責任」に基礎づけられた「民主主義」・「自由政体」に向かって流れている。現在の全体主義の台頭は、「人類進歩の永遠の過程」における「一時的な後退」にすぎず、実はその過程の「新段階の予言」なのである。[19]

### ヒトラーの最後を予言

次に朝河のヒトラー観からすると、今日の世界の不幸の唯一の源であるヒトラーの一生は、「最後の悲齣」に向かって進む「古典的悲劇」と言ってもよい。彼の『吾が闘争』を読めば、常に何物か何人かに衝突し、これを憎悪して来たのが彼の半生であることが分かる。

ヒトラーは、この個人的憎悪を「広い対境」に同化した「一種の狂的英雄」である。つまり、「大族の不平」を

「我が不平」とし、これを除去するのに「指導的天才」を発揮した。そしてこの「同化」があまりにも成功したために、「自身の悲劇」は「独逸国民そのものの悲劇」となってしまったのである。

妥協すれば「弱虫や愚者」と見なされると思い込んでいるこの虚栄心の持ち主の行き着くところは、もはや自身と国家の「破滅」しかない。「自暴自棄の終幕を演じて自国を破滅し他民〔他国民あるいは他民族か―引用者〕を殺す罪人として、遂には恥辱極りなき屈服となり、自殺でも試み得るのみではありますまいか」と、朝河はヒトラーとナチス・ドイツの最後を的確に予言した。驚くべきことに、それは、第二次大戦がまだ始まって間もない一九三九（昭和一四）年一〇月のことであった。[20]

## 有史以来の大過失＝三国同盟

四〇年代前半の世界史は、朝河の予言通り流れて行く。一九四〇年、ドイツは春季攻撃を開始し、六月、パリを占領した。勿論、ヒトラーの最後に関する彼の信念にはいささかの揺るぎも生じなかった。ドイツ軍パリ入城の二日後の書簡に、彼は次のように書いている。

「フランスが屈服することはなさそうですし、イギリスは断じて屈服しないでしょう。……ヒトラーの賭けは、たとえ一時的には勝利を収めても、結局は負けにいたることは確かです[21]」。

しかし日本の軍部は、「日本史の精神」にも「世界史の潮流」にも逆行し続けた。ヒトラーの快進撃に目を眩まされて、〃バスに乗り遅れるな〃の掛け声の下に、陸軍はドイツとの同盟に消極的な米内内閣を倒し、同盟に積極的な近衛文麿と松岡洋右の引き出しに成功した。かくして、少し国際政治を見る眼のある人には、〃バトル・オブ・ブリテン〃におけるヒトラーの勝利がどうもあやしく見えはじめていたはずの、そのような時期に、日本はドイツとの同盟に入ったのである。

日独伊三国同盟のもつ意味は、朝河には恐ろしいほど明瞭であった。それは、「流星ノ一時輝ケルニ眩惑シテ之ニ貴キ祖国ノ運命」を結びつけた「有史以来ノ大誤失」であった。[22]

## 2　日米戦争回避の努力

### 祖国日本への諫言

日中戦争という泥沼に陥っていた祖国日本が今、さらに日米戦争に向かって突っ走り始めた。この未曾有の危難から祖国を救うために、在米日本人朝河にできることは何か。誤った祖国でも祖国は祖国と、アメリカで日本擁護のキャンペーンを展開することも、物言えば唇寒しと、沈黙の館に閉じこもることも、朝河の「真の愛国心」の許すところではなかった。だからと言って、言論の自由と身体の安全が保証されている在米という境遇を利用して、異邦の地で祖国批判論を公にするのもまた、彼の流儀に合わなかった。あるとき彼は、アメリカでの極東問題に関する公開討論に招待されたが、それを断る一つの理由として、次のような説明をしている。

「私は一介の学徒に過ぎませんが、同時に一国の市民であります。私が反対している、私の国の行動についてなにか述べるとすれば、私の批判を他国で表明する前に、自国に向けて述べたいと思うのです」[23]。すなわち、暴君に対して直接諫言を呈するのが、忠臣朝河貫一にとっての「真の愛国」であったのである。だが、言論の自由が保障されていない日本で、『日本の禍機』のような憂国の書を公にする道は、閉ざされていた。そこで彼が選んだ道は、日本の友人を通じて、心ある要人に書簡を出すことであった。一九四一年の初め、朝河は、「実に戦慄すべき予想」だが日本国民は「天罰」を免れえないという絶望的な気持ちになっていたが[24]、なお一縷の望みを捨て切れず、二五頁に及ぶ長文の手紙を書いた。この書簡は残念ながら残っていないが、当時これを読んだ四人の枢密顧問官のうちの一人、大久保利通の長男大久保利武は、これを「至誠溢れる愛国主義の偉大な表現」と呼んだ[25]。

### 聖断への期待

一九四一年の春に始まった日米交渉は、秋口に行き詰まり、九月六日の御前会議は、一〇月下旬を目途として対米戦争の準備を完了することを決定した。

祖国が一歩一歩破局に向かっているなか、朝河は、先の長文の手紙を読み理解を示してくれた枢密顧問官の一人、金子堅太郎に直接書簡を出し、「国禍」を根こそぎにする「積極公正方針」を提示した。それは、第一に日本軍の中国からの撤兵、第二に三国同盟の破棄、第三に軍部の政治関与の根絶の三項目からなっていた。日本の政治を牛耳っている軍部自身による、このような一大回転の断行は望み薄であったので、朝河が期待をつないだのは、「聖旨」による断行であった(26)。

### ルーズベルトの天皇宛親書

このように聖断による日米戦争の回避に最後の望みをかけていた朝河のところに、後に京都を空襲から救った日本の恩人として有名になるラングトン＝ウォーナーから一つの提案が寄せられて来た。それは戦争回避のためにルーズベルト大統領から天皇に直接親書を出すというものであった。両手を挙げて賛成した朝河は、早速一一月二三日、親書の草案を書き上げ、ウォーナーに「成功の見込みは百万に一つと思うが、奇跡の起こることを祈ります」と告げた(27)。

大統領の天皇への親書が日本側に手交されたのは、日本時間の一二月八日午前零時半であった。しかし、手交された親書は、朝河にとっては「私の提言したものとは明らかに全然違う性格のもの」であった。それは、朝河の「積極公正方針」に近い方針で日米戦争の回避に必死の努力を傾けていた東郷茂徳外相にとっても、「効果なき性質のもの(28)」であった。

東郷が天皇に大統領への回答案の説明を終え、帰宅したときには、午前三時を過ぎていた。その一時間後に鳴った電話の受話器をとった東郷は、帝国海軍が真珠湾の奇襲に大成功したことを知った(29)。

こうして、朝河が祈った百万分の一の奇跡は起こらず、彼の二つの祖国は、今、平和の海を血で染める戦いに立ち上がったのである。

**最後の「日本人」**

以上、朝河貫一の外交論の骨格だけは紹介できたと思うが、このような小論では、彼の外交論の細かなひだにまで入って行く余裕はなかった。彼は大局観（パースペクティヴ）と細部（ディテール）の知識を兼備した希有の歴史家であった。本論では言及できなかった彼の外交論の細部からも、多くの珠玉を掘り出すことができるはずである。この発掘に興味のある読者諸氏には、彼の『日本の禍機』と『書簡集』、そして故阿部善雄の秀作『最後の「日本人」――朝河貫一の生涯――』の三冊を読むことをお薦めしたい。阿部がなぜ書名を『最後の「日本人」』としたのか、周辺の人々がいくら尋ねても、彼はその理由を明かさなかったそうである。例えば、朝河とゆかりのある、ある人は、「最後の武士《サムライ》」と解している。(30) 果たして阿部は「最後の『日本人』」とすることによって、我々に何を伝えようとしていたのかということを念頭に置きながら、右に挙げた三冊の書物の頁を繰っていくのは、知的に実に楽しい、また今後の日本の外交を考えていく上で、誠に有益な読書となるであろう。この小論がその読書の際の一助になれば、筆者にとって望外の幸せである。

（1）以下、日露戦争と黄禍論については、関静雄「史上最大の誤算――日露戦争と黄禍論」（『歴史読本』臨時増刊、一九九〇年一二月）を参照せよ。
（2）朝河貫一「日本の対外方針」『国民之友』民友社、一八九八年六月、七七〇頁〜七八三頁。以下この論文を引用するにあたって、一々、註で該当頁を記すことはしなかった。
（3）『日本の（之?）禍機』実業之日本社、一九〇九年。表紙や奥付等は『日本之禍機』となっているが、本人が校正段階で見たと思われる本文の一頁に書いてあるタイトルでは、日本の禍機となっている（目録＝目次でも、日本の禍機となっている。さらに本文の最後の頁を見よ）。筆者は復刻版『日本の禍機』講談社学術文庫、一九八七年を使用した。
（4）外務省編『日本外交年表竝主要文書』上巻、原書房、一九六五年、二三二〜二三三頁。
（5）朝河貫一『日本の禍機』一三一〜一三二頁。
（6）『日本外交年表竝主要文書』上巻、二五九頁。

(7) 外務省百年史編纂会編『外務省の百年』上巻、原書房、一九六九年、五〇〇～五一一頁。
(8) 朝河貫一『日本の禍機』三頁。
(9) 同右、二九四頁、四〇～五一頁。
(10) 同右、一三六～一三七頁。
(11) 阿部善雄『最後の「日本人」――朝河貫一の生涯』岩波書店、一九八三年、ii～vii頁。
(12) 朝河貫一『日本の禍機』六五頁。
(13) 同右、二二七頁
(14) 原田熊雄述『西園寺公と政局』第一巻、岩波書店、一九五〇年、三～四頁。
(15) 『小川平吉関係文書』1、みすず書房、一九七三年、二六一～二六二頁。
(16) 本書の終章二五〇～二五二頁を参照せよ。
(17) 朝河貫一書簡編集委員会編『朝河貫一書簡集』早稲田大学出版部、一九九一年、書簡番号〔一八一〕。
(18) 同右〔二一七〕。
(19) 同右〔二二二〕。
(20) 同右〔二一二〕。
(21) 同右〔二三〇〕。
(22) 同右〔二二四〕。
(23) 同右〔一九五〕。
(24) 同右〔二二八〕。
(25) 同右〔二三三〕。
(26) 同右〔二三六〕。
(27) 同右〔二三九〕、〔二四〇〕。
(28) 同右〔二四四〕。
(29) 東郷茂徳『時代の一面』原書房、一九八五年、二八六～二八七頁。
(30) 朝河貫一書簡集編集委員会編『幻の米国大統領親書――歴史家朝河貫一の人物と思想』北樹出版、一九八九年、一一四頁。

# 第一章　宇垣一成と第一次世界大戦

本章では、『宇垣一成日記』が始まる一九〇二（明治三五）年九月から、第一次世界大戦が終わる一九一八（大正七）年一一月まで、およそ一六年間の軍人宇垣一成の国際政治観と外交戦略論を見ていきたい。[1]この期間の彼の略歴は、後掲[2]の通りである。

## 第一節　日露戦争前後から大戦勃発まで

### 1　生存競争と日本国家

#### 人種的競争と国家的競争

どのような本を読んでそうなったのかつまびらかではないが、宇垣一成は早くから社会ダーウィニズムの影響を非常に強く受け、生涯その影響下にあった。[3]ロシアが満州撤兵の約束を反古にしたために、日露関係が風雲急を告げるようになった年、そして陸軍軍医森鷗外が「人種哲学梗槩」、「黄禍論梗概」と題した二つの人種問題に関する講演を行った年、すなわち一九〇三（明治三六）年、宇垣陸軍歩兵大尉は、ヴィルヘルム二世が主唱する黄禍論の燃え盛るドイツに留学中であった。[4]この年彼は、「人種的競争」という見出しを付けた短文を書いている。

その中で彼は、人類の歴史を見てみると、「個人的競争」が「部団的競争」に、「部団的競争」が「国家的、宗教的競争」に「進化」して来たと述べ、今後は、勃興する「黄色人種」とこれまで優位にあった「白晳人種」との「人種的競争」となるだろうと予想している。[5] そして、自分の留学目的の一つは、「圧迫を蒙りつゝある黄色人種を白晳同等の地位に進めんこと」であると記している（二四頁）。

ただし、「黄白人種の競争」が全面的になる時期については、遠く百年後と想定していたので（六頁）、この点から推し量ってみると、彼は現在および近い将来の国際社会において主流をなす競争はなお国家的、民族的なものであると考えていた、このように見て間違いはあるまい。

### 優勝劣敗の論理の中国・朝鮮への適用

国家的競争から人種的競争への進化過程とそれに要する時間について、右のような考えをもっていた宇垣にとって、現実には、日本と中国・朝鮮とは人種的な単一体である前に、互いに国家的な、民族的な競争関係にあり、この同人種間においても優先的に「優勝劣敗の世」（二七頁）の法則が適用されることになる。

従って、日露戦争後、再び日露両国が戦うことになった場合でも、自動的に白色人種ロシアに対する日清黄色人種同盟とはならない。それどころか、彼は願わくばその際にはロシアを敵とするだけでなく、同時に極東における覇権競争の相手である中国をも敵としたいとまで次のように言う。

「予は望む、今後の対露戦に於ては支那を〔中立ではなく〕我友とするか敵とするかの二者にあることを。後者は我実力にして之に堪ふるときは信に壮快にして極東問題を一戦争に解決し得るなり。若し前者に出づるときは日清協同して露を極東より駆逐するも、天に二個の太陽なきの例の如く続て来るものは日清の極東に於ける争覇の軋轢なるべし。我実力足らずんば、一の手段として日清同盟も可なるべし。乍ㇾ併予は当局者一挙に極東問題を解決して百年の基礎を作るの覚悟を以て国家経営に当らん事を切望するものなり」（五二頁）。

朝鮮についても、日露戦争で同地に出征中の宇垣は、同じく「優勝劣敗」の論理を適用して次のように言う。すなわち、「惰弱無気力なるの人種」である朝鮮人民は「世界の発達」を妨げる存在なので、日本帝国の「威権」を朝鮮に「扶植」して彼らを「帝国の人民と化す」べきである、と（二七～二八頁）。

このように、黄色人種間にも優勝劣敗の法則を適用し、そこから宇垣が期待した結果は、「極東問題の解決」、すなわち、強国日本による弱国中国・朝鮮の独占的支配であった。[6] そしてこれから本章と第四章によって追い追い明らかにされることだが、宇垣は、このように日本を東洋の覇者とした上で、世界において黄色人種を白色人種、特にアングロサクソンと対峙させていこうという大構想を抱いていたのである。

**個人主義よりも天皇中心の国家主義**

このように激烈なる国家的競争が繰り広げられている二〇世紀初頭の世界にあって、「最後の優勝者」となる国は、宇垣の考えでは、「個人主義」を基礎とする国ではなくて、「国家主義」を基礎とする国である。というのは、個人を主とした目的は、本質的に他の目的と一致協和するものでなく、早晩同胞間での対立、衝突を惹起することになるからである[7]（五〇頁）。

これに対して、「最後の優勝者」となる必須条件であるという彼の「国家主義」において、他に比類なき存在として強調されるのは、「日本魂」と「天皇」である。「日本魂」については、「自己を捨てゝも公共の犠牲たるに甘んずる真箇日本魂は将来に於て世界を支配すべき最良の精神なるべし」（五一頁）と言い、日本の国家的な強みの他の源泉としての「天皇」については次のように述べている。

「日本に於ては天皇の命令の下には如何なる根本的の大改革にても断行し得べし。他列国の国家組織は薄弱なるを以て、仮令不可と認めたる件も時として従来の歴史習慣に制せられ実施し能はざるの事あるべし。日本為政は此点に於ては実に断行し易きものと謂はざる可らず[8]」（一一頁）。

## 2 日露戦争の影響

### 軍人の戦争から国民の戦争へ

優勝劣敗の世界における国家主義が目指すものは、国家の強盛、国力の増強、殊に勝敗を決する最後的手段(ultima ratio)としての軍事力、戦争能力の強化であろう。

この関連で注目すべきは、早くもこの時期の宇垣に、のちに第一次大戦の教訓という養分を吸収して巨木に成長していくことになる彼の総力戦思想の萌芽が見られることである。

日露戦争前の一九〇三年には既に、彼は「軍隊の実力」のみに依拠した戦争観はもはや時代遅れであると指摘し、軍事力の構成要素としての軍隊の力を相対化し、これに劣らぬほど重要な要素として「国民の実力及び意気」を強調している(一八頁)。また国力に関しても、「要するに国家の精力は国民の精力なり」(一九頁)と「国民」という要素を重視していた。

さらに日露戦争を経験した後の一九〇六年には、「現今の国民皆兵の時代となりては戦争其者は既に国民の戦争なり」(五〇頁、傍点は引用者)と確信するに至るのである。[9]

一九〇八年に、全国の小学校教員を集めて早稲田大学で開かれた講習会で、宇垣中佐は、「国民の戦争」という考えに基づく講演を行っている。[10] 早稲田大学の総長であった大隈重信が寺内正毅陸相に軍事問題の講師の派遣を依頼し、次官の石本新六が新帰朝の宇垣に白羽の矢を立てたのである。

依頼を受けた宇垣は、慣れぬことなので、よほど断ろうかと思ったが、そのとき「軍民一致の問題」が頭にかすめた。ドイツ留学中にドイツ軍隊が国民から遊離した状態にあるのを目撃して、日本がこれに倣うようなことがあっては大変なことになると思い、留学中から「軍民一致」問題を真剣に考えるようになっていたのである。

そこで宇垣は、全国から集まった小学校教員の前で軍事問題を話すのは国民と軍部の融和を図る絶好の機会だと思い直し、進んで講演を引き受けて、ドイツやフランスの例を引いていろいろと話したとのことである。[11]

なお「軍民の一致」という言葉は後には広く使われるようになるが、これは中佐時代の宇垣による造語だそうである。[12]

### 日露戦争後の強国意識

日露戦争は、宇垣に日本は強国である、日本国民の精力は旺盛であるという意識を植え付けた。彼によると、日露戦争まで日本人は「欧米人を買冠り」過ぎていた。そのため戦争前には「恐露病」にかかった。戦勝によってそれが根拠のないものであったことが証明されたにもかかわらず、いまだ日本人は欧米人を買いかぶっている。

しかし事実は欧米人もロシア人と大同小異、「恐るべくものにあらず」。否、それどころか今や恐れられているのは日本人の方なのである。すなわち、フランスはコーチシナを、ドイツは青島を、アメリカは太平洋上の新領土を、そしてロシアも満州と沿海州を日本に侵されはせぬかと戦々兢々としているのが現実である。日本国民がこのような日露戦争後の「世界に於ける現下の自己の地位」を自覚して、「退嬰保守の主義」に陥ることがなければ、日本の「国運発展」の前途は洋々である（六二頁）。このように宇垣は日露戦争後相当な強国意識をもつようになったのである。[13]

このような日露戦争後の意識の変化は、宇垣に限られたことではなく、かなり幅広い指導者層や中堅層に見られるようになり、彼ら、特に後者がその後の反欧米的自主強硬外交の推進力となる。[14] 例えば、細谷千博は、日本が負かすことなどできそうにない軍事大国ロシアに勝ったことは、日本人のプライドと自信の不断の源泉となり、対露戦勝の記憶が、一九四一年当時の日米開戦を決定した日本の指導者の心に鮮明に残っていた、と指摘している。[15]

### 弱国意識の残存

宇垣が生まれた明治元年にはそれぞれ一九歳と一二歳になっていた西園寺公望と原敬が、日露戦勝の神話に惑わされることなくその後も欧米協調という慎重な外交を説き続けたのと比べると、確かに宇垣は、日露戦争以後強国意識に基づく反英米的強硬外交を唱えることになる。

しかし視点を変えて、彼よりも一六歳年下で日露戦争当時二〇歳そこそこであった東条英機たちやさらに若い中堅将校たちによって推進された反英米的開戦外交と比べると、後に見るように、宇垣の強硬外交論もまだまだ弱国意識を残した慎重な対英米アプローチであったと見ることもできる。

第一次近衛内閣で蔵相として外相の宇垣を観察した池田成彬は宇垣の印象について、「一緒にあとで内閣に入って見ておると、非常に用心深く緻密で、容貌魁偉の割合に突進的の断行を示さなかった」と語っているが[16]、確かに、宇垣は日露戦争後相当な強国意識をもつようになったが、しかしそれでも、特に対英米関係では彼我の力関係を無視して猪突猛進するタイプではなかったことも事実である。本書の宇垣論の展開の中で、このようなリアリスト宇垣の側面も次第に明らかにされることになる。

## 3　北進論と軍備

### 満州優先論

国民の精力が溢れる日本国家の国運発展策は、当時の多くの人と同様に宇垣の場合も、主に満州問題と関連して来る。一九〇三年ロシア軍が満州を占領し、さらに朝鮮半島へ南下する気勢を示していたとき、宇垣が掲げていた日本の国家目標は、「極東問題の解決」であった。彼はこの問題を「支那割否の問題」と「満州問題」の二つに分けて考察し、以下のように論じる。

前者の中国分割には幾多の列国の利害が絡んでいるのに対して、後者の満州問題に関して深く痛痒を感じる列強は、日本を除いてはロシアだけである。さらに前者の問題においてはいずれの国も分割を実行する準備は未だ完成していない。分割が行われるにしてもまだ先の事である。ゆえに、日本としては列強の抵抗が比較的弱く、従ってそれだけ成功が容易な「満州問題の解決」を「先決問題」として、中国分割問題は後回しにすべきである（一三頁）。

このように宇垣は、中国本土と満州との関係において、中国本土の利害が視野に入って来ないほどの満蒙権益絶対論者ではなかったが、否、常に満蒙問題を中国本土の問題との関連で捕らえたが、相対的にはすでにこのころから満州問題優先論者であり、そしてその後も大体においてそのような傾向をもち続けることになる。(17)

**満州移民論**　一九〇四年、日本は、満州に居座るロシア軍を駆逐することによって、中国人に代わって中国の領土を保全し、全世界に満州の門戸を開放し、同地に機会均等を実現すると宣言して、ロシアに戦いを挑んだ。(18)だが、このころの宇垣陸軍少佐は、それ以上に野心的、膨張的な対満政策計画を描いていた。

彼は日本にとっての国家的競争の焦点として満州を取り上げ、この地域を特に「近き将来に於ける増殖せる帝国人口の移住」の地という側面から考察した。この年従軍して朝鮮にあってその地勢を観察しえた彼は、朝鮮半島は将来の移民を十分に収容する余地はないという結論に達した。

しかし、「偉大なる収容力を有する殖民地」はその先の満州方面にあるので、朝鮮半島はその目標地域に到達する「通路」と位置付けられ、日本の確保すべき地とみなされた（一二六頁）。

彼によると、この通路を経て「殖民目標」に達する「進路」は、二つ存在した。一つは、朝鮮半島北部の西側に位置する平安道から鴨緑江を渡って、満州の遼寧省からさらには中国本土の直隷省方面へと向かうものであり、他は、半島北部の東側に位置する咸鏡道から豆満江を渡って、満州の吉林省からさらにはシベリアの沿海州方面へと向かうものである。

いずれの「進行策」を採用すべきかというと、宇垣は、先の満州優先論の際と同じ思考様式を用いて、なるべく抵抗の弱い、欧米列強との衝突の可能性の低い方面という基準から後者を選んだ。すなわち、前者は清国の首都北京に接近し、また多くの列強との利害と衝突するので、「甚だしき危険」を含んでいると指摘し、これに比べて、後者は北京から離れて行くだけでなく、列強の関心も薄く競争相手となるのは単にロシアだけにすぎないので、成功しやすく、かつ、資源の点からみても前者に優るとも劣らない「未開の宝庫」であると判断して、吉林―沿海州方面への植民を主とした発展策を有望視した（一二六頁）。

### 陸主海従論

後に頻繁に使用されることになる「自給自足圏」という言葉はこのころはまだ用いられていなかったものの、上述のように宇垣は、主に人口の増加と列強の抵抗と資源の存否という三つの観点から、朝鮮半島を通過して満州から沿海州方面に向かう〝北進論〟を唱えていた。その際、仮想敵国は、第一にロシア、第二に清国と定めていた。ここから論理の当然の帰結として、〝陸主海従論〟が導き出される。

「日本国民が現今の孤島に閉居し終る決心ならば巨大の陸軍を要せざるべし、即ち、海軍を主とすべし」と、彼は言うが、既に見たように、彼は国民の精力が溢れている日本は「孤島に閉居し終る」ものでなく「大発展」の勢いにあると見ていたので、この退嬰的「海主論」を排斥する。

対外発展が当然の大前提ならば、「海陸主従の論」はその発展がいずれの方向に進み、いずれの国の利害と衝突するかによって決定されねばならないと彼は言い、その発展の方向が海上ではなく大陸に求められるならば、「世界の強国と角逐し得るの陸軍」を備え、海軍は陸軍の「一補助機関」にとどめるべきだと唱え、進取的「海主論」をも排斥したのである（二二一～二二三頁）。

以後彼の〝陸主海従論〟には様々な理由付けが加えられることになるが、これについては後ほど詳しくみることになる。

## 第二節　大戦勃発後の対中膨張論

### 1　中国本土への膨張

#### 膨張する日本帝国と宇垣

一九一四（大正三）年八月、名古屋で歩兵第六連隊長として第一次世界大戦を迎えた宇垣一成大佐は、翌年の一月、陸軍省軍事課長として東京へ戻り、八月には少将に昇任し陸軍歩兵学校長となった。

宇垣の順調な昇進と並行して、日露戦争後の日本帝国も上昇し膨張し続けた。南満州を勢力範囲に組み入れ、朝鮮を併合し、一九一二（明治四五）年の第三回日露協約ではロシアに東部内蒙古を日本の勢力範囲として承認させた。

また、第一次大戦が始まると、参戦して山東省の青島、膠済鉄道を占領し、翌年の一九一五年には、中国に二一カ条の要求中第五号を除いた項目を強制的に飲ませた。このため、辛亥革命後成立して四年にしかならない中華民国で激烈な排日運動が巻き起こった。

このような日本帝国の膨張は、宇垣の国運発展構想をも膨張させた。日露戦争中は満州でも遼寧省方面への発展を危険視し、吉林省から沿海州への進展を推奨していた彼だが、一九一五年には、「南満」はすでに日本との「政治的結合」と「経済的結合」を兼ね備え、「東蒙」も今や「政治的結合」が備わり、今後は「経済的結合」を強化する段階にまで進んでいる。この地域を「山東経営」とともに「帝国の将来遠大なる計画」の第一歩としなければならないと考えるようになっていた（一〇四頁）。

中国における発展、膨張を政治的側面と経済的側面の両面から考察した宇垣は、またどちらの側面がどちらの側面をリードすべきかという問題にも触れる。そしてその結論には、彼の経済的弱国意識が反映されていた。彼は、経済競争力において日本は欧米にはるかに劣っているので、まともに向かっていってはとても敵わない、と感じていたようで、欧米との比較で次のような日本の中国本土進出策を薦めている。

### 日の丸傘下の経済進出

すなわち、中国本土では欧米は、経済的勢力の扶植から政治的勢力の扶植へと進む傾向にあるが、日本はこれとは逆に、政治が経済を先導すべきであると主張し（一〇四頁）、「門戸如何に開放せられても政治的勢力所謂国旗を伴はざれば、経済的実力のみ伸長することは難し」（九九頁）と日の丸傘下の経済進出を推奨したのである。

以上のような日本の中国への政治的、経済的膨張を、〝優勝劣敗〟の社会ダーウィニズムの信奉者である宇垣は、帝国主義国家として遅れて国際社会に参入した〝後発国〟の立場から正当化する。

すなわち、日本が国際政治の舞台に上がったとき、「無主の地」はほとんど「列強」によって「割取」され、残されていたのはわずかに「支那朝鮮等」だけであった。したがって「此方面に吾人が手を付けんとするは当然の権利なり」と（一〇〇頁）。

### 工業製品の販路としての中国

開国以来ずっと貿易赤字に苦しみ続けていた日本であったが、大戦が二年目に入った一九一五年から突如前代未聞の好景気に恵まれ、輸出ブームに沸き返り黒字に転換した。[19] これに並行して、農村から都市へと人口が大量に移動し、都市労働者が急激に増加した。[20] このような変化が宇垣の国運発展構想にも大きな影響を与えたように思われる。

先に見たように、日露戦争前後の宇垣は、主に人口問題の解決という観点から〝北進論〟、〝満州優先論〟を唱えていた。第一次大戦が始まると、彼の国運発展構想に新たに貿易的観点が加わる。そしてその当然の結果として、構想中に占める中国本土の重要度が増すこととなった。従来の人口問題と新たな貿易問題に関して、彼は次のように論じる。

日本が中国に求めるのは「生存の必要」のみである。すなわち、「年々増殖する五六十万に近き吾人同胞」のための「安心立命の地」と、「年々発展する製造工業品の販売路」の二つだけである。[21] 前者の「領土的の要求」の対象となる地域は、「南満州」と「東部内蒙古」で十分である。この要求さえ満たされたら、人口問題はまず百年は安心なので、日本がそれ以上の領土的欲望を抱くことは「非理」である。逆に、「未開の空地」を有する中国がこの日本の生存上の領土的要求を拒めば、「人道正義の敵」となろう、と（一一一～一一二頁）。

さらに続けて、第二の工業製品の販路の要求について次のように言う。欧米の場合と違って日本の場合、この要求は単なる「国民の利益嗜欲」ではなく、これも「国民生存の必要」（一一二頁）、すなわち、「製造工業力を維持し労働者に生活の道を得せしむるの必要」から来る要求なのである、と（一〇六～一〇七頁）。そして、この日本の生存要件である工業製品の販路として重視されたのが、宇垣の場合、石橋湛山の場合のようなアメリカを初めとする世界全般ではなくて、もっぱら中国とシベリアであった。[22]「支那と西比利亜以東の露領を我が輸出入貿易の定得意先として置けば、帝国の存立に差支えなし」と言い切るのである（一〇六頁）。

## 2　対中膨張と対英米軍備

### 陸主海従論の補強1――経済的国防策

「帝国の存立」の必要条件として、中国とシベリアに工業製品の販路を求める宇垣の国運発展新構想も、旧の北進論＝満州優先論構想同様、彼の持論の陸主海従論へと連なる。すなわち、この新構想が実現されると、「日本海支那海の海上権さへ保たれ陸上に於て優勢の実力を有するならば、何処を敵としても日本は恐るべきものはない」と言うのである（一〇六頁）。すなわち、太平洋の制海権の保持を目標とする大海軍は不必要だというのである。

この時期の彼の陸主海従論は、さらに次の三点から補強されている。第一に彼は、一九一五年、財政的見地と自給自立的見地[23]を組み合わせた「経済的国防策」という観点から、次のように説く。

すなわち、「貧乏世帯」であるにもかかわらず、年々数千万円もの経費を投じて戦艦を建造し、「太平洋の制海権」を保持するための「大海軍」の建設という「大希望」が出て来るのは、日本に「自給自立の要素」に欠くところがあるからである。しかし、この膨大な経費を「産業方面」に充てれば、数年後には「自給自立」も完成し、「大海軍」の建設の必要もなく、これこそ「所謂経済的国防策」というものである[24]、と（一〇九頁）。

### 陸主海従論の補強2
#### ——大戦の教訓と敵数の減殺

第二の補強論に移ると、このころ第一次大戦における海上戦は手詰まりの状況に陥っていた。優勢な海軍力を誇りながらイギリス海軍は、キール軍港に敷設された水雷と、そこに配備された潜水艦を恐れていたために、軍港に艦隊を突入させてドイツ艦隊を撃滅する作戦を取りえず、むなしくスキャパフロー基地で待機し続けていた。このようなイギリス大海軍の宝の持ち腐れのような状況に注目した宇垣は、次のように海軍万能主義を戒める。

「偉大の艦隊を有し敵国海岸に近き根拠地を有せるに拘はらず、英の海軍が思い切りて独国を犯し能はざるは、海軍万能を夢むる輩の頂門の一針とするに足りるべし」（九九頁）。

第三は、敵の数の多寡を問題にする。すなわち、「大海軍の建設」は「世界政策」を意味し、その威力は陸軍よりもはるかに遠くまで及ぶので、いきおい「英米露仏支蘭」と「多数の敵を製造する」ことになる。これに対して、「大陸軍の建設」に脅威を感じるのは「露支二国」のみである、と（一〇八～一〇九頁）。

### 対欧米戦の想定

とはいうものの、陸主海従に徹すれば、一〇〇パーセント仮想敵国をロシアと中国の二国だけに限定できるかというと、〝北進論〟を吉林省から沿海州方面に限定したときとは違って、そうはいかなくなっていた。これは宇垣自身も認識しているところである。
というのは、中国を日本の工業製品の販路、しかもこれを日本存立の絶対的一要件と位置付けるとき、たとえ陸主海従策を採ったとしても、対欧米戦は、対露戦よりも可能性はかなり低いかもしれないが、完全には排除しきれないからである。

彼は一九一五年には過剰人口問題だけでなく「産業的関係」すなわち海外市場の獲得競争も時として戦争の原因になるとみなすようになっていた（一〇六～一〇七頁）。そして、戦争が始まったばかりの一九一四年に早くも、今回の戦争が終わり平和が回復されると、欧米諸国は「工芸品の排出口」を求めて「抵抗力の薄き東亜方面」に殺到するので、「極東今後益々多事」となると予想していた[25]（九七頁）。

このように、欧米との中国市場の獲得競争から発生する戦争の可能性をも想定せざるをえなくなったとき、宇垣の軍事的経済戦略論における中国の価値は益々上昇する。彼は対欧米戦における「支那の嚮背」が日本の存立のためにいかに重大であるかを次のように強調する。

欧米との戦争となれば、太平洋と南洋からの物資の出入りは途絶えることになるが、その場合でも日本製品の「定得意先」たる「露支」との関係、特に「物資呑吐の舞台」たる「支那」との関係が良好ならば、日本の存立に支障はない、と（一〇六頁）。

## 3　対中威力手段

### 平和手段の放棄

彼の中国政策の目的は、日中間に「経済的にのみでなく政治的にも切ても離れぬ関係」（一〇六頁）を築き上げることであったが、その手段としては「平和手段」と「威力手段」の二通りあると、彼はいう（一〇二頁）。しかし、対華二一カ条の要求に対する中国の抵抗ぶりと五・九国恥記念日後の排日運動の高揚ぶりを見ていたせいか、前者の平和手段を選択するのは困難な状況になっていると判断した。彼としてはその理由を三つ挙げている。

第一に中国はその「事大思想」から欧米に頼って日本に抵抗する傾向がある（九八頁、一〇二頁）。第二に中国は最近再び「一つの威力」となった（一〇七頁）。第三に「今日に於てすら我に服せざる彼」だが、その「四億の民」が今後「覚醒」すれば、中国は日本の手に負えない「強敵」となる（一一四頁）。

このように中国を経済的に、また政治的にしっかりと「我が扶翼の下」に置くには、「平和手段」ではだめで「威力手段」を用いざるをえないという結論に達した宇垣であったが、もちろんそのような手段をとれば欧米の「妬視妨害」をうけることも承知であった（一〇二頁）。だが彼は、それでもあえて恐れずこれを無視せよと言うような対欧米強硬論者ではなかった。

たしかに宇垣は、先に見たように、日露戦争の体験から強国意識を抱き始め、今や少なくとも中国を押さえておけば対欧米戦争も日本の存立に支障なしとまで言うようになっていた。しかし、それはまさかのときのことで、最初から無鉄砲な開戦論を唱えるような人物ではなかった。相当な強国意識をもち、対欧米戦の準備を説きながらも、一方で彼は、国際政治の舞台で目的を達成するためには、彼我の利害と力を慎重に比較考量した上で最も抵抗の小さい方途を選ぶべきだとする冷静なリアリストでもあった(26)。

**威力行使の好機**

このようなリアリストの立場から、もう一つの宇垣の特色である機会主義者としての宇垣が現れて来る。すなわち、彼は、中国に対して威力を行使する場合は、できるだけ欧米の妨害に遭わないような「好機」を利用すべきだと強調する。そして、「欧洲大乱の現時」はまさにその願ってもない「好機」だと判断して、今こそ「支那に対して帝国の大に威を用ゆるときである」と主張したのである（一〇二頁、一〇六頁）。

彼が対華二一ヵ条の要求に関する大隈内閣の外交を批判したのも、まさにこの対中威力行使の好機という見方からであった。つまり、彼にとっては、最後通牒を発した大隈〝強硬外交〟、〝火事場泥棒的外交〟と言われるものも、第五号という「骨」を抜いて「先方にたべ良い様」にと、「断乎たる譲歩」を行い、その結果、対中威力行使の「千載一遇の好機」を逸した「消極的」外交にすぎなかった（一〇二頁）。

このような見方を根底にして、彼は大隈外交が犯した過失を次々とあげつらい七番目の過失として次のような痛烈な非難を浴びせてから、最後に止どめを刺している。

「最後に至るまで恋々として譲歩して断の一字を欠き、遂に東洋永遠の平和を確立せんとする目的に始まりし交渉も遂に支那の侮慢と怨恨を増長し近き将来に於ける禍根を移植したる、過失の第七なり。

これを要するに昨夏以来の外交は如何に贔屓目を以て視るも過誤失敗と認むるより外なし」（一〇三頁）。

# 第三節　大戦中の欧米観

## 1　勝敗の予測

### ドイツ有利の予想

大戦が二年目に入った一九一五（大正四）年の夏、宇垣は連合国の運命も明春までかと予想し（一〇八頁）、ドイツの強さを分析した。その要因を「軍隊の力」だけでなく「諸般の国家機関」及び「国民」の自覚と努力奮闘に帰し、「此の美点長所を帝国の諸方面に扶植することは邦家千年の為肝要なり」と説いた（一〇九頁）。

だが、運命の春が来ても戦争は終わる気配さえなく、彼の連合国敗北の予想は見事にはずれた。それにもかかわらず宇垣は、そのころドイツがヴェルダンの要塞を攻撃していた最中であったためか、依然として同盟国側が有利にあるという認識を捨ててはいなかった。

すなわち彼は、イタリアの裏切りや「四囲の糧道」が断たれたにもかかわらず、ドイツは「益々攻勢的に敵を圧倒しつつある」と観察していた。そしてそのゆえんは、ドイツの「自主自立的国防施設の賜物」であると、ドイツの自立的戦争能力を称賛し続けていたのである（一一五頁）。

彼のこのような評価は、ドイツのヴェルダン総攻撃が失敗に終わった後も変わらなかった。一九一七年一月、ウィルソン大統領の和平斡旋を連合国側が受け入れなかったとき、宇垣は、今春までに連合国側が勝てるかどうかは「一大疑問なり」と記した（一二四頁）。

さらに、同月末にドイツがアメリカに無制限潜水艦作戦を通告したとき、彼は「実に壮烈痛快」と感嘆の声を挙げ、ドイツ有利、英仏不利の確信を一層深めた。その理由は、アメリカ海軍には大西洋を制する実力はないので、「今日まで独逸潜艇が国交上の手前大目に見て見過せしめて居る物資の英仏に対する輸送が杜絶する」という彼の判断にあった（一二六頁）。

### あっけない幕切れ

この後アメリカがドイツと国交を断絶し、四月に参戦しても、宇垣の見方は変わらず、さらに一一月ロシアで革命が起こり、ドイツとソ連の間で休戦交渉が始まると、「西部戦場の戦勢聯合軍に日に非勢なり」、ドイツ「有利の形勢」なりと判断していた（一七四頁、一四六頁）。

そしてドイツの敗北が目前に近付いていた七月ころになっても、〝ドイツに習え〟、〝ドイツを模範とせよ〟と言っていた彼のドイツ称賛はやまず、特にドイツの「国民精神」を高く評価して次のように書き連ねる。

「独逸人の強味は巨砲にあらず、潜水艇にあらず、科学的発見でも組織的能力でもなく、生産及分配の組織完全なるが為にもあらずして、此等は単に具体化せる機械にあらざれば手段に過ぎずして、其の背後を支持する力即ち堅忍、不撓、倹素、勤勉にして徹底的なる国民精神こそ其根柢をなせるものなり」（一七一頁）。

結局、彼がそれまでのドイツ有利の予想を修正するに至るのは、この月のドイツ最後の総攻撃も失敗に終わってからのことである。すなわち、八月になってようやく初めて、アメリカの援助が連合国側に有利に働きつつある情勢を認めざるをえなくなった。

「聯合軍の軍容昨秋に比して大に改善せられ、殊に米国の実力援助は予想以上の大規模と大速度とを以て進行しつつあり」（一七四頁）。

それでも、ドイツが一一月に屈服したのは、宇垣にとっては意外であったようである。

「独逸は急転直下瓦解の状を呈して聯合軍の前に屈服するに至りた」（一八四頁）。

このようにして、四年を越えた長期戦は、宇垣の予想に反してドイツの、また宇垣にとっては、あっけない敗北で終わってしまった。

## 2　対英観の変転

### 滅びゆくイギリス

第一次大戦中の宇垣のイギリス観は、これまで見てきた彼のドイツ観と裏腹の関係にある。ドイツがヴェルダンを攻撃して、宇垣の見るところでは、ドイツが「益々攻勢的に敵を圧倒しつつ」あった一九一六年六月ころ、彼はイギリスを斜陽の国として次のように悲観的にその将来を描く。

「英国の前途将来は見物である。……紳士的で而かも不撓不屈でありた『アングロサクソン』独特の精神は漸次消耗して遊怠安逸之れ事とするの傾向にありし際に、今次の大戦勃発したり。此戦乱が英人を覚醒して往時の精神に復帰せしめ得るならば、彼の幸福で又彼の前途も左まで悲観するを要せざるべし。然るに近時に於ける施設の有様に徴するに如何にも根本的に覚醒せしや否やは甚だ疑わしい。仮令若干の覚醒を為したりとも駄目である。根本的に立ち帰らざる以上は彼の長所特色の滅びつつある今日に於ては駄目であると謂はねばならぬ」（一一七頁）。

その滅びつつある「長所特色」として、海軍力・義勇兵制度・税負担の軽さ・債権国・自由貿易国を挙げて、それぞれにつき次のように評している。

「海軍力」は日仏伊の助けを借りて辛うじて大西洋の制海権を保持しているにすぎず、「義勇兵制度」は今や滅亡に瀕しつつあり、「税の軽き」は他国と変わらぬほどに加重され、「債権国」の地位は失われ債務国に転落せんとし、また「自由貿易」も維持できず貿易保護の必要が生じている、と。このように述べ来って、次のように彼のイギリス観察を結んでいる。

「彼の今日までの特色は形を没しつつある。一国にしてその特色を失しつつある其の将来は大に注目するに価する」（一一七頁）。

**イギリスの真面目**

ところが、一九一八年七月のドイツ最後の総攻撃も失敗に終ったとき、さすがの宇垣もドイツ有利の予想を改めると同時に、その対英観をも修正した。八月、彼はイギリスの粘り強さに次のように感嘆し舌を巻いている。

「国家として執着力強く強靱なる国民性を有する英国の真面目の今次の戦争は尚々持続するものとも考え得る。加ふるに略類似性能を有する独逸相手の事なれば殊に然りであると予期し置くことが肝要である」（一七五頁）。

「尚々持続する」どころか、その三か月後に宇垣にとってはあっけなく戦争が終わってしまうと、イギリスの国民性に対する彼の驚嘆の念はさらに高まり、先の滅びつつあるイギリスというイメージをすっかり捨て去ったかのように、イギリスの勝因を次のように分析し、ここでも国民精神の重要性を強調している。

「英の終局の勝利を収めたるは国の富所謂国力の偉大なりしこと一の主要原因たるべしと雖、国民教育の悠揚大局に処して迷はざるの点と堅忍持久の特性とは確に亦重要因子たりしなるべし」（一八五頁）。

## 3　対米警戒心の芽生え

**日露戦争以後の日米関係の悪化**

日露戦争が起こるまで、日米関係は蜜月時代にあったといっても過言ではなかった。それを反映して、宇垣も一九〇三（明治三六）年には、「米国の如きは到底亜細亜大陸上に兵力を以て迄も争はんとするの熱心はあらざるべし」と楽観していた（一三頁）。

ところが日露戦争が終わると、日米関係は一転、アメリカの日本移民排斥問題、日本の排他的満州政策、日米間の海軍競争のために、両国の一部民間で日米戦争が取り沙汰されるほど悪化し、第一次大戦が始まってからも、対華二一ヵ条の要求問題でアメリカが日本に抗議を行うなど、益々日米関係は険悪化した。

これと並行して、宇垣も中国を日本の工業製品の不可欠の販路と規定したことによって、対米戦争の可能性を想定するようになったことは、既に述べた。

**偽善の国柄**

さてその後アメリカは対独断交から参戦へと進むが、宇垣の対米観はどのように変わっていくか追跡してみよう。

対華二一ヵ条問題前後の宇垣の対米観で目立つのは、アメリカの偽善を激しく槍玉に挙げている点である。彼は、アメリカは内に「モンロー主義」を唱えて「門戸を閉鎖して」おきながら、アジア等には「門戸開放機会均等」を強いて、その勢力の伸長を図ろうとしていると、アメリカのダブル・スタンダードを衝いている（九九頁）。

またアメリカが日ごろ唱える「正義人道」（一〇七頁）・「人道主義」についても、その言行不一致をあげつらい、後者については次のように言う。

「米国の所謂人道主義の精神は今や銃砲弾薬となりて欧洲の天地に血雨を降らして居る。之れにても其の所謂人道なる者は国家国民の利益を包飾する所の外被物であるか、左もなくば人道は利益の前には屈服して鳴りを静めて居らねばならぬものであることが分る」(一一五頁)。

さらに一九一七年二月のアメリカの対独断交をも、宇垣は同じくアメリカのダブル・スタンダード、偽善性という視角から解釈している。

すなわち、アメリカは「自国の主権及人道を無視する独逸の国際法違反」を理由に国交断絶に踏み切ったと言うが、宇垣に言わせれば、国際法違反をしているのは、公然と戦時禁制品たる武器弾薬を連合国側に供給して中立国の義務に違反していたアメリカの方であった。

そしてここでも彼は、アメリカの正義人道とは自己利益粉飾のための単なる道具にすぎぬという持論を繰り返す。

「米国の所謂人道と権利擁護の為云々とは自己が思ふ様に儲けんとする欲望を粉飾する一種の口実に過ぎぬと予は観察する」(一二六頁)。

続いて四月アメリカが参戦するが、その参戦理由は「正義人道」の実現にあるというアメリカの主張には、無論、宇垣は目もくれず、そこに隠された「企図」を探っている。

**対独参戦の真意**

彼は、アメリカの「真意」は平和時においてはアメリカ国民の同意をえがたい「軍備の整備拡張」を、開戦に名を借りて実現することにあるとみた。この軍備の拡張によって、アメリカは大戦後の世界での発言権を確保しようとしているのではないか、さらには「東亜」等へも「一大飛躍」を「企図」しているのではないかと猜疑し、「之れ吾人の大に警戒を要する点である」と、宇垣は一段と対米警戒心を強めたのである(一三〇～一三一頁)。

この警戒心は、中国人の間に「欧米党」が存在しているという彼の見方によって、さらに増幅された。

「平和克服後欧米勢力の捲土重来に方りては今日一隅に屏息しあるが如き観ある其二(中国人中欧米強国に依頼せんとするもの)の如き大に擡頭し来るべし。対支経世家の大努力を要するの時なり」(一七〇頁)。

さらに、宇垣にとっては予想外のアメリカの「実力的援助」によって、大戦が連合国側の勝利に終わったとき、この警戒心はますます強まったものと思われる。

休戦直後、彼は、アメリカの「国民性の健否」については「未知数」と判断を控えているが、その「国力」については「米国国力の偉大は今次の戦役に於て適確に証明せられたり」と確信するに至ったのである（一八五頁）。

## 第四節　戦争の長期化

### 1　長期戦対策

**軍隊・国民・経済の改革**　一九一四（大正三）年夏の開戦時には、戦争は短期間に決着すると思われていた。ところが、予想に反して持久戦の様相を深めた一九一六年春ころから、宇垣の『日記』に長期戦に対する考察が目立ち始める。それらの記事を筆者なりに整理統合してみると、次のようになる。

将来の「長期の戦争」・「持久の戦争」に耐えて「最後の優勝」を獲得するためには、「軍隊」と「国民」と「経済」の三分野で、抜本的な改革が必要である（一一九頁、一五三頁）。

まず第一に、「軍部内の整理」を断行して「良好なる軍事制度」を確立しなければならない（一一九頁、一五八頁）。

第二に、「挙国一致」体制を確立しなければならない。そのためには「軍を国民化」すると同時に、「国民を軍隊化」しなければならない。

国民の軍隊化は精神面と武装面の両面で行わなければならない。精神面においては、「国民奉公耐忍の意気」を養うために、「軍事思想」・「国家主義」・「愛国心」を国民の間に鼓吹し普及させる必要がある。

武装面においては、これまでの戦争では「既教育兵」のみの武装で事足りたが、今次の戦争はこれからは「既教育未教育」を問わず「国の全員」を「武装」する必要があることを示している（一一九頁、一五三頁、一五五頁、一五八頁、一八七頁）。

第三に、国内に「産業上」と「金融上」の「動員」体制を確立し、同時に対外的に「食糧」だけでなく「資源」の「自給自足」体制を完成しなければならない（一〇〇頁、一一九頁、一二〇頁、一五五頁）。

要するに、今次の大戦の教訓として、戦争が終わる前からすでに、宇垣は次の戦争も長期戦となる確率が高いという前提のもとに、そのような性質の戦争に勝ち抜く準備として「国家動員の整頓」（一五四頁）と「自給自足」の確立（一五五頁）、つまり総力戦準備体制の必要を説くようになったのである。[27]

**自給自足圏構想**

このように、宇垣の軍事的経済外交戦略構想において、一国が「長期の戦争」に耐えうる体制として、「経済的独立」すなわち「自給自足」が不可欠の構成要素となったが、宇垣は、この経済的独立の達成は、日本の場合、いかに「帝国の版図」において「産業保護」や「国産奨励」に努めようとも、不可能であると考えた（一六四頁、一四五頁、一五〇頁）。

このような考えから、彼は、まず「自給自足の経済範囲」を確定しなければならない、そうしないと「国防」の「標準」が定まらない、なぜなら日本の「国防の本義」はこの「経済範囲」の支配・防護でなければならないからである、と主張する（一四五頁、一五三頁）。そしてその具体的な対象地域として彼が指定するのが、分かりきったことだが、主に中国である。

「必ずや自給自足の経済範囲大陸就中支那に及ぼすの必要あり。日支を打つて経済上の一単位となすこと肝要なり」（一五〇頁）。

このように、大戦の長期化にともなって、宇垣の軍事的経済外交戦略構想に占める中国の価値はさらに増大していった。いまや中国は日本の工業製品の販路としてだけでなく、食糧・資源・軍需品の供給源としても不可欠の存在と考えられるようになったのである。すでに宇垣は、満州に関しては日本が経済的にだけではなく政治的にも支配すべき対象とみなしていたので、彼の場合、第一次大戦中に次の戦争に備えた〝日満支経済圏〟構想の基本ができあがったとみてよい。

## 2　陸主海従論との関係

### 空想的な海主論

宇垣の軍事的経済外交戦略構想において、市場的な価値だけでなく資源的な価値が付加されたにしても、その対象地域が中国を主とした大陸であることに変わりはなかったので、これによって彼の陸主海従論が影響を受けることはなかった。

元々宇垣にあっては、他のすべての考慮から切り離して日米の国力差という一点に限ってみても、日米海軍競争を想定する「海主」論は、次のように机上の空論として斥けられていた。

「日本は海国である、従つて其の国防は海軍を主とせねばならぬ、とは俗耳に入り易きの言である。海軍を拡大して米国と競争せんと云ふが如きも、云ふは易くして資財の充溢せる彼に対して行ふは誠に難問題である。英米之に加ふるに有事の日、英の彼れに加担して『アングロサクソン』同盟でも作るの公算は多きのである。英米聯合の海軍に対してまで拮抗することは大に希望する処なるも、近く之が実現は痴人の夢である」（一四五頁）。

### 自給的経済範囲の支配

「国防の本義」が「自給自足の経済範囲」の防護であるとした宇垣は、海軍力の規模も空漠たる制海権の獲得から決定されるものではなく、「両端末」に「需用供給」の関係ある「交通線」の支配という観点から決定されるべきものだとする。これを日米戦争の場合に当てはめて、意義ある制海権とは、アメリカにとっては大西洋の支配であり、日本にとっては中国との海上「交通線」である、「朝鮮海峡」・「支那海南洋」の支配であると言い、太平洋の制海権などは、「経済範囲」の防護からみてあまり意味がないとみなしたのである（一四三頁）。

海軍力同様陸軍力も、もちろん、「自給自足の経済範囲」の防護を標準として決定される。宇垣は次のように陸主論を展開していく。日本の場合、その「経済範囲」は「朝鮮海峡」を除けば「地続き」なので、「海峡の遮断」だけでなく「地上連絡線の遮断」も日本の存立を危うくする。ゆえに、海軍力は中国との「交通線」を維持できる程度に止どめ、陸軍力は「広大な」「地上連絡線」を維持し、「我自給経済範囲（主として支那）」を支配し、かつ、防護するに十分なものでなければならない、と（一五〇頁、一四七頁）。

このような必要を満たす陸軍は、少なくとも中国・ソ連・イギリス・フランスに備えた途方もなく大規模なものになりそうなことは、次の彼の言葉からも想像できる。

「今でこそ支那の外憂は鉄道の関係西伯利方向より来る、従うて日支の協同行為も成立する。然れども将来支那の真の外患は中亜及び印度方面より蒙古新疆西蔵雲南方面に来るべきものである。日本の長鞭将た威力が此方面にまで及ばざれば、将来彼れを永く我羽翼下に保護せんと欲するも彼れは何時の間にか飛去りて他の根強き枝上に其の居を求むるに至るべし」（一六三頁）。

### 現実的な大陸経営論

以上のように宇垣は大戦中も終始一貫して大陸経営論に立脚した陸主海従論を唱え続けたが、戦争が英米側に有利に傾いたと宇垣自身も認めざるをえなくなっていた、一九一八年九月ころ、彼は大陸経営と海洋経営とについて次のような考えを明らかにしている。

「今や……島国たりとも海洋経営のみにては何事も出来ぬ。経世の要は海陸何たるを問ふでなく、単に他との紛争を成るべく少くして将又比較的少き労力によりて許多の利益を収め得べき土地と方向に国家の精力を傾注することが根本である。陸たり海たることは問題にあらざるべし」（一七八頁）。

この文章は、日露戦争中に列強との衝突の危険を避け、抵抗力の薄い吉林―沿海州方面への発展を推奨した、リアリスト宇垣の〃北進論〃を想起させる。

もっともこの文面だけでは、海陸二兎を追えとも、海陸いずれでもいいとも聞こえるが、本音としては、他との紛争が少なく利益が大きな方向とは、対英米戦の可能性が少ない大陸方面であり、今やどちらも革命後の混乱にあって国家の体をなしていないと宇垣がみるところの中国とソ連のシベリア地域[28]とを指していることは言わずもがなであろう。

さらにまた彼は、大陸に向かう発展圏構想は、英米を刺激することが少ないばかりか、もって行き方によっては英米をも説得できると考えていた節がある。つまり、中国を主対象とする自給自足圏構想も、英米を敵国と想定した長期戦上の必要としてではなくて、「国民の生存上」やむをえぬこととして提起されるならば、その実行も「世界の容認」を得やすいと楽観していた。そのような面も、宇垣にはあったのである（一七二頁）。

## 第五節　ロシア革命後の大陸膨張論

### 1　ロシア革命の余波

**欧露・シベリア出兵論[29]**　一九一七（大正六）年三月、ロシアに二月革命が起こった後、『宇垣一成日記』によれば、一〇月には欧州出兵論が起こり、一一月、一〇月革命が起こった月には「欧露出兵」要請があり、一二月にはフランスがシベリア鉄道占領を提議し、一九一八年一月にはイギリスがシベリア出兵を要請して来た。

一〇月の欧州出兵論の記事の中で、宇垣は「今や雄大の経世家なく時期は将に経過し去らんとす、慨すべきなり」と嘆き（一四四頁）、フランスのシベリア鉄道占領提議後の一二月中旬の記事においては、「千歳希有の機会に際し無為無策興国の気運を逸〔す〕。……慨嘆に堪へず」と悔やんでいる（一四七頁）。

その後独ソ間に休戦協定が成立し、講和交渉が始まると、宇垣は「独逸勢力の東漸」の脅威を大袈裟と思われるほど取り上げ始める。(30) たとえば、一九一八年一月の記事は危機感が溢れている。

「数上の競争は露一国でさへ仲々我は及ばぬのである。夫れに長所美点も塁を摩するの強敵〔ドイツ〕が加りたとすれば帝国々防の前途は実に多事多難である。此多事多難に打勝つべき手段方策の実行が今後に於ける吾人努力の目標である。旗幟である」（一四九頁）。

その「手段方策」として、一月、彼はイギリスの要請に応じてシベリアに出兵することを望んだが、日本政府はその要請に冷淡であった。その頃の宇垣の『日記』は「千載一遇の好機」の逸失を慨嘆している。

「客年一二月に起りし欧露出兵希望を利用して国歩を進むるの策を講ぜず。一二月西伯利〔亜〕鉄道占領の仏の悃願をも英米の尻馬に乗りて拒絶し、今春英の指示を受けて西伯利〔亜〕独立擁護に着手せんとするに際し聯合出兵、英の特使派遣等の出来事に擒縦せられある間に、時局は着々と進みつつあり。老成保守の当局千載一遇の好機を逸せんとす、慨すべきなり」（一五〇頁）。

## 出兵の狙い

宇垣にとってのシベリア出兵の目的は、シベリア独立による「独逸勢力の東漸」の防止だけでなかったことは、先の一〇月の欧州出兵論の記事からも類推できる。彼の出兵論には大々的な軍事外交構想実現の野望があった。

欧州出兵論に関して、彼は、自分は「大々的出兵」論者の一人だが、日本が連合国のために「火中の栗を拾ふの愚」を演じよというのではないと言う。そしてその真の狙いは、「出兵の決意と準備の完成」によって「国民精神の一新」、「自給自足の基礎」の確立、「支那問題」をはじめとする「亜細亜諸問題」の解決、「欧米の諸問題」への「相当の支配権」の把握にあることを明らかにしている（一四四頁）。

ロシア革命によって惹起されたシベリアにおける権力の真空状況、革命によって誘起された英仏からの出兵提議、さらには一九一八年三月に調印されたブレスト・リトウスク講和条約によって増幅された「独逸勢力の東漸」の脅威さえも、宇垣にとっては、彼の軍事外交戦略構想の実現を促すまさに「千載一遇の好機」であったのである。

つまり彼には、それらの一連の出来事は、シベリアと満州と中国という広大な大陸に日本の「自給自足の経済範囲」を設立するチャンスを提供してくれていると映ったのである。この機会を見過ごすのは、宇垣に言わせれば、国家に対する犯罪行為に等しかった。この機会主義者は次のような信念の持ち主であった。

「力は政治の唯一の指揮である。有利なる機会に乗じて自己の勢力を利用せざるは国家は自己に対して罪を犯すものである」（一一一頁）。

そこで次に、このような信念をもつ機会主義者の観点から、「日華陸軍共同防敵軍事協定」問題について、すなわち、ロシア革命とシベリア出兵論とドイツ勢力の東漸という三事との関連で浮上し、彼自身が直接深くかかわった対中軍事外交問題について検討を加えてみよう。

## 2　日華軍事協定と中国ナショナリズム観

### 軍事協定の表の狙い

ロシア革命後のいわゆる「独力東漸」の機会をとらえて[31]、寺内内閣は、独ソ講和条約が成立した五日後の一九一八（大正七）年三月八日、日華軍事協約締結の方針を決定した。この決定に従って宇垣参謀本部第一部長は、三月一四日、首席交渉委員として北京に出発し、段祺瑞政府と交渉して三月二五日には「共同防敵に関する公文」を交換し、五月一六日には「日華陸軍共同防敵軍事協定」に調印した[32]。

「支那の地位を向上し支那の軍事を改善し支那の中心に権力あらしむる為に企画せられたる今次の協約」と自身が言っているように（一六七頁）、この協定は、表向きには、第一に利他的な動機からなされたものであった。すなわち「独力東漸」の脅威にさらされている弱体国中国のためを慮ってなされたものであった。[33] それにもかかわらず、中国人は「支那は軍事提携を欲したるに非ずして提携せしめられた」という被害者意識を抱き（一六五頁）、この協定に対して激しい反対の声[34]を挙げていることに、宇垣は憤慨して次のように記している。

「今次の軍事協約に対しては日本の心事を曲解して疑懼の念を抱きて居るものが多い。支那当局を李完用視し安重根の再現を期待する如く、或は之が為憤死せるものあるを報ずるの新聞がある。……目下の如きは協約に対する正当なる声にあらずして恰も犬の月影に驚きて叫喚吠々たるの類に過ぎざるなり」（一六七頁）。

果たして宇垣が言うように協約の真の狙いは利他的なものであり、中国人の反対の声は月影に驚いた犬の声であったであろうか。まず一般的に彼の対中政策の目標と手段・方法について、彼の考えを聞いて見よう。

### 日中関係を「上下の関係」に

彼が言うには、日本が中国のために「援助啓発」を行っても、「尊大自負の国民特性」を有する中国人は、多少でも国力がつくと、必ずや日本に対して「反抗の態度」に出る。これを日本が抑圧しようとすると、彼らはその「事大思想の本性」から他の勢力の力を借りて日本に「抗争」する（一六八頁）。ゆえに、「支那の改善」と「極東百年の平和」のためには、日中の関係は、対等な「左右の関係」ではなくて、日本が「事実上の覇権」を握る「上下の関係」を築かねばならない。

彼は続ける。この「上下の関係」を築くには、「威力」を用いるのが「最捷径」であるが、日本は対華二一カ条問題のときと欧州出兵問題のときに訪れたその「最好機会」を二度までも逸した。そして「無事の日」となってしまった今は、「最遅」ではあるが四囲の理解がえやすい「平和的方法」で「左右の関係」を漸次密にしていくしかない。

すなわち、中国の政治・軍事・経済の各分野に平和裡に「深く内蔵にまで食込み」、これを「上下の関係」に変形する「機会」が到来するのを待つしかない。そしてその機会が来たならば、咄嗟の間に「最速の手段」たる「威力」を用いるべきである（一六六頁、一六八頁）。

そしてその際、対外的には英米の意向さえ考慮に入れておけば、中国の事は無視してよいと、彼は次のように言う。

「対支問題の解決には殆ど支那其者の意向力量を眼中に置くの必要はなし。要は日本の意向即ち決心如何に存する。而して決心の基く所は国論大体の帰一と英米両国の意向如何に帰する」（一七一頁）。

**軍事協定の裏の狙い**

実は、宇垣は、日華軍事協定の交渉も、彼の〃「日支関係」を「左右の関係」から「上下の関係」へ〃という展望のもとに推進されたのである。彼はその真の狙いを自ら告白して、次のように言っている。

すなわち、この協定に基づいて新たに「共同防敵用軍隊」を日本からの「国防用軍事借款」で建設させて、この新軍に多くの日本人「顧問」や「教習」を送り込んでその「運用支配の実権」を掌握し、行く行くはこの軍隊を基礎に「支那生殺の実権」を日本の手中に収めるのだ[35]、と（一六〇頁）。

このような彼の対中外交戦略の根底にあったのは、池井優も井上清も異口同音に指摘しているように、中国人蔑視に根差した、中国ナショナリズムの軽視であった[36]。

**中国ナショナリズムの軽視**

このころの彼は、〃滅亡する運命にある中国〃について、次のように言う。

「支那は当然滅亡すべき運命を有せるが如く、其道途を急速度を以て辿りつつある。支那の自力を以て此の趨勢を挽回することは殆ど絶望的である。病弊深く膏肓に入れる国民の覚醒は自力を以てするには余り大手術である」（一六七頁）。

あるいはまた、〝衰亡しつつある中国〟について、次のようにも言う。

「支那は国家的衰亡の諸要素を殆ど完備して居る。社会政治其他の方面に於ける道徳は腐敗し、高遠なる民族的の信念信条を具有せず、進取積極の国民的の精気を欠き、教育は形式の末を逐ひ、軍事の綱紀は解体し、財政は窮乏紛乱し、産業は振るはず、有形無形挙げ来れば殆ど衰滅の要素たらざるはなし」（一七〇頁）。

このような中国ナショナリズムの軽視は、その後も長く保持されることになる。彼が中国観を改め、中国ナショナリズムを正当に評価するようになるのは、日中戦争が泥沼化した一九三八（昭和一三）年になってからのことである。[37]

**宇垣の外交戦略構想のまとめ**

宇垣一成の軍事＝経済＝外交戦略構想は、時代によって多少の変化のあることは言うまでもないことだが、少なくとも日中戦争までのその骨格は次のように描くことができるのではないかと思う。

すなわち、それは、対内的には、天皇を中心とした官民一致の国家主義の下に総動員体制を築き上げ、対外的には生存圏を確立するために朝鮮や中国のナショナリズムと対抗し、あるいはこれを抑圧しながら、大陸に時には平和的手段で、時には機を見計らって武力的手段で進出、膨張することを目指すもので、その際、英米とのある程度の摩擦はやむを得ないが、戦争は極力回避するように努める、しかし、万が一の対英米持久戦争を想定した陸主海従の軍備をも完成させて置くべきであると主張するものであった、と。

そしてこの宇垣の軍事＝経済＝外交構想の骨格は、第一次世界大戦が終わるまでにほぼ出来上がっていたことがお分かりいただけたかと思う。

（1）三巻からなる『宇垣一成日記』みすず書房、一九六八年・一九七〇年・一九七一年を通読すれば、彼の思想の雑然たる印象を得ることができるが、それを整然たるものにするには相当骨が折れる。その点、戸部良一「宇垣一成『宇垣一成日記』」関静雄編『近代日本外交思想史入門』ミネルヴァ書房、一九九九年は、宇垣の国際政治観の全体像を簡要に描いている。
　また、主に『宇垣一成日記』に依拠して一九一五年から一九三〇年までの宇垣の中国観を明確にしたものに、池井優の論文がある。Masaru Ikei, "Ugaki Kazusige's View of China and His China Policy, 1915-1930," in Akira Iriye, ed., *The Chinese and the Japanese : Essays in Political and Cultural Interactions*, Princeton University Press, 1980.
　さらに、宇垣の様々な側面に関する詳細な研究論文を集めた次の書物がある。堀真清編『宇垣一成とその時代』新評論、一九九九年。
　また宇垣の評伝としては、井上清『宇垣一成』朝日新聞社、一九七五年などがある。本章は第四章と併せて、宇垣の国際政治観と外交戦略論の全体の骨格はほぼ第一次世界大戦前後に出来上がっているという仮説から、この期の彼の外交思想を主に『宇垣一成日記』を素材としてやや詳しく、かつ、より体系的に再構築する〝骨の折れる〟試みから得られた成果である。
　本章と第四章脱稿後、大正期の宇垣のアメリカ観を中心とした国際政治観を扱った、戸部良一の「宇垣一成のアメリカ認識」長谷川雄一編著『大正期日本のアメリカ認識』慶應義塾大学出版会、二〇〇一年を入手した。教えられるところ多々あったが、遺憾ながら、時期遅く、本書においては十分活用できなかった。読者には同論文も参考にしていただきたい。

（2）一九〇二（明治三五）年　八月　第一回ドイツ留学。このとき、宇垣は三四歳、陸軍歩兵大尉。
一九〇四（明治三七）年　一月　陸軍歩兵少佐
　四月　参謀本部付となり帰国、しばらくして日露戦争に従軍。
一九〇六（明治三九）年　二月　第二回ドイツ留学。
一九〇七（明治四〇）年一一月　歩兵中佐。
一九〇八（明治四一）年　二月　参謀本部総務部員となり帰国。
　一二月　教育総監部課員。
一九一〇（明治四三）年一一月　歩兵大佐。
一九一一（明治四四）年　九月　陸軍省軍務局軍事課長。
一九一三（大正　二）年　八月　歩兵第六連隊長（名古屋）。
一九一四（大正　三）年　八月　第一次世界大戦勃発。このとき、宇垣は四六歳。
一九一五（大正　四）年　一月　陸軍省軍務局軍事課長。
　八月　陸軍少将、陸軍歩兵学校校長。

一九一六（大正　五）年　三月　参謀本部第一部長。
一九一八（大正　七）年　三月　日華共同防敵軍事協定交渉委員として中国に出張。
五月　帰国。
一一月　第一次世界大戦終わる。このとき、宇垣は五〇歳。

（3）渡辺正雄によると、日本に社会思想としての進化論が流布したのは一八八〇年代のことである。彼はその意味合いを次のように解説している。

「当時の日本において、生物学としての進化論は不毛であり、また影響も小さかったが、思想としての進化論は重大な役割をになわされた。それも欧米ではいわゆる『人獣同祖説』が最大の論点となったのに対して、日本では生存競争・自然淘汰が注目の焦点となり、『優勝劣敗・適者生存』という形で簡単化された進化論が、最新の科学的真理であるとして逆にさまざまの主張を裏付けるために利用されるということになった。……ダーウィンの進化論は同種の固体間の競争を基本とするものであったが、ソーシャル・ダーウィニズムではこれを社会や国家間の競争にまで拡大解釈した。日本ではそれが直ちに、『富国強兵』を正当化し、国家主義を基礎づける理論として受け入れられた。その代表的な事例は加藤弘之の『人権新説』の場合である」（渡辺正雄「明治初期のダーウィニズム」芳賀徹ほか編『講座比較文学　第5巻　西洋の衝撃』東京大学出版会、一九七三年、九〇頁）。

右の加藤の『人権新説』が公刊されたのが、一八八二年、宇垣が一四歳のときである。彼がこの本を読んだかどうかわからないが、渡辺が引用している加藤の思想は、宇垣の思想と酷似している。例えば、次のような文章が引かれている。

「而テ余ハ此一個ノ大定規ヲ称シテ優勝劣敗ノ定規ト云ハント欲ス。蓋シ宇宙は宛カモ一大修羅場ナリ。万物各自己ノ生存ヲ保チ自己ノ長育ヲ遂ケンカ為メニ、常ニ此一大修羅場ニ競争シテ互ニ勝敗ヲ決センコトヲ是勉ムルナリ。而テ其結果タルヤ、常ニ必ス優勝劣敗ノ定規ニ合セサルモノハ絶テアラサルナリ」（渡辺正雄、同右論文、九二頁）。

「万物法ノ一個ノ大定規タル優勝劣敗ノ作用ハ特ニ動植物世界ニ存スルノミナラス、吾人々類世界ニモ亦必然生スルモノナルヲ了知スヘシ」（同右論文、同頁）。

（4）ヴィルヘルム二世の黄禍論については、本書の序章の注(1)を参照せよ。また、森鷗外は、『人種哲学梗槩』において、黄色人は黒人よりも優れているが、その黄色人よりも白人はさらに優れており、他を開化する能力をもっているのは白人だけだと主張するゴビノーの人種論に目下のドイツは支配されているように見える、と書いている。森林太郎『鷗外全集』第二五巻、岩波書店、一九七三年、五三〇頁。

（5）宇垣一成『宇垣一成日記』第一巻、六頁。以下『宇垣一成日記』第一巻からの引用部分・参考部分は、本文中に該当ページを付けることにする。

（6）井上清『宇垣一成』、六一頁を参照せよ。

（7）個人主義と国家主義の関係について、明治元年生まれの宇垣より一つだけ年上の夏目漱石は、一九一四（大正三）年に講演した「私の個人主義」の中で次のように語っている。

「個人主義は個人の自由が其内容になつてゐるには相違ありませんが、各人の享有する其自由といふものは国家の安危に従つて、寒暖計のやうに上つたり下つたりするのです。……国家が危くなれば個人の自由が狭められ、国家が泰平の時には個人の自由が膨張して来る、それが当然の話です。苟くも人格のある以上、それを踏み違へて、国家の亡びるか亡びないかといふ場合に、疳違ひをして只無暗に個性の発展ばかり目懸けてゐる人はない筈です。私のいふ個人主義のうちには、火事が済んでもまだ火事頭巾が必要だと云つて、用もないのに窮屈がる人に対する忠告も含まれてゐると考へて下さい」（夏目漱石『漱石全集』第一一巻、岩波書店、一九六六年、四五九～四六〇頁）。

最後の部分は、日露戦争が済んでもまだ二個師団の増設が必要だと言っていた宇垣らへの忠告だったかもしれない。

さらに、漱石はこの原則を一九一四年現在の日本にあてはめて、彼の「寒暖計」が示す「国家の安危」と「個人の自由」の度合いを次のように語り続けている。

「今の日本はそれ程安泰でもないでせう。貧乏である上に、国が小さい。従つて何時どんな事が起つてくるかも知れない。さういふ意味から見て吾々は国家の事を考へてゐなければならんのです。けれども其日本が今潰れるとか滅亡の憂目にあふとかいふ国柄でない以上は、さう国家々々と騒ぎ回る必要はない筈です。火事の起らない先に火事装束をつけて窮屈な思ひをしながら、町内中駆け歩くのと一般であります」（同右書、四六一～四六二頁）。

漱石のこの講演が行われたときすでに、第一次世界大戦が始まっていた。この大戦は戦時と平時の境を以前よりも曖昧にし、兵隊と国民の境をも曖昧にした。宇垣も大戦の教訓として、火事が始まってから火事頭巾を求めても間に合わないという立場から、総力戦に対する平時からの準備を重視するようになる。このように宇垣は、個人主義を全否定することはなかったが、ますます個人主義より国家主義を重視し優先させていくことになる。

しかし、満州事変が起こり、満州国が樹立され、日本が孤立の道を進む過程の中で、荒木貞夫陸軍大臣らによる「非常時」運動が起こり、漱石の言葉を借りれば「国家々々と騒ぎ回る」ようになるが、さすがの国家主義者の宇垣も、これには嫌悪感を示すようになる。

「近頃は妄りに非常時を売物にして居るのではないかと思はるる手合がある。国歩は決して坦々ではない、相当に難局である。けれども真の国難又非常時であるべきか。余は帝国は列国に比して今尚有利の立場にある、洋々たる前途を有して居ると認めて居る。国難非常時等の言辞の使用は勉めて避けて居る」（『宇垣一成日記』第二巻、八七五頁）。

宇垣は基本的に国家主義者であり、統制論者であったが、非常時運動以後ますます極端化して行く国家主義・全体主義・統制主義にはかなり批判的であった。例えば、平時の経済活動の自由に対する国家による過度の統制について、一九三三（昭和八）年八月には次のような疑問を投げかけている。

「自給自足の経済生活は所謂非常時戦時に善処する為には是が非でも必要であるけれども、此非常対策を以て平時を律せんとすれば無理が生ずる場合が多い」（同右書、九一五頁）。

言論・思想の自由に対する過度の圧迫についても、一九三五年二月から三月にかけて、宇垣は天皇機関説問題をめぐる右翼による美濃部達吉に対する攻撃を次のように批判している。

「美濃部博士の学説は菊池男の投じたる波紋に右翼団が乗り出して政治問題化さんとしつつあり。用語は吾人にも不快の感与ふるも政治的に学説を威圧するの感を与ふるは穏ならず。飽迄学問として取扱ふべきなり」（同右書、一〇〇四頁）。

「議会に於て学説の論議は妙なものなり。暴力を頼みて自説の支持は醜し。避けざるべからず！」（同右書、一〇〇二頁）。

宇垣のこの批判をここに書き移して、このときすでに死去して二〇年経っていた漱石の先ほどの講演中の次のような文句が、成る程至言であると想起された。

「其三者〔個性・権力・金力〕を自由に享け楽しむためには、其三つのものの背後にあるべき人格の支配を受ける必要が起つて来るといふのです。もし人格のないものが無暗に個性を発展しやうとすると、他を妨害する、権力を用ひやうとすると、濫用に流れる、金力を使はうとすれば社会の腐敗をもたらす。随分危険な現象を呈するに至るのです」（前掲書『漱石全集』第一一巻、四五四頁）。

（8）後に宇垣は、皮肉なことに、「天皇の命令」が〝鶴の一声〟でないことを身をもって知らされることになる。一九三七（昭和一二）年一月、政界の惑星というあだ名を付けられていた宇垣についに組閣の大命が下った。しかし、周知のように、陸軍の協力が得られず、従って現役武官中に陸軍大臣を得られず、拝命辞退のやむなきに至る。

途中、辞退を迫る寺内寿一陸相と杉山元教育総監らに対して、宇垣は「大権の発動を阻止する行為の如きは粛軍の精神に戻り軍の統制を紊る尤甚しきものではないか」と反問したが、何の効果もなかった。このような「大権干犯の行為」の元凶を、宇垣は「軍の総意」なるものを盾に寺内や杉山を脅迫している「本省本部の局課長数名の輩」と見ていた。『宇垣日記』第二巻、一一二七頁。

（9）当否はしばらく置くとして参考までに、梅森直之は、第一次大戦後の「最早戦争は軍隊のみの戦争でない、国民の戦争である」という田中義一の発言を引用して田中と宇垣を、「旧来の精神論の重要性」を強調する点で第一次大戦を日露戦争との連続でとらえる総力体制論者として位置付け、このような両者を「形而上と形而下」・「精神と物質」というような「二分法」さえ無効にして人間をも「物質的資源」と見るに至る永田鉄山らの総力体制論者とは質的に異なると解釈している。梅森直之「『宇垣軍縮』と総力戦体制」堀真清編『宇垣一成とその時代』、三五～四二頁。

梅森の指摘のとおり、宇垣がその総動員体制論で「精神論の重要性」を強調したことは、筆者の『宇垣一成日記』の精読からも肯定されるところであるが、ただ永田らが「旧来の精神論の重要性」からどの程度脱却していたのか、遺憾ながら、無識ゆえその判断は留保せざるをえない。

(10) この講演開催の時期については、井上清は一九〇九年か一九一〇年と推定している。井上清『宇垣一成』、六四頁。

(11) 同右、六三～六四頁。鎌田澤一郎『宇垣一成』中央公論社、一九三七年、二〇四～二〇六頁。鎌田澤一郎『松籟清談』文藝春秋新社、一九五一年、六一～六三頁。

(12) 鎌田澤一郎『宇垣一成』、二〇三頁。

(13) 日露戦争を挟んだ宇垣の二回の留学生活を比較した井上清は、第二回目の留学中の宇垣のドイツ観の変化について、「ドイツで生活するようになっても、前回のように主としてドイツのよいところが目につき、それに学ぼうという姿勢はなく、むしろ、ドイツよりも日本がまさっている、という所見、感想が圧倒的である」と記し、その変化の理由として、「前回と今回の見方のこのちがいの根底に、日露戦争で日本人は勝ったのだ、日本人はえらいのだ、という帝国主義的誇りがある」と指摘している。井上清『宇垣一成』、五九～六一頁。

(14) 関静雄『日本外交の基軸と展開』ミネルヴァ書房、一九九〇年、二三八～二三九頁。

(15) Chiro Hosoya, "Characteristics of the Foreign Policy Decision-Making System in Japan", *World Politics*, April, 1974, p. 355.

(16) 堀真清「序論――宇垣研究の意義と課題」中の引用文から借用した。堀真清編『宇垣一成とその時代』、一七頁。

(17) 満蒙優先論者の宇垣であるが、この時期に彼が中国本土をも視野にいれていた例を二つ挙げておこう。一九〇六年、第二回ドイツ留学の途上にあった彼は、三年ぶりに上海を見て、「揚子江に於ける日本人の勢力」と題した次のような感想を記している。

「上海は揚子江沿岸地方物貨の集散地なり。故に此地に於ける邦人の勢力を観察するときは沿岸地方の全豹を察知し得べし。三年前に比すれば邦人の勢力は著大の発展をなせり。然れども此間に於ける欧米人の勢力も発展したるの形跡あるを認む。要は発展したる邦人の現下の勢力は欧米人に比すれば未だ微々たるを免れざるなり。今後希望するは武力的勢力の発展にあらずして経済的根基を扶植するにあり。故に之れが第一の手段としては当路者は無限の宝庫たる揚子江沿岸の実況を邦人の脳裏に注入するにあり。今日は此等地方が充分邦人に了解せられありとは認められざるなり」(四四頁)。

次に井上清は、一九一二年の二個師団増設問題で宇垣が増師の必要な根拠を一般的な対露戦備の強化に加え、中国問題を持ち出していることに注目して、「彼の独特の考え方」と評し、井上は、宇垣陸軍軍事課長が書いた「二箇師団増設主張意見書」中の該当部分を次のようにまとめている。

「彼はこの中で、辛亥革命に乗じて、列国は中国に勢力拡張をはかっているとし、『同文同種の友邦』を外国の奴隷にしてはならない、そのためには軍備拡張が必要である、増師は『対支政策ノ立脚地ヲ鞏固ナラシメルモノ』であり、その師団を朝鮮に常置するのは、対露、対支、いな対列強関係からも緊急の必要であるという」(井上清『宇垣一成』、八二頁)。

(18) 本書の序章の四頁を参照せよ。

(19) 貿易黒字転換（**表1**）。

**表1　貿易黒字転換**

（対象地域：内地，単位：千円）

| 西暦 | 輸出 | 輸入 | 黒字・赤字 |
|---|---|---|---|
| 1911 | 447,434 | 513,806 | −66,372 |
| 1912 | 526,982 | 618,992 | −92,010 |
| 1913 | 634,460 | 729,432 | −96,971 |
| 1914 | 591,101 | 595,736 | −4,624 |
| 1915 | 708,307 | 532,450 | +175,875 |
| 1916 | 1,127,468 | 756,428 | +371,040 |
| 1917 | 1,603,005 | 1,035,811 | +567,194 |
| 1918 | 1,962,101 | 1,668,144 | +293,957 |
| 1919 | 2,098,893 | 2,173,460 | −74,587 |
| 1920 | 1,948,295 | 2,336,175 | −387,780 |

（出所）東洋経済新報社編『明治大正国勢総覧』東洋経済新報社，1975年復刻版，445頁。

(20) 第一次大戦中の職工・労働者の増加（**表2**）。

**表2　職工・労働者の増加**

| 西暦 | 職工 | 労働者 |
|---|---|---|
| 1910 | 717,161 | 147,986 |
| 1911 | 793,855 | 162,771 |
| 1912 | 863,447 | 164,718 |
| 1913 | 916,252 | 184,923 |
| 1914 | 853,964 | 57,489 |
| 1915 | 910,799 | 50,871 |
| 1916 | 1,095,301 | 62,239 |
| 1917 | 1,280,964 | 75,551 |
| 1918 | 1,409,196 | 95,565 |
| 1919 | 1,520,466 | 92,727 |

（出所）前掲『明治大正国勢総覧』，540頁。

**表3　第一次産業からの労働移動数**

（単位：千人）

| 西暦 | 非一次産業へ | 第二次産業へ | 第三次産業へ |
|---|---|---|---|
| 1905-10 | 715 | 321 | 394 |
| 1910-15 | 1,290 | 639 | 651 |
| 1915-20 | 1,675 | 1,084 | 591 |
| 1920-25 | 1,211 | 501 | 720 |

（出所）小野旭「農村人口と都市産業」南亮三郎・上田正雄編『日本の人口変動と経済発展』千倉書房，1975年，83頁。

小野旭は、第一次大戦中の第一次産業有業者の減少と第二次産業有業者の増加について、**表3**を掲げて次のように述べている。

「第一次産業有業者は一九〇五年から一九一四年までの間約一、七〇〇万人でほぼコンスタントであったが、一九一四～一九一八年の第一次大戦中の好況期に一、六七〇万人から一、四八〇万人へと一挙に二〇〇万人近くも減少した。……一九一五年ごろから非一次産業有業者は急角度で上昇し、同じ時期に第一次産業有業者は減少しはじめた。非一次産業内における有業者の増加率は第二次産業でより著しい」（前掲、小野旭「農村人口と都市産業」、八〇頁）。

(21) **表4**からも分かるように、第一次大戦中に工業製品の輸出が激増し、特にそのうちの主要輸出品であった綿織物の中国向け輸出は急増している。

(22) 人口増加に関して（**表5**参照）、石橋湛山は、一九一三年、「我に移民の要なし」という論説において、食料不足を理由に人口過剰を憂え、移民の必要を説くのは、間違った考えであると主張し、その理由を次のように述べている。

「工業盛んに起り、貿易の外国に出すこと多きを得ば、食料は仮令国内に一粒一片の生産を見ざるも亦意とする処に非ざるなり。……控ゆるに東洋、南洋乃至亜米利加の大市場を以ってし、而して食料は之れを亜米利加大陸に求むるも、印度に求むるも、支那に求むるも自由自在なる我が邦が豈六千万、七千万の人口の過剰を苦しまん」（石橋湛山『石橋湛山全集』第一巻、東洋経済新報社、一九七一年、三五六〜三五七頁）。

注(21)で見たとおり、第一次大戦中に日本の工業製品の販路として中国市場への依存度が高くなったことは事実であるが、全体的な輸出相手国の重要度として、宇垣は中国市場を過大視し、アメリカ市場を無視していると言わざるをえない。**表6**から分かるように、実際には、アメリカ市場は中国市場に優るとも劣らぬくらい、〝貿易立国〟をめざす日本にとっては重要であった。

(23) 自給自足と同意語の「自給自立」という言葉が、『宇垣一成日記』に初めて出て来るのは、一九一五（大正四）年五月のことで、次の文中においてである。

「大体に於て一国としては自給自立の根本が確立して居らぬと健全なる国運の発達は期し難かるべし」（一〇三〜一〇四頁）。

(24) 歳出に占める陸軍費・海軍費（**表7**）。

宇垣が膨大な海軍費を批判した一九一五年は、まだ陸軍費の方が海軍費を上回っていた。後者が前者を上回るようになるのは、ダニエルズ建艦計画が米議会を通過し、日米海軍競争が一段と激化する一九一六年になってからである。そして戦後不況が始まる一九二〇年には、八・八艦隊予算が成立すると、国家予算に占める陸海軍費が四八％、海軍費だけで三〇％にも肥大・膨張する。翌年開催されたワシントン海軍会議で主力艦保有量の制限、縮減に応じたのは、国家財政の側面だけから見ても、賢明な策であったと言えよう。

(25) 中国の対日・対米・対英輸入額（**表8**）。

宇垣が極東の多事を懸念し、市場獲得競争の激化を予想していた大戦の前半期の中国市場に

**表 4**

**輸出貨物総額に対する全製品額の割合**

| | | | |
|---|---|---|---|
| 1910-14年 | 29.6% | 1915-19年 | 38.2% |

**綿織物の対中国輸出額**

（年平均値、単位：千円）

| | | | |
|---|---|---|---|
| 1910-14年 | 15,561 | 1915-19年 | 75,650 |

（出所）　前掲『明治大正国勢総覧』，それぞれ454，469頁から作成。

## 表5　人口増加

（単位：10万人）

| 西暦 | 内地人口 | 増加数 | 5年平均 | 10年平均 | 備　考 |
|---|---|---|---|---|---|
| 1900 | 438 | | | | |
| 1901 | 444 | 6 | | | |
| 1902 | 450 | 6 | 5.6 | | |
| 1903 | 455 | 5 | | | |
| 1904 | 461 | 6 | | 5.3 | 1904-05　日露戦争／1904　宇垣一成，満州移民論 |
| 1905 | 466 | 5 | | | |
| 1906 | 470 | 4 | | | 1906　桑港日本人学童排斥問題 |
| 1907 | 474 | 4 | 5.0 | | |
| 1908 | 480 | 6 | | | 1908　日米紳士協約 |
| 1909 | 486 | 5 | | | |
| 1910 | 492 | 6 | | | |
| 1911 | 499 | 7 | | | |
| 1912 | 506 | 7 | 7.2 | | |
| 1913 | 513 | 7 | | | 1913　石橋湛山「我に移民の要なし」／第1次加州排日土地法 |
| 1914 | 520 | 7 | | 6.8 | |
| 1915 | 528 | 8 | | | 1914-18　第1次世界大戦／1915　宇垣一成，年々増殖せる人口は50-60万人 |
| 1916 | 535 | 7 | | | |
| 1917 | 541 | 6 | 6.4 | | |
| 1918 | 547 | 6 | | | 1918　米騒動 |
| 1919 | 550 | 3 | | | 1919　写真花嫁渡米禁止 |
| 1920 | 560 | 10 | | | 1920　第2次加州排日土地法 |
| 1921 | 567 | 7 | | | |
| 1922 | 574 | 7 | 7.4 | | |
| 1923 | 581 | 7 | | | |
| 1924 | 589 | 8 | | 8.5 | 1924　排日移民法／1924-27　幣原経済外交 |
| 1925 | 597 | 8 | | | 1925　宇垣一成，増殖率年々75万人，満蒙だけでは不十分 |
| 1926 | 607 | 10 | | | |
| 1927 | 617 | 10 | 9.6 | | |
| 1928 | 626 | 9 | | | |
| 1929 | 635 | 9 | | | 1929　世界恐慌 |
| 1930 | 645 | 10 | | | 1930　宇垣一成，豊作で米余り |
| 1931 | 655 | 10 | | | 1931　満州事変 |
| 1932 | 664 | 11 | 9.6 | | |
| 1933 | 674 | 10 | | | 1933　近衛文麿，年々100万人の人口増加 |
| 1934 | 683 | 9 | | 7.4 | |
| 1935 | 693 | 10 | | | |
| 1936 | 701 | 8 | | | 1936　二・二六事件 |
| 1937 | 706 | 5 | 5.2 | | 1937-45　日中戦争 |
| 1938 | 710 | 4 | | | |
| 1939 | 714 | 4 | | | 1939-45　第2次世界大戦 |
| 1940 | 719 | 5 | | | |

**表 6　対中・対米・対英輸出額**

（単位：千円，括弧内は総輸出額に対する割合）

| 西暦 | 中国 | 関東州 | 香港 | 前3地域の合計 | アメリカ | イギリス |
|---|---|---|---|---|---|---|
| 1910 | 90,037 (20%) | 19,148 (4%) | 23,460 (5%) | 132,645 (29%) | 143,702 (31%) | 25,781 (6%) |
| 1911 | 88,153 (20%) | 23,063 (5%) | 24,522 (5%) | 135,738 (30%) | 142,726 (32%) | 23,824 (5%) |
| 1912 | 114,824 (22%) | 27,545 (5%) | 28,713 (5%) | 171,082 (32%) | 168,709 (32%) | 29,792 (6%) |
| 1913 | 154,660 (24%) | 29,836 (5%) | 33,622 (5%) | 218,118 (34%) | 184,473 (29%) | 32,869 (5%) |
| 1914 | 162,371 (27%) | 22,270 (4%) | 33,277 (6%) | 217,918 (37%) | 196,593 (33%) | 33,086 (6%) |
| 1915 | 141,126 (20%) | 22,201 (3%) | 27,401 (4%) | 190,728 (27%) | 204,142 (29%) | 68,494 (10%) |
| 1916 | 192,713 (17%) | 37,060 (3%) | 34,981 (3%) | 264,754 (23%) | 340,245 (30%) | 102,658 (9%) |
| 1917 | 318,381 (20%) | 65,725 (4%) | 57,176 (4%) | 441,282 (28%) | 478,537 (30%) | 202,646 (13%) |
| 1918 | 359,151 (18%) | 116,374 (6%) | 63,700 (3%) | 539,225 (27%) | 530,129 (27%) | 142,806 (7%) |
| 1919 | 447,049 (21%) | 150,127 (7%) | 59,156 (3%) | 656,332 (31%) | 828,098 (39%) | 111,453 (5%) |
| 1920 | 410,270 (21%) | 113,686 (6%) | 74,066 (4%) | 598,022 (31%) | 565,017 (29%) | 97,797 (5%) |

（出所）　前掲『明治大正国勢総覧』，454～460頁から作成。

**表 7　歳出に占める陸軍費・海軍費**

（単位：千円，括弧内は歳出総額に対する割合）

| 西暦 | 歳出 | 陸軍省 | 海軍省 | 備　　考 |
|---|---|---|---|---|
| 1910 | 569,154 | 101,324(18%) | 83,841(15%) | |
| 1911 | 585,375 | 105,006(18%) | 100,464(17%) | |
| 1912 | 593,596 | 104,125(18%) | 95,485(16%) | |
| 1913 | 573,634 | 95,440(17%) | 96,446(17%) | |
| 1914 | 648,420 | 87,700(13%) | 83,260(13%) | |
| 1915 | 583,270 | 97,791(17%) | 84,377(14%) | |
| 1916 | 590,795 | 94,813(16%) | 116,625(20%) | ダニエルズ建艦計画，議会通過 |
| 1917 | 735,024 | 123,437(17%) | 162,435(22%) | 八・四艦隊追加予算成立 |
| 1918 | 1,017,036 | 152,082(15%) | 215,903(21%) | 八・六艦隊予算成立 |
| 1919 | 1,172,328 | 220,268(19%) | 316,419(27%) | |
| 1920 | 1,359,978 | 246,557(18%) | 403,202(30%) | 八・八艦隊予算成立 |

（出所）　前掲『明治大正国勢総覧』，654～655頁から作成。

おいては、日本はまだイギリスの犠牲の上で市場を拡大していたとはいえない。しかし、**表8**からも明らかなように、大戦の後半期は、英米の対中輸出が停滞しているのに対して、日本の輸出は激増し、一人勝ちの様相を呈している。特に、戦争が始まる前年の一九一三年と戦争が終わる一九一八年とを比較してみると、対中輸出額、貿易市場占有率ともにイギリスが半減しているのに対して、日本は倍増している。

ゆえに、宇垣が戦後の欧米の巻き返しを心配したのは早すぎたきらいはあるが、彼のこの懸念は、その後の中国市場獲得競争の趨勢から強められこそすれ弱まることはなかったと推測される。

**表8　中国の対日・対米・対英輸入額**

（単位：百万両，括弧内は輸入総額に対する割合）

| 西暦 | 輸入総額 | 日　本 | 米　国 | 英　国 |
|---|---|---|---|---|
| 1913 | 570 | 119(21%) | 35( 6%) | 97(17%) |
| 1914 | 569 | 127(22%) | 41( 7%) | 105(18%) |
| 1915 | 454 | 120(26%) | 37( 8%) | 72(16%) |
| 1916 | 515 | 160(31%) | 54(10%) | 70(14%) |
| 1917 | 550 | 222(40%) | 61(11%) | 52( 9%) |
| 1918 | 555 | 239(43%) | 59(10%) | 50( 9%) |

（出所）　東亜同文会調査編纂部『第四回支那年鑑』東亜同文会，1920年，140～141頁から作成。

(26) 国際政治の決定的要因を国益と力と見て、日本は英米との衝突を避けつつ、その膨張を図るべきだと考えた宇垣のリアリストぶりは、前掲の戸部良一「宇垣一成『宇垣一成日記』」（二五二～二五三頁）によって、すでに指摘されているところである。

(27) 宇垣のこの総力戦準備必要説のあとすぐに、総動員事業の調査と関係法規の立案をつかさどる「軍需局」が設置された。井上清『宇垣一成』、一〇八頁。

(28) このころの中国の混乱状況について、宇垣は次のように記している。

「支那は一国の要素としては歴史的地理的関係以外には目下は存在して居らぬ。中央地方の統治の機関の如きも数万の金銭二、三千の軍卒を以てすれば何時にても動揺せしめ得る程度に極脆弱なるものである。……国家としての権威威厳の如きは空に近しと謂っべし」（一六七頁）。

革命後のソ連については、次のように見ている。

「見よや、露国革命以後……軍隊としての真価を全然喪失したではないか。……国としての要素は殆んど解体に瀕して居る」（一四七頁）。

(29) シベリア出兵論に関する宇垣と対蹠的な同時代の議論としては、原敬政友会総裁のものがある。本書の第五章を参照せよ。

(30) ドイツ勢力東漸論に関する宇垣と対蹠的な同時代の議論としては、原敬政友会総裁のものがある。本書の第五章を参照せよ。

(31) 参謀本部は、一九一八年一月、独力東漸を「日支軍事共同問題ヲ実現セシムルニ絶好ノ機会ヲ与ヘタ」ものと考えていた。関寛治『現代東アジア国際環境の誕生』福村出版、一九六六年、二九七頁。

(32) 「日華陸軍共同防敵軍事協定」に関しては、関寛治『現代東アジア国際環境の誕生』が詳しいので、これを参照せよ。

(33) 日華軍事協定の第一条には、「敵国勢力ノ日ニ露国境内ニ蔓延シ其ノ結果将ニ極東全局ノ安定及安寧ヲ侵迫スルノ危険アラントス」とあり、その「詳細協定」の第一条には、ザバイカル州、黒龍州における日中軍事行動の目的の一つとして、「独墺両国及之ニ加担スル勢力」の「排除」とある。外務省編『日本外交年表竝主要文書』上巻、原書房、一九六五年、四四一頁、四四三頁。

また、関寛治は、日本の中国に対する外交スタイルについて次のような指摘を行っている。すなわち、日本は自国の利益を要求する場合でも、この要求に西洋列強の脅威から中国を守ってやるという「中国に対する保護者としての疑似アルトルゥイズムによるヴェール」をかぶせる、と。関寛治『現代東アジア国際環境の誕生』、二六九頁。

この種のアルトゥルイズムは、宇垣の中国観にも見られる。

(34) 関寛治『現代東アジア国際環境の誕生』、一九七〜一九八頁、及び、井上清『宇垣一成』、一二一頁を参照せよ。

(35) 外務省公式記録による「日支同盟締結の義」、すなわち、日華軍事協定の目的は、次の通りである。宇垣が作成に関与したかどうかは定かではないが、その内容は、「支那生殺の実権」とこそ言ってはいないものの、彼の目的に近似している。
「軍事上ニ於テハ共同作戦ノ理由ニ拠リ支那領土内必要ナル方面ニ自由ニ帝国軍ヲ出動セシメ得ルノ利アリ、且軍事共助ノ名ニ於テ支那軍隊ノ編成訓練ハ勿論重要ナル軍器製造原料ヲ確実ニ収ムルニ便ナリ、政治上ニ於テモ同盟関係ヲ基礎トシテ積極的ニ内政ニ関与シ帝国ノ政治的勢力ヲ各方面ニ扶植スルヲ得ヘシ、経済上ニ於テモ同盟協力ノ名ニ於テ富源開発市場開拓ニ努力シ帝国ノ経済的発展ヲ容易ナラシムルノ利益大ナルモノアルヘシ」。関寛治『現代東アジア国際環境の誕生』一九八頁の引用文を借用した。

(36) 池井優は、「宇垣の大きな過ちは、中国ナショナリズムを全く軽視したことであった。彼は、必要なら軍事力を行使すればよいが、その際、もっとも大事なことは、英米の在中権益を脅かさないことであるので、そのような行為を避けつつ親日政権の指導者と協力すれば事足りると考えていた。」と分析している。Masaru Ikei, "Ugaki Kazusige's View of China and His China Policy, 1915-30", p. 218.
また、井上清は、「支那は当然滅亡すべき運命を有せるが如く、其途を急速度を以てたどりつゝある」、「対支問題の解決には殆ど支那其者の意向力量を眼中に置くの必要なし。要は日本の意向即ち決心如何に存する」という宇垣の言葉を引用して、このような見方を「浅薄皮相きわまり、帝国主義者に特有の無知無見識の標本である」と批判している。井上清『宇垣一成』、一二四頁。

(37) 一九二六（大正一五）年、中国ナショナリズムの評価と尊重に基づく対支不干渉政をとる幣原外相の外交を、同僚の宇垣陸相は批判して次のように言っている。
「袖手無為を以て不干渉と解して居る対支外交の遣り口は余りに低級と云はねばならぬ。ありもせぬ民意の尊重などの託宣も頗るお目出度限りである」（五二二頁）。

一九二八年、国民党の北伐が満州を除いて完了し、中国の統一が形の上でほぼ完成すると、彼の中国観にもようやく変化が見られるようになる。

「支那は遅々たりながらも覚醒しつつある。其の中でも民意の力が強くなり、集団意識の働きが大となりつつある」（六九六頁）。

しかし、この評価も限定的なもので、確定的なものではなかった。例えば一九三七年の九月になっても、「支那人に国家観念だの敵愾心だのと気の利いたものの持合せは殆んどない。左様に見へるのは大部は盲目的雷同や我欲一天張りの支那魂性の発露である」と言っているように（『宇垣一成日記』第二巻、一一七八頁）、北伐以後の『日記』にも長くこの類いの記述が幾つも現れるのである。

そのような彼が幣原並の中国ナショナリズム観を不動のものとして持つようになるのは、日中戦争が泥沼化しつつあった一九三八年六月になってからのことである。

「近年に於ける支那の政治活動の源流に民族国家の強化と云ふ強き流れがある。……此の流に乗出し之を指導し来たりしものが蔣介石である。従て今後蔣介石を打倒したりとするも此の流は依然と存続すべきものであるから、此辺の消息は吾人として深く注意して対処することが緊要である！」（同右、同巻、一二四三頁）。

# 第二章　水野広徳と第一次世界大戦

## 第一節　開戦からの教訓

### 1　この世に戦争は絶えない

**八月の砲声**

一九一四（大正三）年八月四日、原敬政友会総裁は、日記に次のように記した。

「数日前より墺国がセルヴイヤと開戦したる結果、露、独、仏、英の間に非常なる紛擾を起し遂に露独開戦となり、又独は仏に向つて進侵の方針を取り英は仏を助くるの形勢となり、意外なる大紛擾となり、或はナポレオン一世已来の大戦とならんとする状況に至れり(1)」。

ヨーロッパに轟いた「八月の砲声」は、四年四カ月鳴り止まず、ナポレオン戦争後のウィーン体制を破砕する、文字通りの大戦争となった。だが開戦当時の当の交戦国の間では、楽観的な見通しが支配的であった。カイザーは「木の葉の落ちるまでに凱旋するであろう」と、いつものような調子で自信たっぷりに語り、連合国側も「遅くともクリスマスまでには決着がつく」と高をくくっていた。

ところが、開戦から一カ月半たった九月一四日、突如ドイツ兵がマルヌで土に穴を掘り始めたとき、すべてが狂い始めた。予想された短期決戦は、予期せぬ持久戦へと変貌していったのである。

この辺りの事情を、後に石原莞爾は、人によって天才とも傲岸とも受け取られる彼独特の言い回しで、次のように後づけている。

「シュリーフェンが一九一三年欧洲戦争前に死んで居ります。つまり第一次欧洲大戦は決戦戦争発達の頂点に於て勃発したのです。何人も戦争は至短期間に解決するのだと思つて欧洲戦争に向つたのであります。ぼんくらまでさう思つた時にはもう世の中は変わつて居るのです。あらゆる人間の予想に反して四年半の持久戦争になりました(2)」。

## 『次の一戦』

マルヌのドイツ兵が塹壕を掘り始めたちょうどその日に、海軍中佐水野広徳は一篇の論文を書き上げている。「戦争我観(3)」と題されたこの論文は、『中央公論』一〇月号に掲載された。以後、水野は、休戦成立まで四年以上も続くことになる第一次世界大戦を最初から最後まで多大の関心をもって観察し続け、この未曾有の大戦争から、様々な教訓を引き出し、ついには自身の思想と生き方そのものまで変えてしまうことになる。

だが、開戦から彼が引き出した教訓は、開戦一ヵ月前に発行された『次の一戦』で唱道した海軍充実論の延長線上に位置づけられる性質のものであった。この本の「序」で彼は自己の立場を次のように宣明している。

「著者は嘗て軍陣に臨みて、親しく戦争の惨状を目撃し、又屢々戦史を繙いて、深く戦争の禍害を認識せるもの。其の衷心平和を望むの情や、決して人後に落ちざるを期す。然りと雖も、米国々民の暴慢、既往の如く、帝国軍備の欠陥、今日の如くんば、太平洋の波は安んぞ長く平かなるを得ん、帝国の国礎は奈んぞ長へに鞏きを得ん(4)」。

**エンジェルの影響**

表面的には、開戦前の水野は「武装的平和論」・「軍備抑止論」の立場[5]から、何の疑いもなく対米海軍軍備拡充の必要性を訴えていたように見受けられた。だが、彼の言葉をそのままとれば、このときすでに内心かなりの動揺を来していた。当時世界的大ベストセラーになっていたノーマン＝エンジェルの『大いなる幻想[6]』のせいであった。水野は読後感は次のようであったと告白している。

「『なるほどこう言はるれば今後欧州の大戦争などは到底起る気遣いはない』と殆んど信じて仕舞つた。従って軍備に対する吾人の信念は頗る動揺を来さんとしたのである」（七七～七八頁）。

同書は、当時の水野をこれほどまでに動揺させただけでなく、後の彼の平和思想にまで大きな影響を与え続けるので、戦争と平和と軍備に関するエンジェル説の概略は知っておく必要がある。

**戦争はペイしない**

まず第一に、エンジェルは、現代を分業と交通の発達によって国家間の経済的、特に金融的相互依存性が飛躍的に高まった時代だと見る。そしてこのような時代における文明国家間の戦争は、この国際経済的依存関係を破壊し、すべての国に大恐慌を引き起こすことになるので、もはや戦争がペイすると考えるのは「大いなる幻想」に過ぎない、と指摘する[7]。

さらに、エンジェルは、まるでケインズの『平和の経済的帰結[8]』を先取りするかのように、次のように説き続ける。

**ケインズを先取り**

たとえ戦勝国が賠償金を強取しても、「勘定に合わない」。例えば、もしイギリスが勝って敗戦国ドイツから賠償金をとり、財産を没収したと仮定すると、ドイツ経済は大恐慌を来し、その反響は勝者たるイギリスに波及せんとするであろう。そうなると、ロンドンの財政家はその大難から逃れるために、イギリス政府に財産没収の中止を勧告するに至るのは確実である[9]、と。

このようにエンジェルは、戦後、ドイツに巨額の賠償金を要求してヨーロッパ経済全体を瀕死の重症に追いやったパリ平和条約の大失敗と、そうなることを当時逸速く見抜いた経済学者ケインズの賠償要求修正勧告とを、早くも戦前から予言していたのである。

ただし、彼は、戦争は勝者にとってすらもはやペイしないと、戦争の不利益、無効性を強調しはしたが、戦争はもはや不可能になったとは一言も言っていない。それどころか、戦争は極めて起こりやすいとまで言っている[10]。

**政治家の「大幻想」**

なぜそうなのか。彼に言わせると、それは政治家の頭が古いせいであった。彼ら政治家は依然として戦争はペイすると信じ込んでいるので、彼らがその時代遅れの信仰を「大いなる幻想」と悟って改宗しないかぎり、戦争は起こる。ゆえにそれまでの間は、軍備の廃止は不可能であると、彼は軍備の必要性を明確に認めているのである[11]。

特にイギリスの対独関係では、ドイツ軍国主義の危険性を見逃すことなく、対独軍備の必要性を次のように認めている。

「余は独逸人が吾人を攻撃するといふ危険がある限り（余も亦其危険のあることを信じて居る）吾人は武装せねばならぬといふことを許して居る[12]」。

もちろん、だからといってエンジェルがこの著書で軍備の必要性を強調したかったというわけではない。軍備必要論の部分はあくまで読者の誤解を解くための断り状のようなもので、彼が本当に言いたかったのは、戦争の効用という幻想に囚われている政治家たちへの啓蒙活動の重要性についてであった。

この啓蒙活動によって彼らが「大幻想」から覚めたときこそ、軍備制限・軍備廃止の道も開かれて来ようというのが、戦争と平和と軍備に関するエンジェルの認識と展望であった[13]。

**エンジェル批判**

第一次大戦が起こると、人々、特に軍国主義者は、たいていはろくろくエンジェルの本を読まずに、彼は戦争は不可能になったといっていたのにと、鬼の首でも取ったかのようにエンジェル批判を展開した(14)。

水野の場合、本は読んだようだが、完全な誤読であった。水野の解釈によると、エンジェルは将来における大戦争の「無意味」と「不可能」を力説し、国際経済的相互依存が緊密な現代において強国間の戦争は「到底発生し得べきものにあらず」と論断した（七七頁）、ということになる。

ところが今、すべてのヨーロッパの強国を巻き込んだ大戦争の勃発を目の当たりにして、水野は、このような誤読によって生じていた内心の迷いを一掃し、軍国主義者のエンジェル批判キャンペーンに追随するかのように、「エンゼル氏の名論卓説も事実に於て全く破壊された」（七八頁）と断定したのであった。

こうして水野は、開戦から、「此世に戦争は絶へない」（七六頁）という教訓を引き出し、ゆえに軍備もやはりなくてはならぬという旧の思想の正しさを再確認するに至ったのである。

**水野の国際社会観**

水野の戦争不滅論の根底には、およそ次のような彼の人間観・国家観・国際社会観が横たわっていた。

彼が言うには、人間なるものは大いに乱を好み、頗る利を愛する動物である。この好乱愛利の人間の集団から成立しているのが国家である。もしこの国家に人間のもつ獣心・欲心を拘制する警察・裁判所がなければ、殺人・強盗はいたるところに発生する。

しかるに、国家の集団からなる国際社会には国内社会と違って、権威ある警察機関も裁判制度もない。強制機関のないところに法があったとしても、それはただ道徳的な効力しかもたない。つまり国際法など「口上一片の約束」にすぎないのが、国際社会の現実なのである（七五～七六頁）。

**姉崎の対照的な議論**

後に水野が論争を挑むことになる敵手、すなわち、本書では第三章で本格的にとりあげることになる宗教学者姉崎正治は、この物理的制裁と道徳的制裁についても、水野と対照的な議論をしている。

国内社会と国際社会のそれぞれに秩序と混沌という正反対の性質を付与する力として、水野が社会における制度的強制力に着眼し、これを重視したのに対して、姉崎は、国際社会に刑罰があるかないかそんなことよりも、道義的制裁力の有無の方に着目した。

彼は、一九一七年二月、ウィルソン大統領が対独参戦ではなくて対独断交を宣言したとき、この宣言がもつ人類史的意義を次のように高く評価した。

「個人に対しては、法律の刑罰以外に、広い社会の徳義的制裁が有力であり、その力の多い国は、即ち徳義の進んだ健全の社会である。此の理を国際間にも応用して、その制裁力が有効なるのは、即ち人類の進歩ではないか。此の如き理想は、今や単なる空想でなしに、少くとも事実の端を開いた」[15]（傍点は引用者）。

グロティウスの思想の流れを汲んでいると自認する姉崎とは対蹠的に、水野の国際政治観はホッブズ流であった。

**ホッブズ流**

水野は、国際社会には制度的強制力が欠如しているので、「苟くも人間に乱を好む獣性と、利を愛する欲念との存する限り此世に戦争は絶へない」（七六頁）と言う。彼のこの戦争不滅論のうち、たしかにその人間観については、恐怖心と猜疑心に人間の本性を求めるホッブズとは必ずしも一致してはいない。

しかし、統一権力の存在しない国際社会は潜在的に戦争状態[16]であると見る点では、両者は完全に一致している。

ホッブズは、万人が万人と闘っている自然状態は国際社会にまさに実在しているではないかと、次のように指摘している。

「たとえ個々の人々が相互に戦争状態にあった時代がまったくなかったとしても、いつの時代にも国王や主権者は、独立した存在であったので、絶えず嫉妬心を抱き、剣闘士のように身構えて、互いに武器を向け合い、互いに警戒の目を見張り合っている。王国の境界には要塞や守備兵や鉄砲が置かれ、隣国には絶えず間蝶を忍び込ませている。これはまさしく戦争の態勢である」[17]。

このように、ある点でホッブズを思わせるような戦争不滅論の再認識が、第一次世界大戦の勃発を契機に水野が得た第一の教訓であった。

## 2　戦争は突発する

**軍事戦略的理由**

戦争は突発する。これが水野が開戦から引き出した第二の教訓である。談判開始から開戦まで一〇カ月もかかった日露戦争の例からも類推できるように、近代における文明国間の戦争では、国際事件の発生から開戦に至るまでには、長時日の外交交渉が介在するのが普通であったと、水野は言う。

しかるに今回の大戦の場合、六月二八日のサラエヴォ事件から八月一日のドイツの対露宣戦布告まで、わずか一カ月しかなかった。彼はこの事実に注目して、なぜそうなったのか考え、二つの理由に行き着いた（七八～七九頁）。

一つは軍事戦略的理由である。これは普通、シュリーフェン計画として知られているものである。水野流の説明を要約すると、ドイツは二正面同時戦争を避けて露仏を各個撃破するためには、敏捷性に欠けると見られていたロシアの動員が完了しないうちに、まず電撃的にフランスをたたき、その後ただちに東旋してロシアを撃つしか、勝つ道はなかったのである（七九頁）。

第二の理由は、エンジェルの指摘を手掛かりにしながらも、水野が独自の思考から引き出した国際経済上の理由である。

**国際経済的理由**

軍略上の理由の方はドイツ固有の地政学的位置からの要請に基づくものであったが、こちらの方は、より一般的な性格を有し、その結果、日本の軍備のあり方ともかかわりをもつものとなっている。

ここから派生する水野の軍備論を見る前に、まず水野が自己の教訓を引き出す手掛かりとしている、アガディール事件に関するエンジェルの指摘について見てみることにしよう。

**アガディール事件とエンジェル**

前述したように、エンジェルは、国際経済、特に国際金融の相互依存性の急速な緊密化によって、もはや戦争は勘定に合わなくなったと主張した。彼は、政治家はまだこの真理に気づいていないが、財政家や実業家はすでにこのことをよく理解しているので、彼らが政治家に影響を及ぼし戦争の危機を回避した実例があると言う。それがアガディール事件である。

この事件はドイツがモロッコのアガディールに軍艦を派遣した一九一一年七月一日に発生し、四ヵ月後の一一月四日にドイツ側の譲歩によって妥協が成立した。

エンジェルが引用しているベルリンの株式取引所新報によると、「七月一日以来政府が採りつゝある所の政策は、我が商業及び工業に対し、殆んど戦敗のために来る所と同一なる損害を与えた」。産業資本の大部分を英仏に負っているドイツでは、戦争になるかもしれないという噂だけで、株式は暴落し、銀行利率は騰貴し、ある一流商社は破産した。ここに至ってさすがのドイツ政府も、その「侵略政策」を改めざるを得なくなった。

このドイツ政府の政策転換は、エンジェルの解釈では、明らかに「独逸産業の要求」と「独逸の財政家と実業家の直接なる勢力」の結果であったということになる。(18)

エンジェルの持論は、国際経済の相互依存関係が緊密化した現代では、戦争はもはやペイしなくなっていることを政治家たちも理解すれば、戦争は起こりにくくなるというものであるが、彼はアガディール事件をこの自説を裏づける有力な証拠として位置づけたのである。

### アガディール事件と水野

ところが水野はというと、エンジェルが提示した事実と、実際にはその後大戦が起こったという事実とを関連づけて、次のように「戦争は突発する」という教訓に止揚したのであった。

「英仏財力の圧迫に依り独乙をして遂に膝を屈せしめたるモロッコ事件は、エンゼル氏の所謂国際間に於ける経済関係が戦争を不可能ならしめたる好個の活例にして、独乙は之に依つて多大の教訓を得、外交談判に時日を空費するの不利を覚り、外国資本家をして独乙経済界に手を下すの暇なからしめんが為め、戦争突発主義を採るに至つたのである。由是観之、国際間に於ける経済関係が愈々密接するに従ひ、戦争は益々突発的となるを免れないであらう」（七九～八〇頁、傍点は引用者）。

### 平時からの軍備

彼の戦争突発主義なるものは、一九四一年の太平洋戦争の場合開戦に至る前に八ヵ月にわたる日米交渉があったことを考えると、正しい教訓とも思えないが、それはともかく、この教訓の論理的帰結は、容易に推察できる。それは日本もこれからは平時より万全の軍備を整えておく必要があるという、次のようなアラーミストの軍備拡張論であった。

「将来の軍備なるものは常に緊備充実して、何時にても戦争に応ずる丈の準備を整へて置かねばならない。若し然らずして大砲や弾丸などは、外交談判が始まつてから後、緩る〳〵製造しても間に合ふなどゝ、悠長な考えを持つて居様ものなら、戦争が始まつて後幾ら挙国一致で騒いだとて、再び取り返へしの付かない不幸を見るに至るであらう」（八〇頁）。

#### 戦争無益説の影響

以上筆者は、主にノーマン＝エンジェルと比較[19]しながら、水野が戦争と国際経済と軍備の関係をどのようにとらえていたかについて論じて来た。これで開戦直後の水野とエンジェルの関係は論じ尽くしたわけであるが、先にエンジェルの思想は後の水野の平和思想に影響を与え続けるとだけ言って具体例に触れずにすました。そこで、本論の焦点から少しずれるきらいはあるが、ここで一例だけあげておこう。一九二九（昭和五）年の『無産階級と国防問題』の中で、水野はエンジェルの戦争無益説をそっくりそのまま受け入れて、次のように日米軍備競争反対の論拠にしている。

「経済上の得意国と戦争することが、自国の経済的破滅であることは、ノルマン、エンゼルの曽て唱道せるところにして、欧州戦争が実地に経験したる学問である。……密接重大なる経済関係を有する日米両国の間に於て、如何に愛国狂者が戦争を叫んだとて、経済関係者は決して財布の紐を解いて戦費の支出を諾するものではあるまい。故に経済関係より見たる時、日米両国が互に想定敵国として軍備を競ふことは全く無意義の散財で、国民が之に気づかぬのは、軍人の宣伝に乗せられて居るのである[20]」。

## 3　海を制するものは戦いを制す

#### 海戦における手詰まり

開戦から一カ月半たった今、陸戦が持久戦の様相を帯び始めたように、海戦の方も手詰まり状態に陥っていた。

戦前「吾人の将来は海に在り」と叫んだカイザーを先頭に、ドイツは鋭意海軍拡張に邁進したにもかかわらず、いざ蓋を開けてみると、ドイツ艦隊はキール軍港奥深くに蟄居潜伏したまま一向にその姿を現さない。だがそれは、海軍軍人水野が見るところでは、至極当然のことであった。

彼が言うには、陸戦では気力が物力に優るので、味方に倍する敵に勝つ場合もありうるが、海戦では軍艦と大砲の数がものを言うので、約対英五割[21]のドイツ海軍は、捨て鉢にでもならないかぎり、艦隊決戦に出撃することは不可能であった（八五〜八七頁）。

それではイギリスは優勢な海軍を保有しながら、なぜキール軍港に艦隊を突入させてドイツ艦隊を撃滅しようとはせずに、いたずらにスキャパフロー基地で待機し続けたのか。

それはキール軍港に敷設された水雷と配備された潜水艦を恐れたためであったが[22]、このような大艦巨砲主義の意外な陥穽は、かえって陸軍軍人の方が気づきやすいらしい。宇垣一成は、この点に注目して次のように海軍万能主義を戒めている。

「偉大の艦隊を有し敵国海岸に近き根拠《（スキャパフロー）》地を有せるに拘はらず、英の海軍が思切りて独国を犯し能はざるは、海軍万能を夢むる輩の頂門の一針とするに足るべし[23]」。

**優勢海軍の恩恵**

しかしながら、水野の場合には、海戦がこのようにして手詰まり状況に陥ってしまった事実が、「頂門の一針」とはならなかった。彼は海軍拡充論者として見たいところを見、見たくないところは見なかった。つまり、イギリスが優勢な海軍力によって制海権を掌握したことによって、いかに多大な利益を獲得するかという、優勢海軍のプラス面、それがもたらす恩恵のみに目が行くことになる。

「同国〔英国〕は其の優大なる海軍力を以て独乙海軍を其の軍港に圧迫し、世界の海上権を掌握して、多年独乙が経営した植民地を奪ひ、独乙が扶植した商権を収め、為めに其貿易は平時よりも却つて増加せんとして居る。而して戦争が長引けば長引く程、独乙の既得権を蚕奪することが出来るのである」（八九頁）。

たしかにイギリスはドイツの植民地及びその他の利権を難無く手に入れることはできたが、戦争が長引けば長引くほど人的・物的被害の程度も想像を絶するほど肥大化し、結局、戦争は勝者にとってすらペイしないというエンジェル説の正しさを裏づけるような結果に終わる[24]。

しかし、まだ恐ろしい消耗戦の悲惨な結果を知る由もない水野は、この時点では、海軍大国イギリスにとっては、今回の戦争は儲かるとすら値踏みしていたのである。

### イギリスの勝利を予想

さらに水野は、海上権の掌握を最終的な勝敗を決する最大の要因とみなして、次のようにイギリス側の勝利を予想している。

「戦期の長引くに従ひ、独乙は早晩食糧軍需の欠乏を来し、遂に兜を脱いで降を請ふに至るやも図れない」(八九頁)。

この予想は、アメリカが中立を守っているこの時点では大胆に過ぎるだけでなく、海上封鎖の効果を実際より過大に評価している。(25) しかし、議論の正確度がどうであろうと、このように海上権掌握効果を高く評価することは、海軍拡充の必要を持論とする水野にとって、極めて都合のよい議論であったことは間違いない。

### 見せかけの陸主海従論

だが、水野はここから直接海軍拡張論を説くことはせず、かえって陸軍拡充論を提示する。

彼の議論のもって行き方は、次のようになる。

ドイツ艦隊のような洋上決戦も挑めなければ、通商貿易も保護できない中途半端な海軍は、無用の長物どころか、金食い虫である。もしドイツが戦前にその海軍予算を陸軍拡張費に回していたら、今では露仏両軍を撃破していたかもしれない。このような想定から、水野は、日本にとっての一つの選択肢として、まずは陸主海従策を次のように提示してみせる。

「我が国の如きも、戦時軍港の番人に過ぎざる如き半派《(ママ)》の海軍を作らんよりも寧ろ之に要する経費を他の方面に使用する方が或は利益かも知れぬ」(八九頁)。

### 宇垣の陸主海従論

同じころ、水野のこの陸主海従策に近い構想を本気で描いていた人物がいた。陸軍の宇垣である。(26)

宇垣は洋上艦隊決戦が不可能になったという認識から、日本にとっての海軍の役割を、「自給自存の経済範囲」の確保のための海上交通権の掌握に限定する。彼にとっての自給自足圏とは、主として中国大陸のことであったから、太平洋は範囲外に置かれ、そこでの日米制海権競争は無意味なだけでなく、富国アメリカを目標とする海軍拡大など「痴人の夢」のごとき不可能事とみなされた[27]。

ゆえに彼にとっては、中国大陸との交通の安全を確保するに足りるほどの海軍があればそれで十分で、優勢な海軍ではなくて優勢な陸軍こそ日本の生存に不可欠であると、次のように言っている。

「日本海支那海の海上権さへ保たれ陸上に於て優勢の実力を有するならば、何処を敵としても恐るべきでない[28]」。

右は戦争中の宇垣の陸主海従論であったが、ドイツ屈伏後の彼の議論は、さらに海従を求めるにおいて徹底的となった。彼に言わせれば、ドイツは、軍備において「海陸双股」をかけたために、二兎を追って一兎も得ぬ結果を招いた。しかし、もし海軍費の大部分を陸軍に投入していれば負けてはいなかった[29]。

このようなあたかも先の開戦直後の水野の議論を借りて来たような見方から、宇垣は、日本がドイツ敗北の教訓から学ぶすれば、選ぶべき道はただ一つ、徹底的な海従策、これしかないと、次のような結論を引き出している。

「近時海軍拡張の声高まりつつあり。中途半葉の拡張は独逸の二の舞を演ずることになる。独逸にして海上力を最消極に止め其力を陸上に使用したりしならば今日の悲惨は来らざりしなり。左りとて陸上力を節して海上力の充実を徹底的ならしめたりとも英米露伊の海軍に優るものでなければ効能なく、之れは事実不可能の問題たりしなり。帝国としては英か米かを凌駕し得るの海上力を置かざる限りは徹底的にあらず。之れが出来ぬならば寧ろ独逸の覆轍に鑑みて最消極に止むるを可とせん[30]」（傍点は引用者）。

このように見て来ると、水野と宇垣の陸主海従論は瓜二つのように見えて来る。が、この相似は表面のみであった。水野の議論は、一皮むけば、本命の海主陸従論が飛び出して来る仕掛けになっていた。つまり、彼の陸主海従論は、日本が採るべき道は海軍拡充策、これしかないという結論にもっていくための露払いでしかなかったのである。

**本願の海主論**

すなわち、彼は、宇垣のように制海権の範囲を限定することなく、ただ文脈から推しておそらく太平洋上の制海権をもふくめて、日本が制海権を放棄した場合を想定する。そしてその場合には、「縦令食料欠乏するも決してひもじいと泣いてはならぬ。貿易杜絶するも決して不景気を嘆いてはならぬ」と、国民にその覚悟を問い、その上で、このような空腹と不景気がいやなら「戦時に役立つ如き海軍をば予め備へて置かねばならないのである」(八九頁)と説いた。こうして彼は彼の本願たる海軍拡充論で、論文「戦争我観」を締めくくったのである。

この陸主海従か海主陸従かをめぐる陸軍軍人宇垣と海軍軍人水野の対立は、単に個人レヴェルのものではなく、仮想敵国の設定と軍備予算の配分をめぐる陸海軍の対立を代表していたが、周知のように、日本は、国策レヴェルでその優先順位の決定に失敗し、その結果、第一次大戦時のドイツの如く二兎を追い続け、ついにはドイツの二の舞を演じることになる。

**観客的な戦争観察**

さてここで本節を結ぶにあたって、第一次世界戦争勃発後一カ月半の時点で水野広徳が得た教訓をまとめてみると、それは、これまで通りやはり戦争は絶えることはない、ただこれからの戦争は突発性を帯び、また、海を制するものは戦いを制すると言えるほど制海権掌握の重要性が増すので、日本は平時より軍備、特に四囲環海の海国日本は海軍軍備の充実に努めねばならないというものであった。

そして、このような教訓から水野海軍中佐は、戦争が顕在あるいは潜在している現代の国際社会において、国民の生命と財産を保護できるのは、国家のみ、それも強力国家のみであるという、『次の一戦』にもうかがわれた

「国家主義的」、「軍国主義的」信念をさらに強固にしたのである。

だが一方では、日本海海戦参加の原体験から発する人道主義的な戦争観をもち続け、『次の一戦』においてと同様に「戦争我観」においても、水野は「戦争は随分残酷のものである。又悲惨なものである」（七六頁）と述べている。

しかし、今次の大戦がもたらす、日露戦争とは比較にならない大破壊、大惨事をまだ実際に目撃していない水野の人道主義的認識は、それほど深刻なものではなかった。彼は、進行中の戦争を「国技館以上に見力《ママ》のある勝負」（七五頁）として、手に汗を握り、固唾を飲んで観戦していたのである。

このような観客的な姿勢は、いつまで続くのであろうか。この点については節を改めて、戦時下の欧州実見の旅に出た水野を追跡しながら、検証してみることにしよう。

## 第二節　第一回欧米旅行からの教訓

### 1　ロンドン空襲を体験する

**戦争否認？**　水野が「戦争我観」を書き終えた一九一四年九月、ドイツの疾風電撃作戦はマルヌで挫折し、大戦は長期戦に突入した。

一年たち、二年たち、三年目に入ろうとしていた一九一六年七月の末、水野は空前にして絶後と思われた戦争を自分の目で見たくて、ヨーロッパへ旅立った。そして、戦時下のイギリス、フランス、イタリアを見てまわった後、ドイツ潜水艦の出没する大西洋を渡り、アメリカ経由で帰国したのは、およそ一年ぶりの一九一七年八月のことであった。

一九二八（昭和三）年、水野は、「愛国的見地」から戦争を否認するようになったのは、この第一回欧米旅行の体験からだと、次のように振り返っている。

「最初の外遊は戦争第三年目と第四年目とで、正に激戦の最絶頂であつた。英仏伊等を巡遊して、現代文明国の戦争なるものが如何に大規模であり、之に比すると日露戦争の如きは子供の軍ごつこに毛の生えた位に過ぎず、日本の如き経済要素に貧弱なる国は到底今日の戦争に堪え得るところにあらざることを覚つた時、僕は愛国的見地より戦争を否認せざるを得なかつた(31)」。

## 松下芳男の解釈

松下芳男はその著『水野広徳』で水野のこの回顧部分を引用した後、このときの水野の戦争否認について次のような解釈を試みている。

「この時の戦争否認は、戦争を思想上より、また主義上よりこれを否認するのではなくて、愛国的見地及び国家主義の上より、我国の戦争能力を考慮し、勝敗の数を打算しての戦争否認であつた。故に筆者は、この時をもつて心的変化と称しても、思想的変化とは呼ばず、たゞ点火されたに過ぎないと思つている(32)」。

水野が回顧するように、また松下が解釈しているように、はたして当時の水野が、経済力において貧弱な日本が現代の戦争に勝てる見込みはないという教訓を引き出して、戦争を否認するに至ったのであろうか、またこの欧米実見の旅からほかに何か教訓を引き出していなかったであろうか。

帰国後の水野がその滞在記を『東京朝日新聞』に「バタの臭(33)」と題して連載し、また自叙伝「剣を解くまで」でもこの旅行を回想しているので、これを手掛かりにこの二つの疑問点に迫ってみたい。

## ロンドン空襲の衝撃

イギリス滞在中に彼が受けた最も大きな衝撃は、ロンドン空襲であった。空襲は一九一五年一月の飛行船ツェペリン号によって初めて実施された。しかし、これはイギリスの防御法が改善されると、すぐに威力を失ってしまい、水野がイギリスに着いたころにはロンドン上空から姿を消していた。

彼の滞英二ヵ月目の一九一六年一一月、あの図体の大きな、のろまの飛行船にかわって、敏捷に空中を飛び回るトンボのような飛行機が初めてロンドンに飛来し、爆弾をばらまいて飛び去って行った。白昼堂々来襲するドイツ機による空爆を、水野自身、ロンドン滞在中に体験し、文字どおり九死に一生を得た。

そのときの異様に恐ろしい光景を、『此一戦』の著者ならではの臨場感溢れる見事な筆致で描写している。

「幸か不孝か、僕遂にツェ船の襲撃を実見せず、唯一度飛行機の爆撃に遭う。その日天気快晴、ロンドン初夏の空紺碧に澄んで、雲さえ稀に、市中は人車絡繹として、戦争の気分に遠ざかる。時は正午の少し前、僕某処に在りて無心に用を便ず。俄に落雷の如き猛響を聞くと同時に、家屋ビリリと震動し、天井の砂塵バラバラと頭上に落ち来る。真に青天の霹靂なり。ハッと驚き『何事？』と思う閑なく、引続き二回三回、同様の劇音を聞く、之と同時に大厦の崩れる如き物凄き音、ドドドッ！　硝子の砕ける騒がしき響、ガチャガチャガチャ！寝耳に水の敵機の襲撃！　釦もソコソコに狼てて飛び出す。

付近に在りし群衆は「爆弾《ボンブ》」と叫びつつ、ナダレを打って地下室に走る、僕また命惜しさに驥尾に付して逃る。戸外は砂塵濛々として、逃げ迷う人の影朧にかすむ。襲撃約三分間、爆音を聞くこと凡そ一二、三発。遅がけながら空中射撃の音、豆を煎るが如くバラバラと聞ゆ。やがて爆音絶え、戸外に出て天空を眺むれば、敵機三台日に輝きて、大きさ白鷺の如く、東に向って飛ぶを見る。射空砲弾の炸煙鵞毛の如く、恨めしげになお碧空に残る。

側方を見れば、約三十間許り距りたる一家屋、爆弾に撃たれて破壊せられ、瓦石の破片道路を埋めて、堆《うづたか》く、塵煙なおあたり漲る。付近家屋の硝子悉く砕け、器物白埃に塗みる。更に傍を窺えば、通行人と覚しき二、三の人、半瓦石に埋もれて地上に倒れ、生々しき血は衣服を染めて光景凄惨を極む。僕五分以前、この家の前を通過す。飛行機の来る五分早きか、僕の行く五分遅かりせば、僕とこの人と運命を反転したるべきを思い、我悪運の強きを感謝すると共に、薄命の死者に対する同情の念一層切なるものありき。この襲撃に於て死者約一五十名、傷者約四百五十名に達せりと言う」（三三二～三三三頁、一二月一一日）。

このような衝撃的な光景が何度となく繰り返されたであろうが、戦争中の空襲によるイギリスの被害は、実際のところ思ったほど大きくはなく、死者は総計一一〇〇余名に過ぎなかった[34]。水野も被害はさほどでもないことを知っていて、それはイギリスの堅牢な避難所と石造りの家屋のおかげであるとみた。

### 東京空襲を予言

ただし、日本の場合はこれに反して、地下室も地下鉄もなく、木造の家屋がところ狭しと立ち並んでいるので、水野は、東京が空襲に遭えば「人命の損害莫大ならんのみならず火災頻発、数回の襲撃に依って、東京全市灰燼に帰するやも図られず」と空襲に対する日本の脆弱性を警告した（三三三頁、一二月一一日）。

それでは、対策として木造を改め石造にし、安全堅固な避難所を設ければ、ということになるが、水野は、これは言うは易し行うは難しで、実現には二、三〇年はかかるとみて、選択肢に入れなかった。そこで「東京灰となり大阪灰となりて後、国民はなお能く戦いを継続し得るや」と問うて、他の方法を考える（三三五頁、一二月一四日）。

このように、この時点で早くも水野は、「東京大空襲を予言した男[35]」の資格を得ていたが、彼がこの予言に基づいて、防空の方法よりも何よりも「日米非戦論」を唱道した男となるのは、まだもう少し後のことである。この時の彼は、有効な空襲対策を是非とも考え出して、将来の日米戦争に備えるべきだと説くに止どまっていた。

### 空襲対策

その対策として水野は、まず第一に海軍充実論者らしく、敵機の日本接近を許さないために、「優勢なる海軍」を完備すべきであると主張する。

第二は、敵機が既に日本に接近しつつある場合を想定して、これが日本上空に到達する前に迎撃駆逐するために、

「強鋭なる空中軍」を整備すべきであると提言する。

彼によると目下、連合国と同盟軍は、それぞれ数千もの飛行機を駆使して「蜻蛉の戦争」を演じている。新参加のアメリカも大急ぎで三〇〇〇機の飛行機の製造に取り組んでいる。ところが日本が保有する飛行機はというと、五〇機にも満たない（三三四～三三五頁、一二月一四日）。

このような心細い日本の現状を憂えて、水野は「空中防御の完成は実に刻下の急務なり」と次のように強く訴えかける。

「世界の海上王たる英国は、今次戦争の苦しき経験に依り、切に制空権の必要を感じ、今や陸海両軍より独立して、新たに空軍を建設し、将来の空中王たらんと期しつつあり。それスタート一歩の遅延は、往々百年の優劣を決す。英国は業に已に一歩踏み出せり。列国またまさに之に倣わんとす。空中攻撃の危険、英国に数倍する我が国たるもの、僅かに五十機の老飛行機を擁し、奈んぞ安閑として太平を夢むを得ん（三三五頁、一二月一四日）。

開戦直後には、「戦争我観」で制海権の重要性から海軍の充実を説いたアラーミスト水野は、今、ロンドン空襲の体験から制空権の重要性を察知して、「バタの臭」で空軍の充実の必要性を読者に訴えたのである。この制空権の重要性こそ、彼が第一回欧米旅行から引き出した最大の教訓なのである。

**パリに遊ぶ**

このロンドン空襲という恐怖体験によって、「愛国的見地よりの戦争否認」、換言すれば「戦えば必ず敗れる」ので「日米戦うべからず」という「日米非戦論」(36)の種子が、水野の内心に蒔かれたかも知れないが、彼の初外遊からの教訓を表面にはっきりと現れた形での「戦争否認」とするならば、そこには大きな無理があると言わねばなるまい。

そのような認定が時期尚早であることは、次の彼のフランス・イタリア訪問記からも裏付けられるように思われる。

ドイツが無制限潜水艦作戦を開始し、アメリカが対独断交に踏み切った一九一七年二月の一ヵ月を彼はパリで過ごした。激戦地からわずか数十キロしか離れていないのにもかかわらず、ほとんど戦争を感じさせないほど、パリは静穏であった。

「劇場も、活動館も、寄席も、カフェーも、客を以て満たされて居る。オペラ通りの夜はロンドンよりも暗くはない。享楽の機関は全馬力で動いて居る。何処で大戦争が行われて居るのか疑われる」(三三六頁)。

「戦争は月の世界か火星の世界か」とうそぶきながら、パリの名所名所をたっぷりと見物してまわった水野は、夜のパリも心ゆくまで楽しんだようである。

「もしそれ美味い酒、美しい女、面白い夜に至っては秘中の秘、天機みだりに洩らすべきでない」(三三七頁)。

一カ月のパリ見物の後、水野はイタリアに向かった。ここでも戦争の悲惨などどこ吹く風、名所旧跡巡りの物見遊山気分で過ごし、四月、あの空襲を体験することになるロンドンへ戻って来た(三三八〜三三九頁)。

このように第一回目の旅行では、大戦争の痛ましい傷痕を実見する機会はほとんどなく、だいたい平時と変わらないヨーロッパ観光の旅を楽しんだだけなので、「思想的変化」は言うに及ばず、「心的変化」も起こりようがなかったのではないか。松下の言い方にならえば、ロンドン空襲体験によって「心的変化」に「たゞ点火されたに過ぎない」のではなかろうか。

## 2　巨大国家アメリカを実見する

### 潜水艦の威力

二カ月ぶりで戻って来たロンドンで、水野はドイツによる無制限潜水艦作戦の威力を思い知らされた。空襲が一般市民を直接標的にする作戦とすれば、潜水艦による封鎖作戦は、間接的にこれまた市民を目標としていた。戦争は、兵隊同士の殺し合いであった日露戦争から、一般国民を無差別に殺戮し、飢餓に陥れる新しい戦争に変わってしまった。

この空と海からやって来た戦争の新要素を、水野は二つながら身をもって体験した。空襲体験は既に述べたところであるが、ドイツの潜水艦作戦はまず水野の財布を直撃した。圧倒的に優勢な海軍力を誇るイギリスも、輸送船団を組みこれを駆逐艦で護衛する、いわゆるコンボイ方式を実施するまで、Uボートには大いに手こずらされた。水野が戻って来たころ、ロンドン市民は、空襲に脅えながら、同時に船舶・食料の不足に苦しみ、物価騰貴に悩まされていた。

水野もこの物価の急騰のあおりを食い、日本から持参の財布は予定より一年も早く底をついてしまった。ここに至って、なおロンドンにとどまって乞食をするか、それとも運を天に任せてUボートが出没する大西洋を渡って帰国するか、二つに一つの窮地に立たされた水野は、まさに決死の覚悟で後者を選んだ。日本に残した妻に「遺言めいた事」を書き送り、子供のためにと記念写真を撮った後、ついに六月の末、彼は危険いっぱいの大西洋に乗り出し、アメリカはニューヨークへと向かった（三三九〜三四〇頁）。

## 「大アメリカ」と「小日本」

洋上、幸運の女神に守られて海の藻屑ともならず、無事ニューヨークの自由の女神に迎えられたとき、彼の目に飛び込んで来た光景は、「小日本」をいやが上にも際立たせる「大アメリカ」を象徴するものであった。

「船は無事ニューヨークに着いた。港口を護る名高き自由の像は雨にかすんで居た。マンハッタンの沿岸に百足の足の様に、櫛の歯の様に、突き出された無数の突堤と桟橋。大空を貫く幾十階の摩天楼の連立。日本の東京にはその五分の一ものだに唯一つもない。電車は絶え間もなく、地下、地上、高架の三段に走って居る。自動車は蟻の行列の如く果しなく続いて居る。ロンドン・パリを見て来た目にも、その偉大と繁栄とに驚愕を喫した。如何に愛国心に鞭打ち、如何に敵愾心に拍車を加えても、大アメリカの大ニューヨークに比すれば、小日本の小横浜である、小神戸である」(三四二頁)。

この四月に参戦したばかりのアメリカは、その巨大な経済力にものを言わせて、途方もない数の商船・軍艦・飛行機の製造に、また二〇〇万の兵隊の大動員に取り組み、「貧乏国の人間が聞けば腰を抜かしそうな計画」を着々と実行させていた。このようなアメリカを見て、水野はすべてが「軍国的に鳴動している」と感じた。

## 「軍国的」アメリカ

さらに、議会はウィルソン大統領に戦争遂行に必要な「絶大の独裁権力」を与え、また戦争に不利益な言論・思想は「大弾圧」を加えられた。たとえば、親独的な講義をした大学教授は免職され[37]、戦争反対を唱えた社会主義者は投獄された。このようなアメリカを見て、水野は「昨日の自由の米国は今日は極端な圧制の米国と化して居る」とも感じた(三四三〜三四四頁)。

## 対米軍備論

アメリカ実見の旅から受けた、貧乏国日本と富裕国アメリカという気圧されそうな、鮮明、強烈な印象から、水野はどのような教訓を引き出したのであろうか。「小日本」は「大アメリカ」と軍備競争などできるものではない、ならば対米戦争は絶対に回避しなければならない、ゆえに戦争の方法よりも避戦の方法を模索するのが日本の安全及び国益にかなっている、およそこのような考えに、同時代の原敬などはこのころすでに到達していた[38]。

しかし、水野がこう悟るのには、もう少し時間を要した。たしかに、この訪米で得た強烈な印象が、彼自身が言うところの「愛国的見地からの戦争否認」、「経済要素」を考慮した避戦の方向へと彼を導いて行く一つの役割を果たすようになるのだが、帰国後の彼の言動に直接反映されるのは、日本も、彼が実見して来たばかりのアメリカ同様、国家・社会を「軍国的」に編成して、対米軍備を充実させようという戦争の方法論の方であった。

**横浜の印象**

この点については、水野の「我が軍国主義論」を扱う第三章で詳しく述べることにして、最後に、水野がアメリカ経由で一年ぶりに見る横浜港にどのような印象を受けたか紹介しておこう。

「大正六年八月無事横浜に帰着した。一年ぶりに見る東京湾の景色の美しく懐しきに引換え、船首に展開する横浜の港を見た時、日本人の港としての設備の貧弱、開港市街としての家屋の陋穢、一等国民としての風俗の卑蛮、之が祖国の玄関かと思うと情けなくもあり、恥ずかしくもあり、腹立たしくさえもあった」（三四九〜三五〇頁）。

**欧米初体験の影響**

以上見て来たように、一九一六年夏から一九一七年夏までの一年間の第一回欧米旅行で、水野は、空襲に対する日本の脆弱性、仮想敵国アメリカの巨大さと軍国化を認識した。彼がこの認識からとりあえず引き出した教訓は、対米海軍と空軍の準備の必要ということであった。決して「愛国的見地からの戦争否認」ではなかった。

こうは言ってもまだ、いや現役軍人という立場があって口にこそ出せなかったが、実は彼の内心では「心的変化」は既にはっきりと起こっていたのだという解釈の余地はありそうである。だが、水野の「思想の大転化[39]」の前も後も変わらず彼に一貫するのは、うわべを正義で飾り立てた偽物への嫌悪であったと見る筆者としては、彼に松下が言うような「心的変化」が既に起こっていたとしたら、その後で軍備拡充の必要性を高唱した「我が軍国主義論」ような論文を書くことは控えたと思う。

では、偽善を嫌う水野がなぜこの旅行によって「愛国的見地から戦争を否認するようになった」というような嘘を言ったのかということになるが、それは、回顧談にはよくあるように、時間的な混乱、ないしは省略のなせる業ではないだろうか。この旅行から得た空襲の怖さとアメリカの巨大さという印象と、次の旅行の結果得た日米非戦論とを、その中間にあった対米軍備拡充論を飛ばしてしまって、直接連結してしまったからではないだろうか。

このような時間的混乱、あるいは省略がないとすれば、「愛国的見地より戦争を否認せざるを得なかった」彼が、そのすぐ後にまた「大いに軍国主義の提灯を持つ[40]」論文を書いたという時間的流れになるので、この回顧談を合理的に解釈する道はただ一つ、彼は下手な嘘つきであったということになる。

筆者の解釈としては、第一回目の旅行で得た、一般市民を無差別に殺戮する空襲の恐ろしさと、弱小日本が逆立ちしても勝てっこない巨大国家アメリカという二つの認識は、水野の心の中で時間をかけて徐々に徐々に発酵してゆき、ついには大きなきっかけを得て、水野に「思想的変化」をもたらしたものとみなしたい。

この推論が説得力のあるものかどうかを判定する材料として、第三章では帰国後の彼の議論を追ってみることにしよう。

(1) 原奎一郎編『原敬日記』4、福村出版、一九六五年、二五～二六頁。
(2) 石原莞爾「世界最終戦争論」(一九四〇年)、石原莞爾全集刊行会編『石原莞爾全集』第一巻、一九七六年、所収、二〇頁。
(3) 『中央公論』一九一四年一〇月号、七三～八九頁。この論文からの引用部分・参考部分は、以下本文中に該当ページを記入することにする。
(4) 水野広徳『次の一戦』金尾文淵堂、一九一四年、序の四～五頁。
(5) 宮本盛太郎は、論文「水野広徳における思想の転回」において、水野の「軍備抑止論」は一九一一年の『此一戦』に既に見られると指摘している(宮本盛太郎他『近代日本政治思想史発掘――平和・キリスト教・国家』風行社、一九九三年、八～九頁)。
宮本論文は拙論で扱う水野の論文「戦争我観」・「我が軍国主義論」等にも触れているので、参照せよ。
(6) Sir Norman Angell, *The Great Illusion* のもととなる本は、最初パリで一九〇九年に *Europe's Optical Illusion* という題で自費出版された。翌年、増補修正された英語版 *The Great Illusion* が出た。
これが何度も増補改訂され、一〇〇万部を越える大ベストセラーとなり、世界各国で翻訳された(*The Dictionary of National Biography 1961-1970*, Oxford University Press, 1981, pp. 31-32, and *Obituaries From The Times 1961-1970*, Newspaper Archive Development Limited, 1985, pp. 23-24)。
拙論では、水野も「戦争我観」で紹介している、安部磯雄訳『現代戦争論――兵力と国利の関係』(博文館、一九一二年)を使用した。

（7）安部訳『現代戦争論』、本書の要領二〜三頁。

（8）早坂忠訳『平和の経済的帰結』（『ケインズ全集2』）東洋経済新報社、一九七七年。例えば、ケインズは、ドイツと他のヨーロッパ諸国との経済的相互依存性の高さを基礎に（同書一〇頁）、パリ講和会議における巨額の賠償を求める「カルタゴの平和」を次のように批判している。

「本書における私の目的は、カルタゴの平和は、実際上の観点からみても、正しくもなければ、可能でもない、ということを示すことにある。カルタゴの平和を生みだすような考え方も経済的要因に気づいてはいるのだが、にもかかわらず、そのような考え方は、未来を支配すべきより深い経済的動向を見逃しているのである。時計は元に戻しうるものではない。中央ヨーロッパを一八七〇年の昔に戻すことは不可能なのであり、もし敢えてそうするとすれば、ヨーロッパの機構に非常な緊張をつくりだし、人間的精神的諸力を解き放って、その結果、それらの緊張や諸力が国境や人種を乗り越えて突き進み、われわれやわれわれの『保障』のみならず、われわれの諸制度やわれわれの現存社会秩序をも覆えさずにはいないであろう。」（二三〜二四頁、傍点は原文）

（9）安部訳『現代戦争論』、三七頁、六二〜七五頁、一二八頁。

（10）同前書、三一八頁。

（11）同前書、二九五〜二九八頁。

（12）同前書、二八六頁。もちろん、第一次大戦では、ドイツが直接イギリスを先制攻撃したのではなくて、形式的にはイギリスの方から、ドイツによるベルギー中立の侵犯を理由に対独戦を挑んだということになるのであるが。

（13）同前書、本書の要略六頁。

（14）*The Dictionary of National Biography* 1961-1970, p. 32.

（15）姉崎正治『世界文明の新紀元』博文館、一九一九年、二八〇頁。

（16）もちろん、国内社会も市民戦争と呼ばれる内乱の可能性を抱えているので、潜在的戦争状態にあるとも言えるが、常態において統一権力が存在している国内社会とそうでない国際社会とでは、その権力状況の特質において決定的な差異がある。

（17）Thomas Hobbes, *Liviathan*, Penguin Books, 1981, pp. 187-188.

（18）安部訳『現代戦争論』、二〇四〜二〇八頁。

（19）宮本盛太郎は、前掲論文「水野広徳における思想の展開」で、水野のエンジェルとの関係を論じて、「彼〔水野〕は、また、若き日に一時エンジェルの立場をほとんど信じたが、その後第一次世界大戦の勃発を知って、エンジェルの立場に疑いを抱くに至る。しかし、第二回目の欧米視察から帰国後、再びエンジェルの立場を肯定するに至ったようである。」（一四頁）と指摘している。

この指摘は、筆者が拙論を書くにあたって非常に有益な示唆となった。

(20) 水野広徳『無産階級と国防問題』クララ社、一九二九年、一一四～一一五頁。

(21) 一九二〇年の『改造』七月号に水野が書いた「独逸の敗因」では、対英六割と改められている（前二〇頁）。ポール＝ケネディによると、開戦当初は、イギリス艦隊のドレッドノート型二一隻・前ドレッドノート型二七隻に対して、ドイツ艦隊はそれぞれ一三隻・一六隻であった。この数字からすると、対英約六割といったところか。ケネディも、この比率ではドイツ艦隊の出撃は無謀であると、結論づけている（Paul Kennedy, *The Rise and Fall of British Naval Mastery*, Third Edition, Fontana Press, 1991, p. 287）。

(22) A. J. P. Taylor, *The First World War*, Penguin Books, 1972, pp. 43-44.

(23) 宇垣一成『宇垣一成日記』第一巻、みすず書房、一九六八年、九九頁。

(24) ケネディは、リデル＝ハートの「真の意味での勝利とは、戦争が終わった後、戦争をしなかった場合よりも、その国が豊かになっているということでなければならない」という定義に従って、第一次大戦の勝利は、イギリスにとって真の勝利ではなかったと述べている（P. Kennedy, *The Rise and Fall of British Naval Mastery*, p. 313）。

(25) ケネディは、封鎖の効果を認めながらも、大規模な陸戦が天文学的な量の食糧と物資を飲み込み、ドイツ軍隊が農村から食糧生産に不可欠の成年男子を奪い尽くしたことを、より一層重視している（Ibid. pp. 300-301）。また、テーラーもケネディと同じ点を重視し、「ドイツ人は自ら飢えを選んだというのが実際のところである」と述べている（A. J. P. Taylor, *The First World War*, pp. 145-146）。

(26) 宇垣の陸主海従論について詳しくは、本書の第一章二七～二八頁と第四章一二五～一二七頁を参照せよ。

(27) 『宇垣一成日記』第一巻、一四三～一四六頁。

(28) 同前書、一〇六頁。

(29) 同前書、一八四頁、一九一頁。

(30) 同前書、一九二頁。

(31) 『現代日本文学全集・四九――戦争文学集』改造社、一九二九年に水野が執筆した「著者の言葉」、四六二頁。

(32) 松下芳男『水野広徳』四州社、一九五〇年、三一～三三頁。

(33) 「バタの臭」は、『東京朝日新聞』に一九一七年一一月二日から一二月二六日まで四四回にわたり連載された。そのロンドン空襲に関する記述の多くは、水野の回顧録「剣を解くまで」（水野広徳著作刊行会編『反骨の軍人・水野広徳』収録、経済往来社、一九七八年）に転記されている。

両者には言葉使い等多少の違いはあるが、拙論での「バタの臭」からの引用は、『反骨の軍人』の文に従うことにして、以下本文中に当該ページと、参考までに引用部分が『東京朝日新聞』に掲載されている月日を記入することにする。また、「剣を解くまで」そのものからの引用部分は、以下本文中に当該ページを記すことにする。
(34) A. J. P. Taylor, *The First World War*, p. 74.
(35) 前坂俊之編『海軍大佐の反戦　水野広徳』雄山閣、一九九三年のカバーに引用されている早乙女勝元の言葉。
普通、水野が東京空襲を予言した論文としてあげられるのは、一九二三年の『中央公論』六月号掲載の「新国防方針の解剖」である（松下芳男『水野広徳』以下いくつかの文献では同論文を一九二四年の『中央公論』四月号掲載としているが、これは誤りである）。例えば、前掲『海軍大佐の反戦』の門田圭三による序（一頁）、同書の前坂俊之による解説（二四五～二四六頁）。

また宮本盛太郎の論文「一九三二年の日米戦争論の一側面――水野広徳の場合」（前掲『近代日本政治思想史発掘』）は、水野の『戦争小説海と空』海洋社、一九三〇年及び『打開か破滅か　興亡の此一戦』東海書院、一九三二年において、水野が予言した東京空襲をとりあげている（四五～四七頁）。
(36) 前坂俊之「〝忘れられた予言者〟水野広徳・日米非戦論を唱えた海軍大佐」『毎日新聞』夕刊、一九九三年一二月一四日。
(37) 親米家姉崎は、彼の滞米中に起こった、世論の圧力による親独教授罷免事件をとりあげているが、水野説に反論するかのように、彼はこれをもって単に「圧制」とはみなさず、次のように論じている。
「此等の点も、輿論の圧制と言はゞ圧制である。併し民意によつて動く国で、国論に背くのみならず、陰謀的手段を以て社会の攪乱を企てる者に対して、法律の制裁と共に社会的制裁を加へるのは、単に圧制といふべきものではなからう」。（前掲『世界文明の新紀元』、三二一頁、傍点は原文）
(38) 本書の第五章、一五〇～一五一頁を参照せよ。
(39) 水野の「思想の大転化」については、前掲の宮本論文「水野広徳における思想の転回」、及び本書の第六章一七五～一七六頁を参照せよ。
(40) 前掲『戦争文学集』、四六六頁。

# 第三章　姉崎正治対水野広徳——第一次世界大戦後の日本の進路

## 第一節　ドイツ屈服からの教訓

### 1　日本のベルンハーディか

**水野、姉崎に論争を挑む**

一九一七（大正六）年八月、第一回欧米旅行から帰った水野広徳海軍中佐は、軍令部に出仕することになった。配属された軍事調査会なる部署は、彼によると、極めてのんびりとしたところであった。そこで彼はこの暇を利用して、せっせと新聞や雑誌に評論を書き綴った(1)。

一方、四年目に突入した大戦の形勢はというと、ドイツの無制限潜水艦作戦実施、アメリカの参戦と続き、以来、日に月にドイツ側に不利に傾いて行き、一九一八年春に敢行されたドイツ必死の総攻撃も功を奏さず、同年一一月、休戦協定が成立、ついに同盟国側の総大将も連合国の前に膝を屈したのである。

休戦成立直後、宗教学者姉崎正治は、『東京日日新聞』と『大阪毎日新聞』に「十九世紀文明の総勘定」を連載して(2)、ドイツの軍国主義を徹底的に批判し、連合国側の民主主義・自由主義を手放しに称揚した。

この年海軍大佐に昇進していた水野は、姉崎の議論に猛然と突っ掛かっていき、彼の論点に逐一反駁の砲弾を浴びせた。この駁論が一九一九年の『中央公論』一月号に掲載された「我が軍国主義論――姉崎博士の所説を疑ふ」である。

水野は後年この論争を次のように振り返っている。

「或時の如きは日本に於ける哲学の権威と言はれたA博士の平和論に対し、軍国主義論の剣付鉄砲を以て突きかかったこともある。……一部の軍国主義者からは日本のベルンハーディなどと煽られ、一部の進歩主義者からは日本言論界の恥辱だと叱られた。当時の僕は軍国主義の尖端に立って居たのである」(3)。

また、自歴年譜の大正八年の箇所では、次のように記している。

「一月、『大阪毎日新聞』所載姉崎正治博士の軍国主義攻撃論に対する駁論を『中央公論』に載せ、大に軍国主義の提灯を持つ」(4)。

このように後年の水野は、当時の思想的立場を〝ベルンハーディのような軍国主義者〟と自己規定しているようである。

では、このベルンハーディとは一体全体どのような人物であったのか。さらには、姉崎と水野はそれぞれ「軍国主義」とはどのようなものであると解釈していたのか。この二点を明らかにすることによって、水野の自己規定の適否を判断することにしよう。

**ベルンハーディなる人物**

まずフリードリッヒ＝フォン＝ベルンハーディなる人物は、同時代のノーマン＝エンジェルによると(5)、戦術問題に関しては当代一流の権威とみなされていた騎兵大将で、その著書『ドイツと次の一戦』(6)において、戦争は人類最高の道徳であるとの立場から、ドイツは敵からの攻撃に備えるだけでなく、敵には先制攻撃を加えるべしと主張するような、戦争賛美者であり、侵略主義的軍国主義者であった。実際彼の著書を読むと、エンジェルが指摘している通りであることがわかる。

ベルンハーディは、「国家間には判決を下せる権力がなく、たとえ下せたとしてもそれを有効ならしめる権力がない[7]」という国際政治観から、国家の自衛戦争を肯定する通説的見解にとどまらず、さらに国家の対外的政治権力の増大・経済権益の拡大・領土の獲得・民族の発展・道徳的理念の実現のための戦争、すなわちありとあらゆる種類の戦争、否、戦争そのものを肯定する。

というのは、彼の戦争観によると、戦争によって強者が生存し弱者が死滅することは、人類全体の進化発展につながるだけでなく、平和は人を堕落させるのに対して、「戦争は人間の本性の最も高貴な活動を呼び起こす」からである。

このような〝適者生存〟・〝優勝劣敗〟・〝社会進化〟などという概念からなる極端な社会ダーウィニズムと、戦争の人間性に対する「高貴化効果[8]」という戦争賛美論とからなるベルンハーディの「軍国主義」では、自衛という概念と痛ましき戦争という悲歌は遠く雲の彼方へ後退してしまい、エンジェルの指摘どおり、侵略という概念と素晴らしき戦争という賛歌が強く前面に押し出されている[9]。

### 姉崎の「軍国主義」

次に姉崎による「軍国主義」の定義を見てみると、それは、国家の安全→軍備の必要→攻撃精神→対外的侵略主義・対内的武断専制主義という連想から成り立っていた。

「国防の必要から出発し、軍備を整へる必要を基礎とし、而も軍事思想を全く攻撃精神と同一視し……、此精神を外に発しては侵略を行はうとし、内に対しては万般の設備を此精神に基く主義組織で一律にせうとする気風、主張、実行。此が軍国主義である[10]」。

また姉崎は、「一国の独立体面を維持し主張する為の必要方法だとし、苟くも国防設備があれば、其が軍国主義だとする」定義を、「一遍の塗沫《(ママ)》的言論」、「軍国主義の偏見から出た強弁」にほかならないと一蹴し[11]、侵略主義と切り離された国防主義の存在を認めていない。

このような「国防」→「侵略」不可避的連続説と名付けてもよさそうな、姉崎による「軍国主義」の定義に従い、かつ水野をベルンハーディと同一視するならば、〝ベルンハーディーのような軍国主義者〟という烙印を押された当時の水野広徳は、正真正銘、戦争を賛美する侵略主義者であり、まさに彼自身が言うように、「軍国主義の尖端」に立つ提灯持ちということになる。

それでは、当時水野が書いた論文「我が軍国主義論」で、彼自身は「軍国主義」をどのように定義していたであろうか。

**水野の「軍国主義」**

彼は姉崎が「一遍《ママ》の塗沫的言論」と片づけた国防主義を指して、「僕自身だいたいこの手の軍国主義者だと思っている」[12]と姉崎の逆手を取って出た。すなわち、彼自身「軍国主義に対する博士と僕の所見は、既に解釈の根本に於て相異して居る」(一〇九頁)と明言しているように、水野が言う「軍国主義」とは、対外的に「侵略」を目的とするものではなく[13]、専ら「国防」を目的とするものであった(一二四頁)。そして彼の定義の重点は、対内的側面にあり、彼の「軍国主義」とは、「国家の強盛」を図る主義であった(一〇八頁)。

この定義に照らし合わせてみれば、当時の水野を思想的に「日本のベルンハーディ」と呼ぶことも、また侵略主義的軍国主義者とみなすこともできないことは歴然としている。

それにもかかわらず、後年の〝エンジェルのような平和主義者〟水野が当時の自分を〝ベルンハーディのような軍国主義者〟と規定したのは、彼自身が言うところの「思想の大転化」[14]なるものの劇的効果を高めようとした結果ではなかろうか。

以上見て来たように、姉崎は、軍国主義を対外的には侵略主義と規定し、対内的には攻撃的精神に基づく国家・社会全般の一律的編成の実行とみなし、これを全面的に否定した。

他方、水野は、対外的には侵略主義を否定しつつ、軍国主義をあくまでも限定的に、非連続的に国防主義と規定し、対内的には国家強盛の最適手段（一一三頁）としてこれを肯定した[15]。

このように軍国主義の解釈を異にする両者は、ドイツの屈服が現実となったこの時点で、それぞれ一体どのような教訓を引き出したのであろうか。まず姉崎の議論に耳を傾け、次に水野の反駁を聞いてみることにしよう。

## 2　軍国主義は勝ちたり

### 思想戦としての大戦

主義・理想こそ人間と歴史を動かす現実的な原動力であると、姉崎は信じている。この信念から、第一次世界大戦を何よりもまず思想戦とみなした。

彼は、一匹の犬をめぐるささいな個人間の所有権争いでさえ道徳的な争いに発展したという例をとり挙げ、これを敷衍して、ましてや国家間の争いは、その起因が利権競争であれ生存競争であれ何であれ、次第に道徳的な争いになることは免れ得ないと主張し、第一次世界大戦もその例外ではなかったと強調する。

「戦争の進行につれて明白になつて来たのは、主義理想の争である。犬の裁判にすら道徳上の争点が加はるのに、此大戦に主義の争点が現はれて来ないといふ筈はない。而して主義理想は、「人間精神の根底を支配する力として、」政治にも経済にも軍事にも、根底的勢力となる事は、特に注意して見るを要する点である[16]」（傍点は原文）。

この同盟国側と連合国側の思想戦は、多数の同時代人同様彼もまた、具体的には軍国主義対自由主義の形をとったと見、この軍国主義にこそドイツ敗北の根本的原因があることを見落としてはならないと、日本人の注意を喚起している。

「ドイツ挫折崩壊は、軍国主義を行つたに拘らず来たのでなく、軍国主義其ものの本来具有する根本弱点を現はしたに外ならぬ[17]」。

ここで彼が言う軍国主義の根本弱点とは、具体的には主に武力偏重と機械的規律の二点である。彼に言わせると、武力偏重は道徳や思想に力のあることを看過させてしまう。また、機械的規律に基づくドイツ側の挙国一致は、みかけはいかにも強そうだが、いったん挫折すると思いのほか脆い。これに比して、「個人の自覚」と「人民自発の力」を主とした連合国側の挙国一致は、はるかに強靱である。このような本質的弱点を含有している軍国主義は、対内的な国家強盛法としても役立たない[18]。

水野とは対照的にかく見る姉崎は、結局「ドイツの敗北は思想の力に圧せられた結果である[19]」、つまり戦争において最後の勝負を決するのは「有形の力」よりか「無形の力」なのであると結論づけた[20]。これこそ姉崎が今回の大戦から引き出した最大の教訓であった。

### 権力闘争としての大戦

以上のように、第一次大戦はすぐれて思想の戦いであって、この戦いにドイツは敗れたのであるという姉崎の議論に対して、水野は以下のように反論する。

連合国が、表面、正義人道の旗を振りかざし、軍国主義打破を唱えて戦ったことは事実である（一一一頁）。また、ドイツが連合国に屈服したことも事実である（一〇九頁～一一〇頁）。しかし、この事実をもって、姉崎博士のように「独逸の敗北は其の軍国主義に基き、連合国の勝利は其の自由主義に因るものと断ずる」のは、短絡的である（一一〇頁）、と。

このように水野は事実の面で争うことなく、事実に対する評価の面で姉崎に異議を唱えた。

まず第一に、今回の戦争は、表面上はともかくとしても、その本質において思想の争いであった、などとは言えない。これを証明するために、彼はアメリカの参戦理由を取り上げる。

彼が言うには、参戦前のウィルソン大統領は交戦両者のいずれの言い分にも「曲直あるを見ず」と言明していながら、後に前言を翻して正義人道を理由に参戦した。しかし、これは単なる口実にすぎず、参戦の真の理由は、アメリカが参戦しなければドイツが勝つと思われたことである。ドイツの潜水艦作戦が対英封鎖に大きな効果を発揮しつつあり、またロシアが革命によって戦線を離脱したのを見て、英仏危うしと形勢判断したアメリカは、何も主義理想のためではなくて、自国の「繁栄と安泰」のために参戦に踏み切ったのである。

またイギリスが対独開戦に踏み切った真の動機をも、水野はこれと全く同じように、権力政治の観点から推論している（一一〇～一一一頁）。すなわち、「先進国」イギリスは、「後進国」ドイツが自己の「縄張り」に割り込もうとするのを見て、「既得の縄張り」を失うまいと抗争したにすぎない、と。[21]

このように、彼は第一次大戦の最大原因を、思想の争いではなくて、国家間の縄張り争い、つまり英独の勢力争いに見いだしていたのである。

休戦協定成立直後のこの時点での水野は、このように第一次大戦の核心を〃持たざる国〃ドイツによるヨーロッパの現状打破・覇権追求に対する〃持てる国〃英米による阻止行動とみなした。

つまり、彼はこの戦争を開戦から休戦まで一貫して勢力争いの見地から捉らえ、その思想的要素はこの権力的核心を覆い隠して表面を飾り立て、自己の戦争行為を正当化するイデオロギー・宣伝[22]に過ぎないと評価していたのである。

### 「総力」の戦い

次に、このような観察・評価の当然の帰結として、水野は第一次大戦の勝負の分かれ目を、無形の「思想」よりも有形の「兵力」の優劣にあると主張した。ただここで注意しなければならないことは、彼の言う「兵力」とは「武力」のみを意味してはいなかったという点である。

彼は姉崎の軍国主義＝武力偏重説を「妄断」としりぞけ（一一四頁）、「軍国主義なるものは博士の非難せらるゝ如く、富の力や、思想の力を無視若くは軽視して、腕力一点張りに猛進するものではない」（一一五頁）と反駁した。

軍国主義を武力偏重と見るのも、大戦の本質を思想戦と見るのもいずれも的外れである、このように考える水野は、この戦争を何よりもまず〃総力戦〃とみなした。そして、「思想」の力ではなくてまさにこの「総力」、つまり諸力の総和としての〃国力〃において、同盟国側が連合国側と比較して劣勢であったという事実に、ドイツ敗北の最大原因を見いだしたのである。

つまり彼が言う「兵力」すなわち「総力」とは、具体的には、思想や道徳のような無形の力も除外しないとは言うものの、主な要素としては人・物・金という三つの有形の力からなる〃国力〃の意味で使われている。

「連合国米国並に之に党する国々の有せる人力、財力、物力の優越なる数量が、中欧同盟国の数量に打ち勝ったに過ぎないのである。軍事学上に於ては此等の三大力即ち人力、財力、物力の数量を総称して兵力と云ふ。連合国側の偉大なる兵力が、中欧側の劣小なる兵力に打ち勝ったに過ぎないのである」(一一〇頁)。

このようにドイツの敗因を同盟国側の「兵力」の劣勢に帰した水野は、続けて、この劣勢も軍国主義とは関係ないと言う。それどころか、国家強盛法としての軍国主義の有効性は、今回の戦争によってかえって実証されたと強弁した。およそ次のように理屈を付けている。

**軍国主義は有効**

今回の戦争は五人、一〇人の幕下力士が連合して一人の横綱を倒したようなものである。一対一の単独戦であれば、横綱ドイツは、英・仏・露・伊は言うまでもなく、おそらくはアメリカにも勝っていたであろう。また、もしアメリカが英仏に加勢していなければ、ドイツは「バットル」に勝っただけでなく、「ワー」にも勝っていたであろう。

富力でイギリスに劣り、人口でロシアに及ばず、面積でフランスとどうにかこうにかというドイツが、同時にこの三国を相手にかくも優勢を保持できたのは、とりもなおさず「軍国主義に依る国民的訓練と、国家組織と、社会制度」のおかげであった（一一一～一一三頁）、と。

ここにとどまらず、さらに水野は、連合国側が最後にようやく「ワー」に勝つことができたのも、イギリスもアメリカも、表面、反軍国主義を標榜しながらも、参戦後にはドイツの軍国主義を模倣し採用する努力を怠らなかったからであるとまで言い切ったのである[23]（一一三頁）。

**ドイツに学べ**

休戦直後に「軍国主義」という観点から大戦の一面をこのように観察していた水野は、かくして軍国主義こそ「国家を強くするに、最も適切なる手段なり」（一一三頁）という教訓を引き出し、日本もベルギーの悲劇を避け、国家の防御と国民の安泰を確固たるものにしたければ、軍国主義ドイツに学べと、姉崎に対抗して次のように日本人に訴えた。

「我が国の如きも将来国家として強からんことを欲せば、独逸の長所を学ぶの雅量を有せなくてはならぬ。然らば独逸の長所とは何ぞや。曰く、其の軍国主義に依る国家社会の編制である。抑も軍国主義なるものは、国是、国策などに関する政治上の主義でなく、国家社会の編制に関する行政上の方策である。今回の戦争に於て、独逸が『ワー』に敗れたるは、主として其の外交政略と高等作戦失敗の罪である。『バットル』に勝ちたるは、専ら其の軍国主義の賜である。ここに於てか敢て云ふ、『軍国主義は勝ちたり』と」（一一三頁）。

## 第二節　戦後日本の進路

### 1　国際協調を進めよ

**戦後世界の二潮流**

姉崎が「軍国主義は敗れたり」と断じると、水野は、「否、軍国主義は勝ちたり」[24]と駁した。だが、軍国主義の定義を異にしていたので、両者の議論はうまく嚙み合わなかった。それでも、ドイツの屈服に関する二人の認識・評価が正反対であったことは明白である。このため、第一次世界大戦後の日本が歩むべき進路についても、当然のことながら二人の意見は、正反対の方向をとった。

まずは姉崎の主張から見てみよう。彼によると、一七世紀以来、国際政治観には二つの対立する流れがある。「人間と人間とはやはり狼と狼だ」というホッブズ的な流れと、「戦闘殺戮の惨に拘らず人道には義もあり理もある」というグロティウス的な流れがそれである。

ホッブズ流は、一九世紀になって現れた進化論の誤解・曲解という新潮流と合流して、生存闘争・国際競争一本槍の軍国主義の奔流となり、今次の世界大戦を引き起こした。他方、グロティウス流は、この逆境をしのいで二〇世紀に生き残ったばかりか、大戦という大試練をくぐり抜けた今、国際協調重視の正義人道主義の大流となり、ますますその勢いを強めている。

戦後世界に対するこのような観察・評価から、姉崎は、この「二潮流」のいずれに加担するのか、これこそ戦後の日本が直面する最大の課題である、と考えたのである(25)。

### 開国主義の勧め

国際競争偏重の一九世紀的旧文明は退潮の一途をたどり、国際協調重視の二〇世紀的新文明が戦後世界を支配して行く。姉崎は、「戦後の世界がどうなるか」に関しては、このように〝競争〟から〝協調〟に向かうと確信していたが、翻って内を顧みたとき、一抹の不安を感じないわけにはいかなかった。果たして母国日本が、はたまた同胞日本人が、この世界の大勢に歩調を合わせて正道を進んで行くであろうか。

今なおドイツ軍国主義を信奉し続けている者ども、大戦の思想的意義に全く無関心な成金たち、総力戦に備えた自給自足を唱える鎖国主義者、彼らの日本社会における根強い存在を考慮して、姉崎はそのような人たちを含めて日本人全体に「戦後の世界をどうするか」と問いかけた。

そしてこの啓蒙家は、日本の未来を約束する進路としては開国主義・国際協調主義しかないことを、例えば次のように強調してやまなかったのである。

「日本国民の最も覚醒すべき点は、軍器の自給や、経済の自立といふ如き鎖国的傾向の気風でなくて、世界的気運に乗じ、此と歩調を保つといふ雄大な開国進取の精神にある。世界的大舞台の夜明けは近きつゝある。鶏は鳴き、東天紅ならんとする。此の時に尚ほ前夜の夢を繰返す者は、世界の落伍者たらざらんと欲するも、たらざるを得やうか[26]」（傍点は原文）。

戦後世界において日本が開国主義の方針を採るのか、はたまた鎖国主義の道に進むのか。この進路選択は日本を取り巻く国際環境に左右される部分が非常に大きかった。

**〝新外交〟と原首相**

この点について、大戦後の国際政治の潮流をこの上もなく楽天的に見ていた姉崎は、個々具体的な国際問題も、民族自決と国際協調とが結合した「国際的民本主義[27]」の精神に沿った形で解決されていくという、まことに明るい見通しを立てて、信仰にも近いそのウィルソン主義的確信を次のように表現している。

「ドイツの敗北は、思想の力に圧せられた結果である。然らば次の幕が世界的デモクラシーの問題で開くのは自然の順序であつて、各国民の自由自決、国際連盟、貿易と移住の自由など、皆此の根本問題の特殊適用に外ならなぬ[28]」（傍点は原文）。

確かに姉崎の言う「世界的デモクラシー」は、戦後、一世を風靡した。この世界的風潮は、彼や吉野作造のような民本主義的平和論者ばかりでなく、日本の政策決定者にも少なくとも表層では広汎な影響を与えずにはおかなかった。

例えば、原敬首相を取り上げてみると、彼の関心の中心は、大戦から戦後の転換期において、日本外交の基軸を日英同盟から日米協調に円滑に移行することによって、日本の安全保障を強固にし、経済的利益の拡大を実現し、世界的地位の向上を図ることにあった。つまり原外交の本質は、日米提携を主軸とする国際協調主義ではあるが、それは正義人道の平和思想に基づいていたと言うよりも、国際政治における勢力均衡関係の変容に対応した国益中心主義から派生していたのである[29]。

しかし、このような〝旧外交〟的思想をもち続けた彼でさえ、〝新外交〟の思想的風潮から完全に超然としているわけにはいかなかった。一九一九年、パリ講和会議を目前に控えた帝国議会という公の場では、彼もまた、この時代を象徴する流行語を使用している。

「帝国政府は正義人道に基き、公明正大なる態度を以て此の会議に莅まんとす[30]」。

## 〝新外交〟と内田外相

続いて、後に〝焦土外交〟演説で有名になるあの内田康哉外相が、原内閣の外交方針に関して演説し、次のように締めくくっている。

「終りに臨み、国際政局の大勢に関する吾人の所感を述べて諸君の考慮を求めんと欲す。今や独墺勢力潰滅と共に世界は一大革新の道程を進みつゝあり。此の革新運動の根底たる理想が所謂正義に基く恒久の平和を確立せんとするに在ることは、敢て多言を要せず[31]」。

この内田演説を評して、三宅雪嶺は「当時に在りて輿論を代表せりとすべく、而して如何に事実に遠ざかれるかゞ後に知らる[32]」と言っている。

原暗殺後も外相に留任した内田は、一九二三年、すなわちワシントン会議の翌年の帝国議会においても、さらに徹底的な表現で正義人道に基づいた国際協調外交の方針を言明している。

「実に現代世界の大勢は各国共に排他的利己主義を去って正義と平和の為めに国際協調の達成を図り、協力戮心以て人類の共存共栄の実を挙ぐるに努めてゐることを示しつゝあるのであります。斯くの如きは帝国永遠の利益に合致するのみならず、帝国国運の隆昌を期するの途は右の方針以外他に求むべからざるは帝国政府の信じて疑はざるところであります[33]」。

この議会演説の草稿は実は姉崎によって書かれたのだ、と言われたら、そうだったのかと本当に信じ込んでしまいそうである。それほど、この時期の外交家内田と思想家姉崎の考えは、外面的には瓜二つであった。その内田の演説が象徴しているように、戦後の日本は、姉崎の期待通り、彼にとって正しく好ましい道を歩み始めたと思われた。だが、この国際協調の順流に対して挑みかかろうとする逆流が存在していなかったわけではない。

## 2　せめぎあう二つの流れ

### “勝者”の正義

先の引用文で姉崎が挙げていた具体的な問題——民族の自決・国際連盟・貿易と移民の自由——は、「国際的民本主義」の精神で解決されるという彼の予想通りには進まなかった。例えば、民族自決主義は国家間の排他的競争を助長する偏狭なナショナリズムに傾く性質を内在させている。これと国際協調主義とをいかに調和させるか。その困難さを、姉崎は見落としていた、あるいは甘く見ていた(34)。

またパリ講和会議では、この問題がややもすると勝者の恣意または無知によって処理されがちであった。それだけでなく、敗者ドイツは欠席裁判で一方的に「平和」を命令され、日本の人種差別撤廃案は葬り去られ、旧敵国は国際連盟からのけ者にされた。どう贔屓目にみても正義人道・国際的民本主義の精神とはそぐわない戦後処理が往々にして行われたのである。

この点、姉崎とは違って戦争中の連合国側の理想的言辞を眉に唾して聞いていた水野の予想の方が当たった。「我が軍国主義論」で姉崎ら楽観論者に次のように警告している。

「其〔英米〕の動機と目的とが、彼等が自ら謂ふ如き真の正義人道の発動であるや否やは、講和会議の済まざる今日、尚ほ大なる疑問として留保するの必要を認める」（一一一頁）。

**福田徳三の姉崎批判**

水野は福田徳三のことを「僕の最も畏敬する真の憂国的学者」（一〇九頁）だと言っているが、この博学な経済学者も、戦後世界が正義人道に基づいた平和な世界になると思うのは「空想的」であると、姉崎を痛烈に批判した。

このような福田の予想の背後に牢乎として存在したのは、「過去に於いては世界の最大陸賊国兼海賊国であつた英国や、近く菲島〔フィリピン〕や布哇〔ハワイ〕を併合した米国(35)」に対する不信感であった。そんな彼は、ウィルソン大統領の「正義」にも偽善の臭いを嗅ぎ取っていた。

「外に在つては、ウキルソンの様に、あらゆる機会において、日本の利益を無視する事を敢へてし乍ら、字引中にありとあらゆる人道、正義の関係語彙を駢列して、世界の人心を迷はしめつゝあるが如きをも、排斥するに力を尽さなければならぬと信ずる。小国の尊重、国民自主権の尊重を高唱し敵側に対しては、其の各国民が主権者を取捨することを助く可しと主張するウキルソンは布哇を合併し、菲島を併合するときに果して其国民の意思を米国が少しでも参酌したかを自問自答せねばならぬ(36)」。

**排日移民問題**

移民問題も、戦後処理問題同様、あるいはそれ以上に正義・人道の精神から掛け離れた扱いをアメリカから受けることになったので、日本人により直接的な衝撃を与え、その心に消しがたい傷痕を残した。

大戦中は一時鳴りを潜めていたアメリカの排日運動は、戦争が終わるやすぐさま再燃し、一九二〇年にはカリフォルニア州で日本人移民から土地所有権に加えて新たに借地権まで剝奪する排日土地法が成立した。間髪を入れずに東京で開かれた「排日問題連合大会」は、同法を「国際正義に悖る」という対米非難決議を上げた。大会の演壇には、まず大隈重信が登場し、「米国は自ら好んで恥辱を全世界に暴露するものである」と激しくアメリカを非難し、「満場破るるばかりの大喝采」を受けた。

その後登壇した永井柳太郎は、次のように「絶叫し群衆を狂喜せしめ」た。

「亜米利加の建設以来の政策は資本的帝国主義である。ペルリ提督の来航を以って自由、平和の使節となすがごときは大なる謬見である。彼が東洋にその大なる海軍根拠地を求めんがため来ったものである事は、記録の明示する所である。今日日本人を排斥せんとする加州のごときも、元これ墨国から掠奪したものではないか」[37]。

アメリカの差別待遇はカリフォルニア一州にとどまらず、一九二四年には悪名高き全国的な排日移民法が上下両院を通過した。[38] この有害無益としか言いようがない、日本人の感情を逆撫でするようなアメリカの行為は、すでに崩れつつあった日本における〝正義人道の国・アメリカ〟というイメージに対するとどめの一撃となった。

日米友好の象徴的な存在であった新渡戸稲造が、このとき、「アメリカの精神は死んだ」と悲憤し、「アメリカが排日移民法を廃止するまで、アメリカの土を踏まない」と宣言したのは有名な話である。[39]

**国際的二潮流の差し引き**

国際民本主義に背馳した戦後処理、正義人道に悖戻した排日法、確かにこれらは姉崎が擁護してやまないグロティウス的潮流に逆行するものであった。そしてこの逆流が日本人のヴェルサイユ体制への反感を助長し、対米イメージの毀損に一役買ったことは疑えない。

しかし、実害という点からすると、いずれもたいしたことはなかったので、今一つ姉崎が挙げていた、日本の実益、否、生存そのものとかかわってくる具体的問題、すなわち「貿易の自由」、これが維持されている間は、石橋湛山の〝移民不要説〟も相当の説得力をもち、幣原喜重郎の〝経済外交〟も求心力を保つことができた。[41] 換言すれば、その間は日本も開国主義的国際協調路線をどうにかこうにか歩み続けることができたのである。

以上、せめぎあう順逆二つの国際的な流れの勢いを差し引きしてみると、第一次世界大戦後の世界、一九二〇年代の国際環境の潮流は、まるまる姉崎の予想通りに進んだとは言いがたいが、曲がりなりにも彼の望む方向に向かっていたと言えるのではなかろうか。

## 民本主義の勧め

他方、国際環境に負けず劣らず戦後日本の進路を左右する力をもつもう一つの要素、すなわち国内環境の動向はどうであっただろうか。

前者には極めて楽天的であった姉崎が後者に関しては一抹の不安を抱いていたことは、先に少し触れた通りである。この懸念から日本国民への啓蒙活動の必要性を感じて、彼は国内における民本主義こそ国際協調路線を支える主柱であると説いた。

「内に民本の実なき国民は、自然と他国に対する危害になる。其故、国際的民本主義と、各国内部の民本主義とは相互連関した問題となるのである[42]」。

このような認識からさらにまた、次のように国民同胞の自覚を切望している。

「国民が自国をして世界の舞台に国際協調の実力たらしめる為には、即ち啻に国際連盟に加入して、不承不承に其の末班に引きずられるだけでなく、主義あり意気ある主動者たらしめる為には、人民が国家主権の後だてとなつて、輿論の土台の上に、国際連盟の主義を貫徹せしめる覚悟を要する。国民に此の如き輿論の力あらしめるには、国内に民本気風が実力を有して、閥族の専横を絶滅し、階級の争を杜絶して、一国協心の実を民意発揚の上に築き上げなければならぬ。此意味に於て国際的民本主義の実行には、国内に於ける民本主義の実行が其基礎となるべく、……[43]」(傍点は原文)。

## 国内の濁流

戦後、日本国民の間でも軍国主義の株は大暴落し、民本主義株は急騰した。軍人が軍服を着て街を歩くのをはばかるほど、軍閥排撃の風潮は都会に広がり、大正デモクラシーの花は咲き誇った。姉崎の不安は杞憂のように見えた。

だが、国際協調主義を内から支えるこの民本主義の風潮と並行して、戦争は大いにペイするという成り金気分も、負けず劣らず、戦後の日本社会に横溢していた。その軽佻浮薄さは、精神の不在・思想的無関心の明証なりと、時を得顔の民本主義の陣営からだけでなく、旗色の悪い国家主義の陣営からも批判を浴び、顰蹙を買っていた(44)。例えば、徳富蘇峰は一九二〇年この拝金的風潮を次のように嘆じている。

「我が国民は倫敦、巴里の市民が、父は子を失ひ、妻は夫を失ひ、姉妹は兄弟を失ひ、而して残留する彼等さへも、日夜敵の長距離砲弾や、飛行機、飛行船の襲撃に威脅せられて、殆ど神経患者たらしめつゝある際、悠々黄金の雨に潤ひ、泰平を楽しめり」(45)。

**地方に残る逆流**

一世を風靡したかに見えた民本主義の大流行も、都会でのこのような拝金主義の濁流を圧倒するすることができなかったばかりか、今一つ日本人の多数が生活する農村部(46)に深く浸透しえなかった。そこでは日清・日露の両戦役で培われた排外的好戦癖が依然根強く残っていた。世界的・都会的潮流と無縁な、このような田舎の雰囲気を、水野も、ワシントン会議の直前に東京からそれほど離れてもいないある地方へ講演に出掛けた折りに、身をもって味わい、次のような感想を記している。

「地方旅行に依つて得た審査に徴するに、軍備に対する地方人の思想と観念とは、之を大別して次の二種類に分つことが出来ると思ふ。即ち其の一は戦争賛美者で、一般帝国主義者と等しく世界征服の大使命を有せる日本発展の道は唯戦争あるのみであると信じている。……彼等は戦争すれば日本は必ず勝つ、勝つては領土も広まる、償金も取れる、年貢も廉くなる息子が勲章も貰へる、親爺の鼻も高くなると思つて居る。……其二は日〇必戦信者である。彼等田舎人は或る種の宣伝に依り、日〇戦争は到底避くべからざるものと盲目的に信じて居る」(47)。

**総力戦思想**

このような濁流と逆流に加えて、もう一つの見逃せない逆流が渦巻いていた。国際協調主義が主流を占めた一九二〇年代を通じて、軍部内の「総力戦将校《トータル・ウォー・オフィサーズ》」たちは、目立たないようにではあるが、彼らが引き出した第一次大戦からの教訓として、着々と自給自足・総動員計画を練り上げていたのである(48)。

以上述べてきたように、国際環境・国内環境ともに、第一次大戦後は、民本主義・国際協調主義が確かに主流となったのではあるが、国際的に幾つかの逆流が顕在化し、国内的にも依然として無視しがたい根強さでもって軍国主義・国際競争主義の流れが伏在し、戦いを挑む準備に怠りなかったのである。

ここで本論の主役水野広徳に戻ろう。上述のような内外の流れの中で、一体彼は、戦後日本の採るべき進路をどのように考えていたであろうか。この点について検討してみることにしよう。

## 3 日米戦争に備えよ

### 軍国主義による総力戦体制

姉崎はグロティウス的潮流の勢いを過大に評価して、戦後しぶとく生き残ることになるホッブズ的潮流を軽視した。その結果、何の疑いもなく、日本の進むべき道としては国際協調路線しかない、と推奨することができた。

これに対して水野は、休戦成立後も依然としてグロティウス的国際協調よりもホッブズ的国際競争の色彩が濃厚な世界が継続すると見通していた。「国際関係現代の如く錯綜し、国際競争現代の如く激甚し、加ふるに列国軍備を整へ、各明日の戦争に備へんとせる現代」（一二三頁）と、世界の現実をこのように捉らえていた。

そのような彼が勧めた日本の採るべき対応は、「軍国主義」による「兵力」の充実であった。彼に言わせれば、日本国民が第一次大戦の教訓として引き出した、総力戦への準備としての「国家自給自足策」と「国家総動員」も、彼が勧める「軍国主義」によらなければ到底実現不可能であった（一二三頁）。

このような総力戦体制と結合した「軍国主義」の勧めは、彼自身の意図はどうであれ、実際には日本に鎖国主義的国際競争路線を採れと言うに等しかった。

### 必然の武力的大陸進出

先に見たとおり、姉崎が軍国主義者の言う国防主義は不可避的に侵略主義たらざるをえないと主張したのに対して、水野は自分の「軍国主義」はあくまでも侵略主義を否定し国防主義に限定されたものであると譲らなかった。だがしかし、水野の国防主義的軍国主義も、いったん自給自足を目的とすると、姉崎の主張を裏付ける方向をたどらざるをえない。

というのは、自給自足が可能なアメリカと違って[49]、資源小国日本がこれを達成しようと思えば、いかに自国内の総動員と産業化に努めようとも、それだけでは到底不可能なため、いきおいアジア大陸に進出せざるをえないからである。これは石炭、鉄鉱石、石油等をとって見ても容易にわかることであるが、『日本の総力戦準備過程』（*Japan Prepares For Total War*）の著者バーンハートは次のように言っている。

「自給自足を達成しようとする日本の試みは国内において経済的な総動員体制を整えるだけでは不十分であった。小磯国昭の初期の研究調査が示していたように、近代戦に必要なほとんどすべての物資に関して、日本経済にはこれを量的に充分にまかなえる力など全くなかった。すでに日本に近い中国領土の支配に戦略的な魅力を感じていた軍部は、日本経済の欠陥に気づいていた。今やその戦略的魅力に加えて、さらに経済的意味を見いだしたのである。そしてその論理的出発点は満州であった[50]」。

自給自足達成のための大陸進出策は、中国の民族的覚醒と、〝国恥記念日〟・〝五・四運動〟以来の反日感情とからして、ほぼ不可避的に武力の威嚇、または行使を前提とせざるを得なかった。

一九二〇年代の小磯ら「総力戦将校」の代表格であった宇垣一成は、次のように一九一九年の『日記』の中で、正直にも中国大陸での資源確保のための武力行使を容認している。

「自給自足の資源を支那に絶対に求むるの要ある日本としては、今次の排日排貨が鎮静したるにしても支那人民の思想の根柢が日支相衣り相輔くるの本義を理解し肝銘せざるかぎりは、日本としては威力によりて資源を求めねばならぬ[51]」。

以上のように、国家間の協調よりも競争を重視する水野の国際政治観からは、人・物・金からなる「兵力」の拡充のための国家総動員・自給自足体制必要説が派生した。そしてこの目標を達成するためには、水野の主観はともあれ、客観的には武力の行使を前提とせざるを得なかった。もう一方では、この「兵力」拡充は「武力」偏重を意味しないと彼自身は言うが、彼の国際競争主義からは武力偏重の軍拡必要説の派生も避けられなかった。

### 対米優位の軍備

彼の見るところでは、大戦を契機に国際協調よりも国際競争が益々激化していた。そしてこのような現代における日本にとっての〝狼〟、すなわち最大の仮想敵国はアメリカであった。

彼に言わせれば、弱い者いじめをしているのは、「軍国主義のドイツ」よりもむしろ「正義人道を口にする国」であった（一二一頁）。そしてこの民主主義国は、ドイツ軍国主義と戦うために自国の軍国化を強力に推進した。このような水野の対米イメージはアメリカ滞在中に形成され、帰国後も維持された。

さらに、休戦協定が成立した今、彼はこのイメージを近未来にも投影し、戦後のアメリカは軍国化への努力を持続して大海軍を建設する、そうすることによって、対日圧迫、日本いじめを一段と強化するであろう、と占った[52]（一一〇頁、一一三頁）。

このような見通しから、彼は、この大敵に対する日本の国防を万全なものにするためには、軍備の充実、それも対米優位の軍備が必要であると次のように説いた。

「凡そ国家が軍備を整ふる最後の目的は、戦争に際して成るべく容易に敵に勝たん為めである。而して容易に敵に勝たん為めには成るべく優越なる軍備を必要とするは自明の理である」（一一四頁）。

### 対米軍備と経済負担

だが、この自明の理が実行に移されると、日米海軍競争スパイラルを招くことも、これまた自明の理である。

ノーマン＝エンジェルは、第一次大戦前にエスカレートしつつある英独海軍競争を目の当たりにして、対独優位を目標とするイギリスの海軍政策を次のように批判している。すなわち、チャーチルは「戦争を不可能にならしむる道は勝利を確実にするにある」と豪語して、海軍の対独優勢の必要を主張しているが、イギリスがこのような政策をとれば、めざましい経済発展を遂げつつあるドイツも同じく対英優勢を目指すであろう。国力互いに拮抗する両国がこのような軍備競争に乗り出せば、両者の財政的負担増大は必然であり、「其結果は唯戦争となる外はない(53)」、と。

軍備拡張競争は、国民に耐えがたい経済負担を強い、戦争を必至にするというエンジェルの考え方は、後に水野が悟る第一次大戦からの最大の教訓なのであるが、第一回欧米旅行から帰国直後に「犬牙蜂針皆是れ自衛の機関」を書いていた彼にも、またドイツ屈服直後に姉崎との「軍国主義」論争に没頭していた彼にも、まだまだエンジェルのような発想は浮かばなかった。

第二章で述べたように、水野は、「国力互いに拮抗する両国」どころか、既にこのときアメリカの途方もない巨大さと、日本のお話しにならない貧弱さ、この極端な対比に気圧される体験をしていた。それにもかかわらず、この経済力を中心とした国力における雲泥の差をさほど重視するふうもなく、国家総動員・自給自足体制整備説を支持するとともに、対米優位の軍備拡張論をぶっていたのである。

この時の彼には、自説について果たして実現可能なのかどうか、たとえ可能にしても実現に必要な人的・物的コストはどれほどのものになるのか、これらの点について真剣に深く考えた形跡は見られない。

**平和思想の胚胎**

しかし、水野の「我が軍国主義論」の中には、注意深く読めば、後の彼の「軍備縮限論」、対米戦争回避論につながる種子が、まだまだ小粒であるにしても、既に胚胎していることに気づく。

戦争不滅論の立場を崩してはいないが、高まりつつある軍備制限論について次のように限定的効用を認めるコメントを付けている。

「若し之〔軍備制限〕に依つて、戦争の勃発を防止して、軍国主義の撲滅を図らんと欲せば、是れ五十歩百歩の愚策にして、到底其の目的を達成すること能はざるや明けし。但夫れ之に依つて、平時経済上に於ける国民の負担を緩減せんと欲するにありとせば、固より是れ別問題なり」(一〇七頁)。

以上、水野の「我が軍国主義論」を中心としたこれまでの分析からして、第一回欧米旅行から帰国後の彼の言論に、「愛国的見地からの戦争否認」という明確な「心的変化」を読み取ることは、到底無理である。そのことはお分かりいただけたかと思う。

ただ、そこには「心的変化」が起こりそうなわずかな兆しが認められ、「思想的変化」として大きく花開く可能性のある種子が宿されていた、と読めなくはなかった。つまり、休戦直後、日本は「軍国主義」の道を歩むべきだと高唱していた水野の内部に、既に日米の圧倒的な国力較差と、国民の経済的負担軽減を目的とする軍備制限の可能性という二つの認識が併存していた。

このばらばらに存在した二つの分子が結合して日米戦争回避を目的とする「軍備縮限論[54]」という「平和思想」になる可能性はあった。ただし、この変化の発生には一つの触媒が必要であった。そしてその役割を果したのが、第二回欧州実見の旅であった。

このとき、休戦後半年しかならない北フランスの戦跡と敗戦国ドイツの惨状を見て、自称軍国主義者水野広徳は、「思想の大転化」を来し、「兜を脱いで〔姉崎〕博士の門に降」ることになるのである[55]。

(1) 水野広徳著作刊行会編『反骨の軍人・水野広徳』経済往来社、一九七八年、三五一頁。

（2）姉崎の「十九世紀文明の総勘定」は、一九一八年一一月二九日から一二月九日まで一〇回にわたり連載された。この論文は、一九一九年三月に発行された彼の著書『世界文明の新紀元』（博文館）に収録されている。
（3）『反骨の人・水野広徳』、三五一頁。
（4）『現代日本文学全集・四九——戦争文学全集』改造社、一九二九年、四六六頁。
（5）ノーマン＝エンジェル著／安部磯雄訳『現代戦争論——兵力と国利の関係』博文館、一九一二年、二二四頁、二九六頁。
（6）Friedrich Adam Julius von Bernhardi, *Deutschland und der Nechste Krieg*, 1912.本論では次の英訳版を使用した。*Germany and the Next War*, translated by Allen H. Powles, Edward Arnold, London, 1914.
なお、フリードリッヒ＝フォン＝ベルンハーディの略歴は次の通りである。

一八四九年、ペテルスブルグに生まれ、一九三〇年、クネルスドルフで死去。普仏戦争に軽騎兵少尉として参戦、勲功をたてる。その後、陸軍大学に入り、卒業後、参謀本部勤務、ベルン駐在武官等を経て、一八九八年、参謀本部戦史部長となり、軍事著述家としての名声を得る。最終的には騎兵大将にまで累進、一九〇九年に退官した。以後、専ら政治及び軍事関係の評論家として活動。問題の書、『ドイツと次の一戦』は、一九一一年から一二年にかけてイギリス・東アジア・アメリカと回った世界旅行から帰った直後に、書かれたもので、内外でベストセラーとなった。（*Neue Deutsche Biographie* 2, 1953, Duncker & Humblot, Berlin.）
（7）Bernhardi, *Germany and the Next War*, p. 21.
（8）Ibid., 27.
（9）以上の要旨は、『ドイツと次の一戦』全体、特に序文と第一章「戦争の権利」を参考にした。
（10）『大阪毎日新聞』一二月三日、『世界文明の新紀元』一八頁。
（11）同前紙、同日、同前書、同頁。
（12）水野広徳「我が軍国主義論——姉崎博士の所説を疑ふ」『中央公論』一九一九年一月号、一〇五頁。この論文からの引用は、以下本文中に該当ページのみを記すことにする。
（13）ただし、水野も「独逸が侵略主義の国たりしは争ふべからざる事実である」（一一七頁）とドイツの侵略性を認めている。
（14）本書の第二章の注(39)を参照せよ。
（15）水野は「軍国主義」を定義する際、このように国内的側面に、しかも国家の強化という専ら結果的側面に重点を置いたために、対外的侵略性の傾向や国民の政治参加の度合いとは無関係に、議会民主政治下の英米の戦争態勢も官僚寡頭政治下の独露の戦争態勢も、等しく「軍国化」・「軍国主義」で一括することができた。
（16）『大阪毎日新聞』一二月一日、『世界文明の新紀元』一〇頁。引用文中［　］内の部分は、前者になく後者ではここに挿入されている。

(17) 同前書、一九頁。この部分は、一二月三日の『大阪毎日新聞』にはない。
(18) 『大阪毎日新聞』一二月三日、一二月七日、同前書、二〇〜二五頁、四九頁。
(19) 姉崎正治「文明の回顧と人生の新展望」(一九一八年一二月)、『世界文明の新紀元』、四八五頁。
(20) 姉崎正治「晴光録」(一九一八年一一月)、『世界文明の新紀元』、二三五〜二三六頁。
(21) 水野広徳「犬牙蜂針皆是れ自衛の機関」、『中外』一九一七年一〇月号、三三頁。
(22) 第一次世界大戦における対外的・対内的宣伝の意味付けについて、水野は「独逸の敗因」(『改造』一九二〇年七月号)で取り扱っている。
(23) 本章の注(15)を参照のこと。
(24) 両者の「軍国主義」についての概念論争に関しては、姉崎自身、「水野大佐の論評について——中央公論主筆へ」において自らの敗北を認めた形で、次のように弁明している。
「僕自らの力説したのは、軍国主義といふ概念の論でなく、軍国主義の行はれたドイツの実相を明らかにしたい為であった。但し僕の論述は消極的(或は破壊的)批判であった為に、賛否何れにしても誤解を惹起す憂があるといふ事は、大佐の論評からも学び得た」(『中央公論』、一九一九年一月号、五五頁)。
(25) 姉崎正治「戦後の世界がどうなるか、をどうするか」、『世界文明の新紀元』、七三〜八〇頁。この論文の初出は、『中央公論』一九一七年一一月号。
姉崎のようにホッブズを「悪魔的思想」の代表者、グロティウスを「天使的思想」の代表者とみなすのは、学問的にみて大誤謬であると、福田徳三は、一九一八年の『中外』三月号に掲載した「ホッブスとグローシアスとを論じて姉崎博士の空想的世界観を排す」(以後、福田論文「ホッブス……」と略す)の中で、次のように痛烈に姉崎を批判している。

「姉崎博士は、正義、人道の思想の代表者として、グローシアスを挙げた。博士は、果たして此の煩雑なる『戦争と平和』の何れの部分に如何なる文字を見出されたのであらうか」(一二五頁)。

「グローシアスは国際法では泰斗であるが、その政治哲学は寧ろ浅薄であつてホッブスが欧洲の政治思想を支配した意味で、政治思想を支配したことは、決してない」(一一八頁)。

「姉崎博士が、此のホッブスを以て、狼の咬み合い主義を皷吹するものであると言ひ、暴力謳歌思想の代表者であると言ふに至つては、誤解どころではない、曲解であり、妄断の甚しきものであると言はざるを得ない」(一一七頁)。

右のような福田の姉崎批判の当否を学問的に判定する能力は筆者にはない。だから、拙論中の「ホッブズ流」・「グロティウス流」なる用語は、便宜的に姉崎の定義に従っているにすぎないことを断っておく。

なお、吉野作造は、福田論文の要点を、姉崎のホッブズ及びグロティウス観への非難と姉崎の思想そのものの排斥の二点であるとし、前者に関する論戦は傍観することにしたが、後者の点では参戦している（吉野作造「民主的国際主義は空想的世界観なりや」『中央公論』一九一八年七月号）。

すなわち、「結論に於いて姉崎博士と少くとも同一の傾向に立つもの」として、また「姉崎博士と同じく米国大統領の教書に随喜する一人」として、吉野は、日本の国益から見てウィルソン及びアメリカの言動に不信感を抱く福田の主張に対して、「ウイルソンの説を行はしむる事は大体に於て、世界共同の利益であり、又世界の一員としての日本の利益である」との立場から反論している。
(26) 姉崎正治「大戦の結着と戦後の新局面」（一九一七年三月）、『世界文明の新紀元』、一九五～一九六頁。
(27) 『大阪毎日新聞』一二月八日、『世界文明の新紀元』五七～五八頁。
(28) 姉崎「文明の回顧と人生の新展望」『世界文明の新紀元』四八五頁。
(29) 原外交については、拙著『日本外交の基軸と展開』（ミネルヴァ書房、一九九〇年）第四章「摩擦と協調——原敬の日米協調主義」、及び本書の第五章を参照せよ。
国際協調・平和主義の世界的風潮に最も深い影響を受けた当時の有力な政治家の一人は、牧野伸顕パリ講和会議全権であろう。一九一八年一二月八日の臨時外交調査会の席上で、牧野全権は、「今ヤ旧式外交ハ失敗シ新式外交ハ全勝ヲ制セントスル」という時代認識から、「我帝国ノ外交ハ正大公明ヲ以テ唯一ノ主義ヲ為シ……此ノ了解ノ下ニ今回ノ主任ヲ荷フテ赴任セント欲スル所ナリ」と述べた後、特に国際連盟問題に対する日本政府の積極的な対応を切望して、次のように言っている。

「我帝国ハ徒ニ傍観的態度ヲ執ランヨリモ寧ロ主義上自ラ進ンテ之ヲ賛成スルニ若カス米国大統領ノ一四箇条ヲ審議シタル節ハ大体列国ト歩調ヲ一ニスルコトヲ決議シタルモ此ノ国際連盟問題ニ付テハ更ニ一歩ヲ進メテ之ヲ賛成スルコトニ御考慮アランコトヲ希望スル次第ナリ」（小林龍夫編『翠雨荘日記』原書房、一九六六年、三三五～三三六頁）。
(30) 三宅雪嶺『同時代史』第五巻、岩波書店、一九五三年、一三二頁。
(31) 同前書、一三四頁。
(32) 同前書、同頁。
(33) 幣原平和財団編著『幣原喜重郎』幣原平和財団、一九五五年、二五六頁。
(34) 民族自決主義と国際連盟に関する姉崎とは対照的な見方として、宇垣一成の考えがある。本書の第四章を参照せよ。
(35) 福田論文「ホッブス……」、三五頁。
英米の侵略の歴史については、水野も「我が軍国主義論」で言及し、「英国の南阿併呑は如何」、「米国の巴奈馬運河地帯占取は如何」（一一七～一一八頁）と姉崎を難詰している。

また、「犬牙蜂針皆是れ自衛の機関」でも、この歴史的視角から、現状維持的〝持てる国〟英米の偽善的利己主義を衝いている。

「翻つて過去に於ける列国の為せる処を見れば、英国は何に依つて印度を征服したる？　埃及を占領したる？　南阿を併呑したる？　米国は何に依つてカリフォルニヤを奪ひたる？　詮じ来れば皆是れ悉く軍国主義の発動に外ならず。己れ既に征すべきを征し尽し、取るべきを取り尽くしたる後、俄かに軍国主義を呪ふ。得手勝手たるの評を免れず」（三四頁）。

福田や水野のような対英米不信感・警戒心は当時の日本人の間でかなり広く抱かれていたようである（岡義武「パリ平和会議におけるアメリカ外交とわが国世論」『岡義武著作集』第六巻、岩波書店、一九九三年、二二三〜二二四頁）。当時のこの系統の論文としてもっとも有名なのは、一九一八年一一月、休戦条約調印直前に書かれ、『日本及日本人』一二月号に掲載された近衛文麿の「英米本位の平和主義を排す」（近衛文麿『清談録』所収、千倉書房、一九三六年）である。また、本書第一章の宇垣一成の対米観をも参照せよ。

（36）福田論文「ホッブス……」、三六頁。

（37）『大正ニュース事典』第四巻、毎日コミュニケーションズ、一九八七年、一六頁。

（38）排日移民問題については、本書の第七章を参照せよ。

（39）例えば、渋沢雅英『太平洋にかける橋——渋沢栄一の生涯』読売新聞社、一九七〇年、四二九頁、及び、麻田貞雄『両大戦間の日米関係』（東京大学出版会、一九九三年）第六章「人種と文化の相克——移民問題と日米関係」、三〇八〜三一二頁を参照せよ。

（40）人種差別撤廃問題に対する実利主義者原敬首相の態度は、「此案は到底提案通り可決を見る見込みなきも、之が為め国際連盟を脱退する程の問題にも非ず」（原奎一郎編『原敬日記』第五巻、福村出版、一九六五年、一九一九年三月三〇日の記事）といった実に冷めたものであった。
対米移民問題についても、一九二四年当時の埴原正直駐米大使は、排日法を「国民感情ノ問題ヲ惹起セサル限リ何等重要ナルモノニアラス」と見ていた。つまり、彼の説明によると、排日法が成立しても、既に日本は紳士協約を励行しているので、結果的にはわずかに一四六人の日本人の入国が排斥されることになるにすぎなかった（外務省編纂『日本外交文書——対米移民問題経過概要』外務省、一九七二年、七八七〜七九〇頁）。勿論、だからと言って、両問題が感情問題となり、日本人の反英米感情を深め、後々に至るまで日米関係に悪影響を与えたことを否定するものではない。

（41）石橋湛山「我に移民の要なし」（一九一三年）石橋湛山『石橋湛山全集』第一巻、東洋経済新報社、一九七一年、三五四〜三五七頁。
幣原の「経済外交の展開」については、幣原平和財団編著『幣原喜重郎』、三三〇〜三四〇頁。

（42）引用箇所は、『大阪毎日新聞』一二月八日にも九日にもないが、『世界文明の新紀元』（五八頁）で加筆されている。

（43）姉崎「文明の回顧と人生の新展望」『世界文明の新紀元』、四九三頁。

（44）例えば、姉崎も「大戦の教訓」（一九一七年七月、『世界文明の新紀元』）で「小成金国」の「気風の廃頽」を嘆き、「世界的気運」への国民の「無関心」を「精神的鎖国」と批判している。
(45) 徳富猪一郎『大戦後の世界と日本』民友社、一九二〇年、六～七頁。
(46) 第一回国勢調査が行われた一九二〇年の統計を見てみると、総就業者数に対する農業従事者数の割合は、五一パーセント、第一次産業従事者数の割合は、五四パーセントである。総人口に対する郡部人口の割合は、八二パーセントである（日本統計研究所編『日本経済統計集』日本評論社、一九五八年、八頁、二二頁）。
(47) 水野広徳「軍備縮少と国民思想」『中央公論』一九二二年一月号、四四頁。
(48) Michael A. Barnhart, *Japan Prepares for Total War—The Search for Economic Security, 1919-1941*, Cornell University Press, 1987, p. 18.
(49) アメリカは、仮に二年間すべての輸入を断たれたとしても、不足するのはわずかにマグネシウムとクロムとゴムだけであった。Ibid., p. 50.
(50) Ibid., p. 27.
(51) 前掲『宇垣一成日記』、二三五頁。この点につき詳しくは、本書第一章と第四章を参照せよ。
(52) 同じような予測は、既に「犬牙蜂針皆是れ自衛の機関」にも見られる（三三頁、三四頁）。
(53) 安部訳『現代戦争論』、三〇一～三〇九頁。
(54) 水野の「軍備縮限論」については、本書の第六章を参照せよ。
(55) 前掲『現代日本文学全集・四九—戦争文学全集』、四六六頁、四六二～四六三頁。

# 第四章　宇垣一成と第一次世界大戦後の日本の進路

## 第一節　戦争と平和

### 1　永遠平和と生存競争

**大戦終結後の宇垣**

第一次世界大戦が終わった一九一八（大正七）年一一月、五〇歳の宇垣一成陸軍少将は、参謀本部総務部長兼第一部長の要職にあった。翌年一月には第一部長兼任が解かれ、総務部長専任となる。四月には陸軍大学校長に就任、七月、陸軍中将に昇進し、そのままの地位で年末を迎えている。

本章では、この戦争終結直後から翌年末まで、すなわち一九一八年一一月から一九一九年一二月までの彼の国際政治観と外交戦略論を検討してみることによって、彼が大戦後の世界において日本はどのような道を進むべきだと考えていたのかを明らかにしたい。

**変わらぬ宇垣の思想**

大戦が英米側の勝利に終わると、アメリカのウィルソン大統領を先頭に、勝利者が唱える正義・人道の声が世界に広がり、この理念に基づいた永遠平和を達成する目的で設立された国際連盟には、日本を含めて世界中から大きな期待が寄せられた。

しかし、この〝世界の大勢〟[1]によって、宇垣の思想の根幹が揺らぐことはほとんどなかった。すなわち、彼は、社会ダーウィニズムの信奉者として、原則上でもまた価値的にも永久平和という観念を否定し、そして武力を背景とした国家的膨張の推進論者として、この観念を国益上否認した。同時に英米のいう正義・人道とは実は不正義であり、非人道的な性格のものであることを強調して、その実体の暴露に努めたのである。[2]

**生存競争不滅の証拠**　そもそも彼の信念からすると、生物たる人間に、個人としてであれ国民としてであれ、「利己心」とそれから発生する「競争心」とがあるかぎり、換言すれば、「人間の性格」が変わらないかぎり、「戦争の永久中止」の見込みは皆無である。従って「永久平和」など「痴人の夢」にすぎなかった。[3]

このような見方は、彼が今次の大戦の根本原因を人間および国家の「利己心」と「競争心」の発露たる「英独の経済的争覇競争」に帰することによって、さらに強められた（二〇三頁）。

大戦の原因だけでなく戦後のパリ平和会議も、彼に生存競争不滅の原則の正しさを証明する根拠を提供した。すなわち、そこでの「人種平等待遇案」の不成立は、人種間の闘争の進行がさらに加速したという認識を彼に与えた。有色人種の代表たる日本の提案が白色人種によって拒絶されたという事実は、彼には、「異種類排斥」という「生物界通有の原則」の支配から、生物である人間も免れえないという証拠を改めて示したものと、映ったのである（二一二頁）。

**「優勝劣敗」は不変の自然則**　このように「永久平和」なるものは、彼にとっては、現実にはありえないことなのだが、もしも純粋な仮定として、この空想的目標が国際社会において達成された場合を考えてみると、彼の見るところでは、そのような状況の下では、人間の「競争心」は衰退し、その結果ついには「人間の没落」と「世界の覆滅」を招くことになる。逆に言えば、この世に「治乱興亡」があってこそ、「文明の進展」も「福利の増進」も可能となる（一九九頁）と、永遠平和を価値的にも否定し去ったのである。

以上のように、第一次大戦後も宇垣は、戦争を含めて競争は人間社会における不動不変の事実であるばかりか、人間に特有の高い価値を生み出す源泉でもあるという信念を、強めこそすれ決して弱めることはなかった。

つまり、依然として彼にとって、生物の生存競争、人間の生存競争は、時を得顔の英米であれ永遠に封じ込めておくことなど到底できない「自然則」であって、「最後の勝利」を収めるのは、人間にあっては、個人のレベル、社会のレベル、国家間のレベル、そして人種間のレベル、そのいずれのレベルにおいても、普遍的に適用される「優勝劣敗の生物の原則」なのであった（二二一頁）。

## 2　将来の戦争の原因

### 経済の戦争

宇垣が〝次の戦争〟の原因となるものとして第一に挙げるのは、国家間の経済競争である。一般には、戦争が終わり平和が到来したので、今後は国家間で経済競争が活発化する、すなわち、経済の戦争が武力の戦争に取って代わると見る向きもあった。(4) 宇垣も、英米は他国に対する「資本主義の蚕食」策、すなわち、「鉄炮玉」を「算盤玉」に代え、「鋼鉄」よりも「金銀」を武器とする「侵略方策」を推し進める、と予測していた。つまり、戦後の世界においては「算盤玉」による「経済の戦争」が益々盛んになると見ていた（一九六頁）。

だがしかし、彼はそれが「鉄炮玉」による「武器の戦争」に取って代わるとは考えなかった。先にも触れたように、彼は第一次大戦は「英独の経済的争覇競争」に起因する「打算的経済的戦争」であったと（二百三頁）、戦争の原因・目的として経済的要素を非常に重視していたので、経済的競争が激化すればするほど、それだけ一層戦争勃発の可能性も増加すると考えたのである。すなわち、次のように記している。

「算盤玉を以てする経済の戦争は今後益々盛になる。従つて鉄炮玉を以て行ふ武器の戦争も益々発生の機会が増しはせぬか」(二〇三頁)。

## 現状維持と現状打破

経済競争の激化と並んで、宇垣によって〝次の戦争〟の原因となる可能性をもつものとみなされたのは、現状維持勢力と現状打破勢力の対立であった。おそらく、国外のロシア革命やドイツ革命、国内の米騒動や労働運動などの民衆運動、社会主義、民本主義、平民主義の勃興を意識してのことと思われるが、(5) 宇垣は世界各国において「社会的」に「現状打破の気運」が激成しつつあると観察した。それにもかかわらず、彼の見るところでは、〝持てるもの〟英米は「国際的」に「現状維持の鉄枷」をはめようとしている。

「今次の平和の基礎」にある内外のこの「矛盾」こそ、「世界不安の基」となると、宇垣は指摘する。そして彼の観察するところでは、この種の〝英米本位の平和〟の変革を要望するのは、有色人種だけではなかった。同じく〝持たざるもの〟として、白色人種内にもラテン民族・ゲルマン民族・スラブ民族が存在した。なかでも彼は特に現状打破勢力の一員としてドイツがいつ復活するかに、早くも大戦直後のこの時期から次のような多大の関心を寄せていた(二二五頁、二二九頁)。

「彼〔ドイツ〕の国際場裡に一大威力として復活するのは存外速なるが如く推察せらる。果して如何?之れは帝国の国際政策上に至大の影響ある事柄である」(6)(二二四頁)。

## 戦争原因としての民族自決

パリ会議は民族自決の名の下に「欧州中原」に多数の「小独立国」を誕生させたが、宇垣はこれによって将来の欧州戦争の種が蒔かれたと見る。宇垣の見解では、これら小国が「独立自存の要素」を欠いているだけでなく、「民族自決」と称しながら一方では多数のゲルマン民族は異民族の統治下に置かれ、彼らの自決は否定されている。

このような矛盾の指摘に加えて、彼はさらに、すでにルーマニア・ハンガリー・セルビア・ポーランド等の小国家同士の間で争いが始まっている現状を挙げて、パリ会議はヨーロッパ禍乱紛擾の淵源たるバルカンを依然として「伏魔殿」としたまま、今これに加えて「欧州中原」の「小邦」を「組織」したが、これによって「禍根」をさらに増殖した、と言い、次のように民族自決の矛盾と小国間の紛争から大国間の戦争が起こる可能性を示唆している。

「大戦の惨状の記憶に新なる間は左して大なる戦争も始めまいけれども兎に角禍乱紛擾の種子は欧州には戦前より増加した」（二一三頁）。

**進歩に逆行する民族自決**

宇垣は、民族自決を将来の戦争の原因と見ただけでなく、世界の進歩に逆行するものとも見た。「世界の真の進歩」とは、彼の定義では、緊密な関係にある民族同士が「一団一国」となって「四海同胞世界一家の理想郷」に向かって「融合一致」していくことである。彼は戦後の「世界の大勢」もこの進歩の過程に沿ったものとみなしていた。すなわち、戦後、万事が「国際化」しつつあり、「国境なる障壁」は漸次薄くなりつつあると観察し、その象徴的な証拠として、他面では激しく批判していた国際連盟の誕生を挙げる。

このような「世界の大勢」と対照して、「民族自決などと勝手な名目の下に小国簇立障壁増築」したことを、彼は「変体的奇観」と位置付け、世界の進歩に「逆行」するものと断罪した上で（二〇三、二〇四頁）、日本の採るべき道を次のように示した。

「島国的鎖国的の狭隘なる思潮に拘はるることなく某程度の大勢順応を策するは経国の要事なり」（二〇四頁）

この大勢順応論は、後でみる彼の国際連盟脱退反対論の根拠とみなすよりも、むしろ彼の自給自足圏構想論の一環として解釈されるべきであろう。すなわち、民族自決は、彼にとっては、朝鮮・台湾はいうまでもなく、満蒙・中国・シベリアをも含む彼の生存圏構想の障害になることは明らかなので、「世界の進歩」と「世界の大勢」を振(7)

りかざして理念的に否定して置かねばならない厄介物であったのである。

## 第二節　国際連盟と軍備縮小

### 1　国際連盟批判

#### 平和維持は現状維持

国際連盟の創設を審議していたパリ会議を批判して、一九一九年四月、宇垣は、会議は「人道正義」など「気受けの好き標牌」を掲げているけれども、実は「満腹安眠」を貪ろうとする「英米の御都合主義」を「本体」とする「現状維持」を目的とするものである、と記している（一九八頁）。

そして、当然のことながら国際連盟自体もまた、終始これとまったく同じ論旨で批判される。彼が言うには、国際連盟の目的は「平和の維持」にある。換言すれば、それは「現状の維持」にあり、「競争」の「防止」にある。さらに言えば、「進取競争の抑制」にある（一九四頁、一九七頁）。

人種差別の現状を維持するだけでも正義・人道に反するが、宇垣にとってさらに認容しがたかったことは、彼にとってはより根本的な、国民の「生存」と深くかかわるところの問題、すなわち、人口過剰の問題が国際連盟によって解決される見込みがなかったことである。

彼の考えでは、この問題は土地を人口によって均分するか、さもなくば「移民の自由」と「貿易の自由」を保障するかしないかぎり、解決されない。それにもかかわらず連盟は「移民の排斥」の現状と「海上の自由」の「封鎖」の現状とを放置している、と見られた(8)（二二三頁）。

**富者の便利**

人種差別の現状維持と過剰人口問題の放置に加えて、国際連盟批判の第三点目として彼は資本の国際的活動の問題を取り上げる。彼が言うには、英米は、日本などが強みとするところの、他国の「精神力」と「武力」とを国際連盟によって「封じ込み」ながら、「自家の長所」である「資本力」の「活動」については「無制限」に放置して、「資本主義」によって他国を「蚕食」しようとしている。さらに加えて彼は、「軍国主義の征服と資本主義の蚕食との差違幾許もなかるべし」とまで言い放っている（一九五頁、一九七頁）。

要するに、このように性格づけられた国際連盟は、宇垣の目からすれば、英米に都合のよい「不公平」を維持する便宜的手段にすぎなかった。彼の連盟批判を彼が好んで使用する言葉で総括すれば、次のようになろう。すなわち、連盟は、「世界中に満腹する丈けの領土」と「他邦に優越充溢する資力」をもつ「富者」たる「保守国」英米には「便利」だが、「精気満々進んで満腹と進歩を求める国家」日本には「一種の妨害」である。つまり、連盟は「片手落ちの沙汰」なのである、と（一九四頁、一九七頁、二二三頁）。

**連盟脱退？**

一九一九年四月、日本が提出した人種差別撤廃案が否決されると、民間の「人種差別撤廃期成同盟」などは国際連盟加入よりも人種問題を優先させて、「日本国民は人種差別撤廃を基礎とせざる国際連盟に反対す」と決議した。[9]

続いてさらに山東問題が難行すると、人種差別撤廃案に対しては「此案は到底提案通り可決を見るの見込みなきも、之が為に国際連盟を脱退する程の問題にも非らず」という態度をとっていた原敬首相も、[10]にわかにその態度を硬化させた。

西園寺公望ら全権団は、ウィルソン大統領が提示した山東の連盟管理案の受け入れを本国政府に薦めたが、原首相はこれを容れず、日本が提案している、日本を通して中国へという山東間接還付案が通らなければ、連盟脱退も辞さずという強硬な姿勢を示したのである。[11]

### 宇垣の慎重論

このように日本国内で人種問題と山東問題のために連盟脱退の声が高まったとき、痛烈な連盟批判者の宇垣の態度はどうであっただろうか。脱退に大賛成と思いきや、何と慎重論を説いているのである。ここにも、国家の行動基準は彼我の力関係の測定と利害の打算とに採るべしというリアリスト宇垣の特徴が遺憾なく発揮されているように思える。彼は感情論に基づく強がり的軽挙を戒めて、冷静な形勢判断の必要を次のように説く。

「人種平等案の排斥、山東問題の圧迫に対して今や輿論は聯盟脱退を高唱しつつある。……聯盟脱退の如きは四囲の形勢に無頓着に実行したなら国運をして益々悲境に導くものであるかとも思われる。形勢可なれば、聯盟破壊の運動も痛快事で将又帝国に有利の事業である。然れども四囲の形勢非なれば隠忍して人種問題は放棄、山東処分は聯盟管理の下に委任統治を引き受くる様に運ぶ程度を以て我慢せねばなるまい。迂闊に伊太利が強がりを唱へて居るとて之れに共鳴して大事を誤りてはならぬ」(一九八頁)。

### 連盟軽視

苛烈な連盟批判者が連盟脱退にこのような慎重論を展開した基底には、国際連盟など取るに足りぬものだという彼の品定めがあった。国家間の「生存競争」という「自然則」は連盟などによって抑圧されるものではないという不動の信念の持ち主は、また当然のことながら、国家と連盟の上下関係について、「国家の主権は国際聯盟の下に従ふべきものにあらず、国家は国際聯盟の下に立つべきものにあらず」という論に同調していた(一九四頁)。

このような立場に立つ人物からすれば、永遠平和の旗の下に現状維持を企図する国際機関も実際においてできることはといえば、「小国弱邦の争」の抑圧くらいであった(二三四頁)。だからこそ、連盟の評価について、宇垣の口から、「国際聯盟は……重大なる意義を有するものとして心配する必要もない」(一九四頁)、また「先づ〳〵平和増進の為無きより結構である、と云ふ程度に考へ居れば後日失望も起るまい」(二〇一頁)というような発言も飛び出すことになる。彼は連盟の国際政治への影響力をこの程度といわば高を括っていたのである。ゆえに、リアリスト宇垣としては、国際連盟程度の問題で資力において日本を上回る英米と正面から対決することは、ドンキホーテ的愚行であり、割に合わない強がりに過ぎなかったのである。

## 2　軍備必要論

### 開戦劈頭の急需対策

戦争の終結とともに永遠平和を求める声が強まり、同時に、ドイツの敗北によって「独逸軍国主義」を呪う声が高まった。このような戦後の「思潮界の趨向」の中で、宇垣の観察では、多数の日本国民は、「軍隊の建設維持」が国家の生産的発展を阻害するとみなすようになり、「軍費の膨張」を嫌い、軍費削減を歓迎していた（二〇八頁、二三六頁）。

この軍費削減・軍備縮小論に対して、後に陸軍大臣として〝宇垣軍縮〟を行う彼が、一九一九年の時点で、どのような議論を展開していたかを見てみることは、〝宇垣軍縮〟の意味合いを理解する上でも有益であろう。

彼が基本的に軍備縮小に反対であったことは、戦争は決してなくならないというその立場だけからしても、容易に想像されるのだが、このころの宇垣はまず第一に大戦からの教訓として平時から軍備を充実させておくことの重要性を説く。すなわち、彼は連合軍の勝因として英米の豊富な資源だけでなく「仏軍の精鋭」を強調して次のように論じる。

「世人は往々にして英米の戦時急造軍の功績のみを謳歌して仏軍の精鋭が堅忍持久して英米に戦備完整の余裕を与へ、其他教育錬成に戦闘行動の指導に援助に仏軍の尽したる努力多きを承知するも〔の〕少なきは、所謂粗兵多兵主義を唱導するものを生ずる原因なり。殊に急設粗造の軍隊が用兵上絶大の戦機とする開戦劈頭の急需に応じ能はざることに思を致すときは、該主義の危険性を帯ぶるや明なり」（一九一頁）。

このように宇垣は軍隊の戦時急造主義に反対したのであるが、彼にとって、日本が平時より陸軍を主体とした精鋭軍を準備して置くことは、戦争の第一目標である短期決着の可能性の追及を意味するだけでなく、引用文からも分かるように、その準備は同時に、悪くとも緒戦に致命的な大敗を喫することなく、戦争の第二段階としての長期戦に持ち込むための必要不可欠な条件でもあったのである。

**軍備有益論**

第二の軍備必要論として、宇垣は軍備は決して非生産的でないどころか多大の利益を生むことを強調する。この「武力」を核とする「力」の有用性、生産性を強調する議論を、彼は大戦とパリ会議からの教訓として提示する。

まず大戦の教訓として、「平時の利益」は「武装又は財装せる強力」によって「保護」されることが証明されたとし、次にパリ会議の教訓として、「正義や人道」も畢竟それを唱える者の背後にある「力の強弱」によって左右されることが明らかになったと言う（二〇三頁）。この二つの教訓から得た実力万能論について、さらに補足して次のように説明する。

「正義の貫徹も実力によりて始めて完全に成就する。独逸の非道不義を膺懲せんとする聯合国の熱望も悪戦苦闘の後実力の優越なるに至りて始めて達成せられたり。国際聯盟の如き平和の福音も英米などの発議にあらず将又熱烈なる支持なくして、之が希〔ギリシア〕、塞〔セルビア〕の小邦より首唱呼号せられたりとせんか其結果や知るべきのみ。之が成立の英米の強大なる実力、畏敬せらるる国家の権威に負ふ所蓋〔し〕大なりと謂っべし。国家の権威、国家の実力は実に正義の擁護者たるなり」（二〇九頁）。

**軍備の積極的使用**

「平時の利益」を保護し「正義」や「人道」を実現するのもすべて「力」なりと確信する宇垣は、この点をさらに敷衍して、「武力ある者にして始めて世界に号令し得る」という結論を導き出すのだが（二一二頁）、彼の軍備有用論はここで終わらない。

先に見たように彼にとっての「正義人道」とは「永久平和」の実現ではなかった。彼にとって、「正義人道」の一つとしてまず数えられなければならないのは、「国民の生存」であった。そして、後で詳しく見るように、この「正義人道」の実現は、かなり高い確立での中国に対する「威力」の行使を予定していた。さらに、最悪の場合としてではあるが、対英米戦争をも想定していた。

ゆえに、彼の場合、軍備は使用することを前提にしてペイすることになっていたから、軍備と軍事費に関して次のような主張がなされることになるのである。

「国家は須らく軍備を以て応敵之具たらしむることなく、制敵之具たらしむることが肝要である。国民は軍費を平和の保険料なりなどと云ふ生温き考を待たず、戦争の準備金と云ふ直截の信念の下に支弁せねばならぬ」（二三六頁）。

## 第三節　ドイツの敗因と自給自足圏構想

### 1　海陸双股と長期戦対策不足

#### 二兎を追うな

水野広徳は、ドイツは「バットル」に勝って「ワー」に負けたと言ったように[12]、宇垣も、ドイツは「軍事上」では常に「優勝」した「戦場の勝利者」であったと見る。それではなぜ最終的に屈服したのか、彼はその敗因として、たとえば、国家組織としての連邦制の弱点だの、同盟依存による自主的国防の欠如だの、英米を敵に回したことだの、いろいろと列挙しているが、なかでもドイツが「海陸双股」をかけたことを重くみている。

「独逸にして海軍に費したる努力の大部を陸軍に傾注したりしならば今次の如き失体なかりしや必せり」と言っ

ているように、彼は、この双股主義が戦争を長期戦化させてしまった一大原因であったとみなしたのである（一八四頁、一九一頁、一九二頁、一九九頁、二二二頁）。

ここから彼が引き出した教訓は、次のようなものであった。戦争が英米側の勝利に終わったために、最近日本においては万事英米に憧れるという「趨勢」が見られ、軍備の面でも「海軍拡張の声」が高まりつつある。しかし、軍備を考える際に最も大事なことは、「二兎」を追わないことである。二兎を追って「独逸の二の舞い」を演じないことである（一九一頁、二二二頁、一九二頁）。

つまり、「海に来る敵を直接に迎ふるか」、それとも、「海に来る敵を間接に陸に迎へて制するか」の二途のいずれかを選ぶことである。換言すれば、膨大な海軍政策による世界の支配を企図する英米に、日本も追随して海軍力によって英米と対抗するのか、それとも、「海を離れて陸と空」[13]に力を用いて英米とは「反対径路」に進出するのか、これについて決定しなければならない（二二一頁、二二三頁）。

**陸主海従論**

この二者択一の選択に際して考慮すべき要素は、日本の「国力」と「境遇」であると、宇垣は言い、続けて以下のように、英米との国力比較から陸主海従論を擁護する。

すなわち、海軍を主とする場合、少なくとも「英か米かを凌駕し得るの海上力」を持たないかぎり「徹底的」でない。「中途半葉」の拡張はドイツのように「海軍の持ち腐り」に終わる。英米の「資力」と「海軍力」と比べて、十分の一にも満たない日本にとって、これは不可能事であろうから、「寧ろ独逸の覆轍に鑑みて最消極に止むるを可とせん」、と（一九一頁、一九二頁、一八四頁）。

さらに、「帝国存立の根本義」から必然的に導き出される国防方針は、大陸に自給自足圏を樹立してこれを防備するに十分な軍備の保有することである、という彼の持論からも、陸主海従論を説き続けていた。すなわち、大戦前、カイザーが〝ドイツの将来は海上にあり〟と言ったのとは正反対に、宇垣は「帝国の未来は支那に在り」と唱え、戦後の日本に高まりつつあった海主論を牽制したのである（二二三頁）。

**外交的逸機・戦略的過誤**

既述の通り、宇垣は戦前のドイツの海陸双股主義にその敗因を求めたが、さらに彼は戦時中の外交指導にも欠陥があったと次のように言う。

すなわち、軍事的手段による短期決着の見込みが立たなくなった戦争第三年目の時点で、ドイツの「政家」は「勝利に熱狂せる将卒国民」を抑制して外交的手段によって「平和の恢復」を図るべきであったのに、普仏戦争のときの「ビスマルク」のような人物がいなかったために、長期戦へと流されて行った、と（一八四頁、一九九頁）。

軍事的にも外交的にも短期決着の可能性がなくなり長期戦に突入したときでも、宇垣の見方からすれば、戦争に負けないためにまだ打つ手があったのに、ドイツの「兵家」はここでも戦略的な過ちを犯した。すなわち、連合軍の戦略は「持久」によってドイツを「飢餓」に陥れることにあったのだから、ドイツは「一挙決勝敗的の当初よりの方針」を改め心機一転「持久の方針」に出て、切迫しつつある「国民給養の問題」を解決するために「物資輸入の途」を確保すべきであった。にもかかわらず、ドイツはただ盲目的に当初の方針を「株守」した、と（一八四頁、二一四頁）。

ドイツがこのような戦略的転換の機を見過ごしたままいたずらに消耗戦を続けているうちに、ドイツの自給自足体制の不十分さから派生する欠陥が次々と露呈し、ついにはこれが命とりとなる。これを宇垣の別の表現で短く言うと、「独逸は武力に於ては克く永続して強盛を示したるも遂に国力足らざる為に屈服の止むなきに至れり」となる（二〇七頁）。

ドイツ屈服の具体的な過程を、宇垣の断片的文章を統合して描出してみると、次のようになる。

**国民の裏切りと軍の解体**

「国防上の基礎」たる「国力」の持続ないしは増進は、換言すれば、「国民生活の安定」と「産業の振興」であるが、ドイツにおいてはこれを保障する「自給自存の施設」が不十分であったので、戦争の持久戦化は「国民生活の不安定」を惹起した。

それだけでなく、ドイツにおいて良く訓練されていた軍隊が消耗し尽くされたあと頼るべきは「国民」であったが、持久戦争に耐え抜くための、この「国民」に対する「訓練」・「教育」は十分でなかった。

このような戦前における長期戦対策の不十分さは、「国民の一部」の「裏切り」と「独軍の解体」を招いた。すなわち「戦争を国民的に導かざりし」ドイツが、結局、漸次戦争を「国民化」していったイギリスに膝を屈したのである(一八四頁、一八六頁、一九七頁、二〇六頁、二〇七頁)。

かくして、先に第一次世界大戦の一特徴を「経済的戦争」・「科学的戦争」とした宇垣は、ここにもう一つの特徴を「国民的戦争」(14)として規定して、長期戦対策として経済地理的自給自足圏の確立以外に、「軍」の「国民化」と「国民」の「軍隊化」の推進をも自己に課せられた重大な実現目標として意識するに至ったのである(15)(一八七頁、二〇七頁)。

## 2　自給自足圏構想の正当化

**国民生存の必要**　宇垣がすでに「国民の生存」に依拠して、他国の領土を含む地域に自給自足圏を建設する行為と、その実現手段としての武力の行使とを正当化していたことは見たところであるが、大戦後のこの時期においても、この立場は変わらなかった。

大戦後の反軍国主義・反国家主義・反領土併合主義の「世界の風潮」に反発して、彼は「国家の存立」と「国民の生存」の必要の前には「軍国主義」も「国家主義」も可である、「国民の海外発展」も「国土の延大」も必要である、ただ「偽善に類するも世界の風潮に反対して迄も強て評判悪しき主義を標榜するのは愚である」と言い、表面上は「世界の風潮」に逆らわぬふりをしながらも、あくまでも生存の必要はあらゆる手段を聖化するというマキャヴェリー的な信念を固持したのである。

このように自給自足圏構想を正当化する基本的根拠は不変であったが、大戦後の彼は、新たに「世界の大勢」を持ち出し、これを利用することによって、その根拠に色付けを施した。

**正義人道のためとは？**

彼が大戦後の「世界の大勢」を「諸事国際化」と見て、その象徴的現象として国際連盟の創設を挙げていたことは、すでに見たところであるが、彼は「軍備」・「国防」にもこの現象が及んでいると、次のように主張する。すなわち、「万事国際的色彩」が濃厚となりつつある現代においては、軍備は一国の「私的目的」のためにのみ使われてはならず、「公的目的」、すなわち、国際間の「正義人道」の擁護のためにも役立つものでなければならない、と（二〇五頁）。

それでは、実際に「正義人道」のためとは、何を意味するのか、宇垣の場合、「永遠平和」のためでないことは、これまで見て来たことからも明らかである。彼にとって、正義人道のためとは、第一に、過剰人口問題の解決のためであり、第二に自給自足圏の防衛のためであった。つまり、生存圏の獲得とその維持のための武力行使は、「正義人道」上から正当化されるようになったのである。

**過剰人口処分と生存圏防衛**

まず「年々増殖する日本の人口処分問題」について、彼は次のような議論を展開する。すなわち、軍備・国防は、本来「防勢的」であるべきだが、これを「攻勢的」に使っても、「正義人道」に反しないどころか合致する場合がある。それは具体的には、「地積に比して過多の人口を有する国民が彼の洪大なる不耕の遺地を有しながら前者の平和的の割込を求むるにも拘らず之を拒斥する場合」である、と（二一六～二一七頁）。

第二の生存圏の防衛問題については、次のように論じる。すなわち、「帝国の立場」としては自衛的に「自己頭上の蝿」を払うだけでは不十分であり、「比隣」の「蝿」もはらって「比隣」を「保護」してやる必要がある。[16]「即ち自衛以外に他衛も出来得る施設が肝要である。しかり、他衛は自衛の延長である、他衛即自衛たるの所以である」、と（二〇六頁）

つまり彼は、自給自足圏の構成要素たる他国の領土、すなわち、中国とシベリアの「保護」に必要な軍備をも、自衛権の延長として、すなわち生存圏の維持の手段として、さらに換言すれば、国民生存の確保という正義人道の擁護手段として正当化したのである。

**生活程度の向上ためにも**

「国際化」という世界の大勢と「正義人道」という流行語を利用して、自給自足圏構想の正当化の根拠を潤色した宇垣は、さらに「世界の大勢」として「人間生活程度の昂上」の「趨勢」を挙げ、この点からも、次のように日本の領土拡張主義の正当化の補強を試みる。

「現在の地域のみを以てしては上の要求〔生活程度昂上の要求〕に応じ得る丈けの物質を増加することも困難である。世界的の大勢に順応し得る丈けの物質を得るにも領域の不足を感ずべし。況んや年々増殖しつつある人口の要求に応ずることは絶対に不可能たるべし」（二一七〜二一八頁）。

## 第四節　対英米外交戦略構想

### 1　対英米観

**悪化する日米関係**

一九一八年二月ころ、宇垣は、世界には国家の前途がxに属する国がある、それはアメリカとソ連と中国であり、この3xに日本は包囲されている、「多望」とも「多難」とも言える、と記している（一五四頁）。さて3xの一つアメリカは、大戦後、彼にどのようにみなされるようになったのだろうか。まずこの点から見ていこう。

日露戦争後、満州の門戸開放問題・日米移民問題・日米海軍競争をめぐって悪化していた日米関係は、第一次大戦中の大隈・寺内両内閣の外交のためにさらに悪化した。大隈内閣は、強引な山東出兵を行い、対華二一か条の要求を突き付け、中国の内政に干渉して南方派を援助した。また、寺内内閣は、アメリカの了解をはるかに越える大軍をシベリアに展開し、中国においては北方派の段祺瑞政府に対して西原借款と兵器の援助を行った。

この両内閣の中国政策と寺内内閣のシベリア政策によってアメリカに植え付けられた対日猜疑心を除去することが、一九一八年九月に成立した原内閣の大きな外交目標であった。しかし、原首相の意に反して、戦争が終わった一一月から翌年の一九一九年末までの一年余りの間には、日米関係の改善は見られなかった。

否、それどころか、講和会議での山東問題に関する日本の強硬な態度は、アメリカの対日猜疑心に油を注ぎ、また、一九一九年五月から始まった新四国借款団交渉では満蒙除外問題をめぐって、両国は長々と対立を続けたために、ある学者がこの交渉を「日米争覇戦の一齣」(17)と呼ぶほど、日米関係は険悪な様相を呈するに至るのである(18)。

このように大戦終結後日米関係が悪化の一途をたどった一年余りの間、宇垣はアメリカをどのように見、日本はどのように対応すべきと考えていたのであろうか。

## 英米可分論

戦争が終わった直後、彼は、戦後当分の間は「『アングロサクソン』の天下」であろうと予想し、殊にアメリカについては、「国民性の健否」は「未知数」としながらも、「米国々力の偉大は今次の戦役に於て適確に証明せられたり」という感想を記した（一八五頁）。

そして早くも一二月には、その英米が今や「日本に強く当りつつある」という感触を抱くようになったが、同時に、彼は少なくともこのころは〝英米不可分論〟に組みせず、近い将来英米の利害の衝突が生じる可能性に期待を寄せていた（一八七頁）。

宇垣は、英米衝突の可能性からさらには次のように「日米接近」の可能性さえ思い描いていた。

**日米接近の可能性**

「今後の世界は当分英米の天下たるべし。英としては露独の現況に対しては当分印度に対する顧慮はない、従って日英同盟の成立の基礎的動機は消滅に近づいて居る。然るに両雄併び立たずの喩によりて英と米との今後の競争対峙も起り得べき要素がある。然るときは東洋に於ける一大勢力日本を友邦とすると否とは世界少くとも太平洋南洋上には権衡上至大の関係がある。今後の日英同盟の継続若しく〔は〕日米接近の如きは此の意義より来りはせんか。」（一八七頁）。

この宇垣の日英米三国の勢力均衡関係に関する予想は、このころの原敬首相のそれと驚くほど似通っている。原は彼の『日記』に次のように記している、

「要するに世界は英米勢力の支配となりたるが、東洋に於ては之に日本を加ふ即ち日本が英に傾くと米に傾くとは彼等に取りても重大なる事件なれば云はば引張凧となる感あり[19]」。

だが両者の類似はここまでであった。その後日米関係が悪化して行く中でも、次章で見るように原は〝日米提携〟関係の樹立に懸命に努力したのに対して、宇垣の方は、両国関係の悪化にともなってアメリカに対抗的な方策を模索して行くことになるのである。

**英米への警戒心**

年が改まって一九一九年の一月にパリで講和会議が始まると、宇垣は英米と彼らが提唱する国際連盟に対する反発と警戒心を強め、激しい批判を展開するようになることは、既に見た。

四月下旬に日本が人種差別撤廃案を否決され、山東問題でも英米および中国と激しく対立すると、宇垣は「今後は之れ以上の排日、圧迫の来ることは予期して」、対策を講じなければならないと考えるようになった（一九八

頁）。

そして、山東問題を導火として益々盛んになった中国の「排日運動」の背後には、「英米策士」の「扇動」があるとみなしたために（二〇二頁）、六月、宇垣は対英米関係について、次のようにさらに厳しい、悲観的な判断を下すようになった。

「国際間の関係は競争に次ぐに嫉妬、続て憎悪、最後排撃の段取りとなるのである。日対英米の関係の如きは既に第二第三段に進み時に最後の手段を弄する輩もある」（二〇五頁）。

前年の二月に米ソ中3xに囲まれた日本は「多望」とも「多難」とも言えると、宇垣が考えていたことは先に記したことだが、一九一九年六月二八日、ヴェルサイユ宮殿で対独講和条約が調印されたとき、宇垣は3xの状況について記して、「対独講和条約は調印せられたり。世界の為大に祝福すべく慶賀すべきなり。然るに退ひて帝国の比隣たる米力の増進と露国の紛乱支那の紛糾を顧みるときは吾人をして悚然たらざるを得ざらしむ」（傍点は引用者）と言い、力を増したアメリカへの警戒心を深め、さらに付言して日本にとって今後「多事多難の襲来」は避けられないという見通しを語っている（二〇六～二〇七頁）。

**アメリカ国民の変身**

この後も宇垣は英米、殊にアメリカに対する猜疑心、警戒心を強めていく。例えば、新四国借款団交渉において、アメリカが勢力範囲撤廃の立場から日本の満蒙除外案に反対したとき、宇垣のいわば〝親分〟にあたる田中義一陸相が、臨時外交調査会において、アメリカの真のねらいは対日抑止にあるので、日本はこれにあくまでも対抗して「脱退ヲ賭シテ」も満蒙除外方針を貫くようにと強く主張していたころ[20]、〝子分〟の宇垣も、英米の提案の「根本動機」について、「共同組織によりて某一国殊に日本の優勝的に経済の支那に発展するを抵制せんと欲するに在る」と解釈していた（二一七頁）。

このように宇垣が英米、特にアメリカに対する不信感を募らせていた折り、アメリカのダニエルズ海軍長官が、八月末に艦隊を太平洋と大西洋の両洋に配置する方針を明らかにしたとき、宇垣は「彼等の本音も矢張り武装的平和にありと謂つべし」、「英米は尨大なる海軍政策を以て世界を支配せんと企図しあるが如し」とその感想を記した(二二二頁)。

この後さらに宇垣の対米観は厳しくなる。九月、彼は、アメリカは今や「平和的国民」から「侵略的国民」に変身しつつあると、次のように言うに至るのである。

「亜米利加人と云へば如何にも平和的の国民たるが如くに吾人は考へて居た。事実又然りしなり。……然るに……独逸の瓦解屈服は彼等国民の高慢心を昂上し、世界の救世主を以て任ずるならばまだしもの事なれども動もすれば世界の号令指揮官たりとの考も起しては居らぬか、と疑はれぬでもない。此民心転変の程度如何によりて彼等は不相変の平和的国民であると確信し安心して居る訳には行かぬ。……今日我邦に於ては彼等に対し依然平和的国民であると信じあるものと、平和正義の美名によりて仮装せる侵略的国民に変じつつありと判断しあるものとがある。余は数年来に於ける米国上下の思潮の変遷は寧ろ後者の経路を採りつつあるものと考へて居る」(二二五頁)。

## 2　対英米アプローチ

### 正道としての説得

以上のように、宇垣は、英米の極東戦略の目標は同地域で日本が優越的地位に就くことを妨げることであると推定した。そして、英米が中国の排日運動を扇動し、新四国借款団を組織しようとしているのは、この目標を達成するためだとみなした。中国とシベリアに自給自足圏を樹立することを第一の対外的戦略目標としていた宇垣にとって、英米はこの目標の達成をいわばグルになって邪魔していると映ったにちがいない。

それでは、彼はこの英米の〝対日圧迫〟策にどのように対応すべきだと考えたであろうか。リアリスト宇垣が対英米戦争に猪突猛進することはなかった。大戦後の英米と日本の力関係を慎重に測定して、大手搦手いくつかの方策を推奨している。

まず英米との力関係だが、彼は大戦前よりも日本に不利になったと、次のように言う。すなわち、大戦前には「英独米露の均衡的の光」の中で「日本の光」は大きかったが、ドイツとロシアの光が消えた今、「英米全盛の光輝」の前で「日本の影」は薄くなったので、「此の考で仕事せぬと危険である」、と（一八八頁）。

このように自分より強い者に対して力尽くで正面よりぶつかって行くのは危険なので、まず第一に宇垣は、正道として説得という手段を薦める。彼は人口過剰に苦しむ日本の生存上の必要性を持ち出せばかなりの説得力があると信じていたように思われる。

彼は、「日本の対支行動」に関してアメリカなどがあれこれ文句をつけてくるのは、畢竟彼らが「移民問題」や「対支問題」が「日本の死活問題」であることを理解していないことに原因があるとみなしていたのである（二一七頁）。

**権道としての謀略**

第二に彼が薦めるのは、軍人らしい謀略工作、彼が自ら言うところの「権道」である。すなわち、彼は、英米の関心を極東から反らせるための、次のような搦手からの牽制手段を薦めた。

「予期せる英米の圧迫は彼等の戦後に於ける国力恢復と共に益々増加し来り、支那西伯利に於ける帝国の地歩は動もすれば顚覆せられんとするの恐あり。此難局を斬り抜けるの方策としては消極的防御手段にては不十分なり。宜しく積極的攻勢手段に出でて英米本土に於ける内訌の利用も逸すべからず。将又印度〔インド〕比利賓〔フィリピン〕墨其哥〔メキシコ〕等にも手を附けて彼等を牽制し、東亜に深く立入りて仕事するの遑なからしむる如くすべし。乍ㇾ併之れは権道なれば実行方法の要を得ることに十二分の注意を払はざるべからず」（二〇六頁）。

第三は、彼の外交戦略目標の核心部分を占める中国の資源確保に関して、対英米関係との兼合いでどこまで強力に対中国外交を推し進めることができるか、また、その際の軍備はどの程度のものにすべきかという問題に関するものである。

**放胆外交の勧め**

彼は、ある程度の対中・対英米強硬外交は戦争の危険を冒さずに実行しうると楽観していたようである。彼はその推定の根拠として中国問題が持つ意味合い、つまり、日本と英米にとっての意味合いの違いを持ち出す。すなわち、中国問題とシベリア問題は日本にとっては「死活的」な問題であるが、英米にとってはそうではないので、「我に相当の備のある限り」、多少の「利害問題」位で、英米は「国の運命を賭して」まで日本と争う恐れはない、と彼は推測し、この「呼吸」をよく飲み込んで対米英策を行うことが大事であると言うのである。

次のように彼が対米放胆外交を勧めた背景にもこのような推測があったからだと思われる。

「発表本能無遠慮な米国人に対して気兼謙遜遠慮多き帝国人は損する場合が多くある。殊に外交に在りては打消取消専門の消極的になる。須らく某程度迄の放胆開放的の態度を必要と感ずるや切なり」（一八八頁、傍点は原文）。

**対英米抑止力の準備**

それでは、中国問題で英米に口出しさせないほどの「相当の備」とはどの程度のものであったであろうか。宇垣は〝最後的手段〟としてだが中国に対する「武力」の行使を想定しており、またそうなるなると「対米又は英の関係」が生じると予期していたので、「大規模な準備」が必要であると考えていた（二二八頁）。

もちろん、彼はこの大規模な軍備によって最悪の場合対英米長期戦を戦うつもりであったのであろうが、この彼我の力の計算と利害得失の打算の得意なリアリストが、この軍備に期待したのは、まずは対英米戦争を抑止する効果であっただろうと推測される。

宇垣の対英米外交戦略についてはこれくらいにして、次は、彼の外交戦略の直接の対象である中国とシベリアに関する、この時期の彼の考察を追跡していくことにしよう。

## 第五節　大陸外交戦略構想

### 1　対ソ外交戦略

#### シベリアに天祐到来？

一九一八年末に宇垣が抱いていた感慨は、平和の到来によって「国運大発展」の企画は「一場の夢」と消え去ったというものだった。「特異の天祐」が来ないかぎり、今や日本は「消極的に帝国の地歩を維持安固ならしむることに専心焦慮せざるを得ざる状態」に陥ったと慨嘆した（一八八頁、一九〇頁）。

ところが、頼みの天祐は、ことシベリアに関するかぎり、意外に早くやって来たように宇垣には思えた。実は彼の希望的観測に過ぎなかったのだが。

一九一九年六月の下旬、前年二月に3xとみなしていた「米露支」三国のうち、アメリカに「力の増進」を、中国に「紛糾」を見、そしてロシアに「紛乱」を見るようになっていたことは、先にも述べた。このとき宇垣は、「紛乱」のロシアについて、「正義人道」上、また「帝国自衛」上からも「永く現状に放棄するは忍び難き所なり」と付け加えていた（二〇六頁）。

「帝国自衛」というのは、もはや「独力東漸」の恐れがなくなったこのとき、宇垣にとっては、煎じ詰めれば、彼が構想する日本の自給自足の縄張りにシベリアを組み入れることであった。このころ一見そのチャンスの到来を告げるかのような状況が、西部シベリアにおいて現出していた。

**オムスク政府の浮沈**

一九一九年三月初頭以来反革命派のコルチャック率いるオムスク軍がウラル戦線で優勢に立っているという情報が入ると、五月、日本政府は、英米仏伊にオムスク政府承認を提議しコルチャック援助を本格化させた。この提議に対して、パリ会議のウィルソン大統領を含む五カ国首脳は、条件付きで事実上の政府として同政府を承認することに同意した。その結果、形式的には五ヵ国による援助の方針が打ち出されたことになった。

ところが、六月中旬から赤軍の攻勢のためオムスク軍は非勢に陥った。七月には在オムスクの松島肇総領事は「先頃烏拉爾〔ウラル〕戦線ニ於ル西比利亜軍ノ気勢頗ル揚ガラズ」と報告した。窮地に立ったオムスク政府は、日本を初めとする五カ国側に出兵を要請したが、受け入れられなかったために、その後七月、八月と敗退し続けた。ついに八月二七日には、オムスク支持の中心的存在であるべきはずのイギリスが逸速く同政府を見限り、シベリア撤兵を決めた。(21)

その四日後の九月一一日、シベリア出張から帰った頭本元貞は原首相を訪ねて、「オムスク政府は到底存在の望なし」と述べていた。(22)これは適確な情勢判断であった。彼の予言どおり、二カ月後にはオムスク政府はイルクーツクに撤退することになるからである。

**オムスク支援説**

しかし、日本の軍部では日本を軸に連合国が増援すれば、オムスク政府はまだまだ勝つ見込みがあると見るものもいた。例えば、大井成元と交代してシベリアから帰国したばかりの前の西伯利亜派遣軍司令官大谷喜久蔵は、九月二七日付けの新聞紙上で次のように語っている。

「ウラル戦線の敗退以来オムスク政府の運命は危殆に瀕したが、予が出発した頃はさまで悲観すべき状態ではなかった。対手の過激派軍にしても、オムスク軍に比して遙かに優秀だとは云えぬから、最後の勝敗はちょっと予測が出来ぬ。要するにオムスク政府の運命は今後、背後に於ける連合国の支援いかんにあると思う[23]」。

これより一〇日ばかり前の九月一六日、宇垣もオムスク政府支援を唱えていた。彼は、危殆に瀕したオムスク政府を日本が大々的に援助することに、英米も反対しないどころか協力するであろう今こそ、日本にとって「国民生存」を確保する絶好の機会ととらえ、次のようにウラル以東に独立政府を樹立せよと主張した。

「人種的には明確とまでは行かぬけれども地理的には劃然たる分界を有する烏拉爾〔ウラル〕以東に、独立政府を建設せしむる丈けの実力物資の援助を何故与えぬか。今二、三師団も出し英米仏も兼々物質的の援助は辞せざることを声明し居るから此等に大に出させ新露軍を建設させ、あわよくば彼等を莫斯科〔モスクワ〕迄も押込む積りで仕事をせぬか。……英米国が国際聯盟により我邦を現状維持の枷に縛らんとする逆手を打ちて国民生存を確保すべき程度丈けに現状の打破を試むべき機会ではないか。それが出来ぬのなら撤兵々々！」（二二六頁）。

## 2　対支外交戦略

### 戦略目標としての不可分的経済関係

戦争中のドイツはルーマニアと小ロシアという穀倉地帯を占領しながら食糧不足に苦しんだという事実から、宇垣は「一国の自給自活」は「平時」から「縄張内」になければ「有事の日」の「引当」にはならないという、今一つの大戦の教訓を引き出した。

この観点から、彼は「帝国唯一の引当場たる支那」と日本の経済関係の現状を、次のように分析する。すなわち、日本は「工業原料」も「製品販路」も中国に大きく依存していて、中国なくしては日本の工業も商業も成り立たない。これに反して、中国としては、原料はどこの国へも売れるし、製品はどこの国からでも買える。

若干の知識と機械の補助があれば、自国の原料と労働力で「自国製造」さえ可能である。つまり、日本は中国に接近する必要があるのに、中国の方には日本に接近する必要はない、と(一九一頁、二二八頁)。

このように、日中の経済関係の現状を非対称的な、非相互依存的なものと分析することによって、宇垣は日本の平時の対支外交戦略目標をこの頼りなき関係から相互依存的な不可分の関係に改変することとした。彼自身の言葉を使って換言すれば、中国を確実に「縄張内」に取り込むこととしたのである。

**利害誘導的平和手段**

この目標を達成するための手段として、宇垣は平和的手段と武力的手段の二段階戦略を提唱している。まず第一の平和的手段については、次のように利益誘導の重要性を強調する。すなわち、「日支の親善接近」を実現するためには、同文同種という点に訴えるだけでは不十分である。「物質打算主義の支那人」に対しては、「日本のみの必要ある経済論」ではなくて、「支那に必要なる利害打算」を具体的に示し、これを現実化していかなければ、彼らを納得させ、彼らに「対日関係の切実」を感じさせることはできない、と。このように述べて、具体的に中国側に提示し実現する事項としては、次のような事柄を挙げている。

一、原料の対日輸出が自国製造よりも便利なこと。
二、日本製品の輸入が他国製品の輸入や自国製品の使用よりも有利なこと。
三、物によっては日本の知識と機械の補助で中国自身に製造させること。
四、就中、中国に欠乏している資本を十分に注入すること。(二二八頁)

**排日・排貨の一因**

第一段階としての平和的手段が効を奏さなかった場合、第二段階としての武力的手段に訴えることになるが、宇垣はその確率をどれほどと見積もっていたであろうか。この質問に対する答えは、山東問題以来一段と高揚した中国の排日運動を彼がどのように解釈していたかと密接にかかわって来る。彼は、排日の一面、特にその「排貨」を、中国人「五千年来の特性たる自家利害打算」に基づき、「自家の心理」

に比較して日本を困らせる「最有力なる手段」と判断したものとみなしていた。つまり、排日の一面を打算的な中国人の国民性に発するものと見て、利害誘導的平和手段の必要性と有効性を説く一つの根拠にしていたのである（二〇五頁）。

### 〝恐日〟から〝侮日〟へ

しかしながら、彼の排日の解釈はここに止どまらず、排日の他面を〝恐日〟から〝侮日〟へと変化した中国人の対日観に求める。すなわち、初め宇垣は排日を「恐日」に発する「憎悪排撃の手段」とみていたが、後には、中国人は「日本左まで恐るるの必要なし」という感じを抱いているとみるようになった（二〇五頁、二二八頁）。

彼はこの変化の理由を大戦が英米の勝利に終わり、国際連盟ができたことによって、当分の間日本の「武力」が封じ込まれた形となり、日本の「武力」よりも英米の「人と物と金」がものを言う「外形」を示したことに求める（二二八頁）。

このように宇垣は、アングロサクソンの天下の到来と反軍国主義の風潮という世界の大勢によって、中国人の対日意識の変化が促されたと解釈したのであるが、この解釈は、もう一つの彼の中国人観に依拠し補強されていたと思われる。すなわち、彼は「実力崇拝実力本位の観念」から発する「事大主義」を「支那国民」の「五千余年来の歴史」をもつ「習慣」とみなしていたのである（二〇五頁）。

### 対支威力行使の準備

このように戦後の世界の大勢と中国人の事大主義とによって、中国人の〝侮日〟の傾向が強まり、それが排日の大きな原因となっていると判断したことから、宇垣は、排日運動を単に外交上の、経済上の問題とはみなさず、「国防上」の問題とみなした。

つまり、経済的に絶対的に日本に依存する必要のない中国に、排日・排貨の根本原因たる侮日の気運が高まれば、経済的に中国に依存している日本としては「自己の存立上」、「武力による外科的大手術」を施さざるを得ないが、その「威力」行使の可能性は高まりつつあると、次のように警告する。

「自給自足の資源を支那に絶対に求むるの必要ある日本としては、今次の排日排貨が鎮静したるにしても支那人民の思想の根柢が日支相依り相輔くるの本義を理解し肝銘せざる限りは、日本としては威力によりて資源を求めねばならなぬ。支那人民思想の根柢的改革は望み且勉めねばならぬけれども其効果を急に期待することは出来ぬ。従つて威力を用ゆる準備が必要である。国防方針の一端は確に此辺より発露することが至当である」（二三五頁）。

### 対英米軍備の必要

この武力的手段の実施準備、即ち軍備は、中国に対するものだけでなく、英米に対するものにならざるをえなくなる。先にも触れたように、日本の圧伏を企図する英米が中国の排日運動の背後にあると見ていた宇垣は、中国に対する武力行使は「必ずや支那と同時に対米又は英の関係が生ずる」とみていたので、たとえその軍備は、中国に死活的利益を有しないと彼の見る英米の参戦を抑止するに足りるだけのものにしても、彼が言うように「大規模の準備」たらざるをえなかったであろう（二二八頁）。

### 一九一九年一二月三〇日の宇垣

以上見て来たように、世界大戦後の日本の進路としては、正義人道や永久平和の風潮に惑わされることなく、日本の生存・発展に不可欠な、日本と中国とシベリアから成る自給自足圏を構築し、英米と対峙して世界の現状を打破して行くべきだと説き続けて来た宇垣は、一九一九年の一二月三〇日早朝、久能山に参詣した折り、神廟に中央に家康を、その左右に信長と秀吉を配した三体の像が祭られているのを見て、次のような感想を記している。彼の外交戦略構想を象徴する記述である。

「今日此の如き輔弼の賢臣あらば朝鮮の統治の如きは極めて容易の事である。否、尚進んで日本を中心とし左右に支那と露国を控へて宇内に臨むべき大芝居の打てる時である。時機大に後れたりと雖尚施すべき余地や十分に存せり。一大雄飛是非実現せしめざるべからず」（二三七頁）。

(1) 有馬学によると、「世界の大勢」という言葉は、「社会」が発見される一九二〇年代まで知的サークルで頻繁に使われた第一次大戦後の流行語であった。当時の知的サークルの間では、「世界の大勢」に準拠しなければならないという「脅迫観念」さえ発生したそうである。有馬学『日本の近代4「国際化」の中の帝国日本』中央公論新社、一九九九年、三二五頁。

(2) 英米の正義人道を偽善として批判した論文、近衛文麿の「英米本位の平和主義を排す」は、一九一八年一二月一五日の『日本及日本人』に発表されている。宇垣がこの論文を読んだかどうか定かではないが、宇垣の英米観は近衛の論文に現れたものと酷似している。同論文は、近衛文麿『清談録』千倉書房、一九三六年、二三一～二四一頁に収録されている。

(3) 宇垣一成『宇垣一成日記』第一巻、みすず書房、一九六八年、一九九頁、二〇三頁。以下『宇垣一成日記』第一巻からの引用部分、参考部分は、本文中に該当ページを付けることにする。

(4) 平和の到来が国際的経済競争を激成するという観念は、ワシントン海軍会議以後、さらに強まることになる。例えば、一九二二年一月、高橋是清首相は施政方針演説の中で次のように言っている。

「今回の華盛頓会議に於て軍備制限協定の結果、各国が其の余力を以て競て産業及び貿易の振興と文運の伸暢とに力を注ぐべきは、疑を容れざる所なり。此秋に当り、我が帝国は……国際間の経済的競争に堪へ、世界文化の発達に貢献するの覚悟無かるべからず」（三宅雪嶺『同時代史』第五巻、岩波書店、一九五三年、二七八頁）。

また、翌る一九二三年一月の施政方針演説で、加藤友三郎首相も次のように言っている。

「世界は既に平和的保障の下に将来の経済戦争を目的として実力養成の時期に入れり」（同右、三二九頁）。

両首相は、平和の保障によって経済戦争が激化するという認識をもっていたが、それがまた次の戦争につながるとは考えていない。それどころか、この認識から経済戦争に勝ち抜くための条件としてさらなる軍備縮小の必要性を強調する。

これに対して、以下本文で見るように、帝国主義者宇垣は、マルクス＝レーニン主義者と同じく、資本主義国家間の経済競争は次の戦争に行き着くとみなしていた。

さらにこの陸軍軍人は、この観点から軍備縮小に反対し、さらなる陸軍軍備の充実の必要性を説くことになる。いわゆる「宇垣軍縮」もこのような観点から遂行されたと見てよかろう。

(5) 井上清によると、ロシア革命・米騒動の後、社会問題の解決が宇垣の重要な関心事となった。彼は貧富・貴賤・上下のへだたりが大きくなることに反対し、労働者の保護・労働運動にさえ「一定の理解」を示した。ただし、井上の見解では、宇垣のこの「理解」も抽象論の域を出ず、実際には「はなはだ無理解」な行動をとった、ということになる。井上清『宇垣一成』朝日新聞社、一九七五年、一三五～一四七頁。

(6) だが、後にナチスの手によって復興したドイツに対しては、宇垣は期待よりも警戒心をいだいた。一九三六年の日独防共協定の成立が近づいていた一〇月中旬、彼は、「何も英の勢力を支那より駆逐するに独の力を借りるの必要はない！　浮かりすると廂を貸して母屋を取られる結果になりはせぬか？」と案じ（『宇垣一成日記』第二巻、一〇九八頁）、さらに、反共主義者であり、反英米の現状打破論者でもある彼は、協定成立三日後の一一月二八日には、次のような協定反対論を述べている。

「世界の憎まれ子視されて居る共産主義に対する方策としては国内的に解決し得ると信ずるも、仮りに之れを国際的に始末せんとするにしても英米仏等にも呼び掛けて大包囲線を作成することが緊要である。何を苦んでカチ〳〵のファッショである独伊に呼掛け之れのみに特に親近するの必要ありや、了解に苦む」。同右、一一一一頁。

右に述べたことと関連して、リアリスト宇垣の対ナチス＝ドイツ策の核心的部分は、戸部良一によって次のような簡潔な形で摘出されている。

「宇垣はドイツとの提携にも否定的であった。彼は徹底した反共主義者であったが、反共というイデオロギーの呪縛には囚われなかった。また、既存の国際秩序を打破し英米など現状維持勢力と対抗するという点で日独の間に共通性があることは、宇垣も十分承知していたが、だからといって現状維持勢力と対抗するという点で日独がブロック結成に進めば、現状維持勢力の結束を強め、かえって日本にとって不利な事態を引き起こすのではないか、と彼は懸念した。ここでも英米との対立回避に深い配慮がめぐらされたのである」。戸部良一「宇垣一成『宇垣一成日記』」関静雄編著『近代日本外交思想史入門』ミネルヴァ書房、一九九九年、二五六頁。

尚、右引用文中の「現状維持勢力の結束」云々については、『宇垣一成日記』第二巻、一〇九八頁を参照せよ。

（7）朝鮮には軍事的に経済的に独立を達成しうる「実力」がないという評価と、朝鮮は日本の「国防上の第一線」であるという日本の国益上の観点から、一九二〇年の『日記』で、宇垣は朝鮮の独立に次のように反対している。

「民族主義の流行する世の中に朝鮮人が独立自由を欲するのは決して無理ではない。併しながら問題は独立自由を得て彼等の現実力を以て如何にするかにある。完全なる自由を得て亡びるよりも半分位の自由を得て亡びないのが宜ひかも知れぬ」（二八八頁）。

「朝鮮人は自治とか独立とか騒ぎて居るが全体彼等は麺麭を得る事に手落ちなきや、自治とか独立は決して麺麭を持ち来すものではない。……自治や独立は正統より云へば他より贈らるべきものでなく国民自ら作成すべきものである。今日他より贈られたる如き独立国もあるべけれど之れは違例である」（二八八～二八九頁）。

「朝鮮の独立問題。軍事上より云へば朝鮮は日本国防上の第一線である。朝鮮が如何なる強敵の来襲をも撃攘し得ることと朝鮮が永遠に絶対に日本に見方であるとの二条件の確守せられざる限りは、日本の自衛上軍事関係に於て之を分離せしむることは出来ぬ。……彼等の文化実力の進歩某程度に達し之を許すに至れば地方的自治を許す可ならんも、……純然たる独立の如きは絶対に許容すべき限りにあらざるなり」（二八八頁）。

これより前の日露戦争中に、宇垣が朝鮮半島を日本が植民地とすべき満州に至る「通路」と位置づけ、日本が絶対に確保すべき地域とみなしていた点は、第一章二三頁を参照せよ。

(8) この点は、宇垣の考えと近衛の考えが最もよく似ているところである。近衛も、パリ講和会議が開かれる直前の一九一八年一一月に書き上げた「英米本位の平和主義を排す」のなかで、日本の国際連盟加入の先決問題として「経済的帝国主義の排斥」と「黄白人の無差別的待遇」を挙げており（近衛文麿『清談録』、二三八頁）、また日本の連盟脱退直前の一九三三年二月に書かれた「世界の現状を改造せよ」のなかでも、真の世界平和の基礎として「経済交通の自由」と「移民の自由」の実現を挙げている（同右、二五五頁）。
(9) 外務省編『日本外交文書』大正八年第三冊上、文書番号〔四三九〕。
(10) 原奎一郎編『原敬日記』第五巻、八一頁。
(11) 山東還付問題に対する原の〝強硬外交〟については、関静雄『日本外交の基軸と展開』ミネルヴァ書房、一九九〇年、二三六～二三七頁を参照せよ。
(12) 本書の第三章九五頁を参照せよ。
(13) 一九一九年九月上旬のこの日記記事において、初めて彼の陸主論に「空軍」が加えられた。その前年に成立した原内閣のもとで、本格的な陸軍航空部隊の建設に一九一九年度から着手することが決められていた。井上清『宇垣一成』、一〇五頁。
(14) 宇垣が日露戦争後の一九〇六年に既に「国民の戦争」に言及していたことは、本書の第一章二〇～二一頁で見たところである。
(15) 宇垣の総力戦思想と永田鉄山らのものとの相違についての、梅森直之の指摘は、本書の第一章の注(9)で見たところである。
(16) 日本の対中外交において、自国益の主張も保護者的「疑似アルトルウィズム」の「ヴェール」にかぶせられるという関寛治の指摘は、本書の第一章の注(33)で見たところである。
(17) 黒羽茂『日米抗争史の研究』南窓社、一九七三年、二四三頁。
(18) この時期の日米関係の悪化については、関静雄『日本外交の基軸と展開』ミネルヴァ書房、一九九〇年、二二一～二二二頁を参照せよ。
(19) 原奎一郎編『原敬日記』第五巻、一〇九頁。
(20) 小林龍夫編『翠雨荘日記』原書房、一九六六年、六二九頁。
(21) 原暉之『シベリア出兵』筑摩書房、一九八九年、四九一～四九四頁。
(22) 原奎一郎『原敬日記』第五巻、一四一頁。
(23) 大正ニュース事典編纂委員会編『大正ニュース事典』第四巻、毎日コミュニケーションズ、一九八七年、二〇九頁。

# 第五章　原敬の日米提携論と日支親善論

## 第一節　日米協調主義の形成

### 1　日露戦争後の時代認識

#### 転換期としての明治五〇年

一九一〇年代、殊にその後半期から二〇年代のかかり頃までの期間を、「転換期」とみることに異論はなさそうである。[1] この時期に活躍した原敬自身も、日本が内外二重の意味で一大転換期の真っ只中にあることを自覚していた。

一九一七（大正六）年、第一次世界大戦は三年目に突入し、アメリカが参戦し、ロシアでは革命が勃発した。この年はまた日本にとっては、明治維新五〇周年に当たっていた。この六月のある日の『原敬日記』[2] には、

「維新已来五十年国家の刷振を要する時期となれるに国外には大戦争あり世界の形勢一変すること明か……」

（一九一七年六月二日）。

と記されている。

彼が具体的にどのような意味で「転換期」であると考えていたかは、彼の日露戦争後の時代認識と連続性がある。

原は一九〇八（明治四一）年から九年にかけて約半年の間、欧米漫遊旅行に出かけた。まずカナダからアメリカに入り、約一か月の間、各地を精力的に見学してまわった後、一〇月八日、次の目的地ヨーロッパへ向かおうとしていた。この日、彼は自分の目で初めて見たアメリカの強烈な印象を次のように記している。

「米国は今日まで実見するの機会なかりしが真に活動の国にして、目下経済界不況にて其影響を受け居る所多しと云ふも、全国活動の形勢明かに見るを得たり。将来此国は世界に対する如何なるものとなるか常に注目すべき要件たること、今更ら記し置くまでもなき事なり」（一九〇八年一〇月八日）。

**仏・英の印象**

ヨーロッパ最初の訪問国はフランスであった。フランス、殊にパリは、原にとっては懐しい思い出の地であった。一八八五（明治一八）年の末から八八年の末までの約三年間、パリ公使館書記官として在勤して以来、二〇年振りのパリであった。往時そのままの変わらぬパリもあったが、著しく変わってしまったところもあった。

馬車鉄道は跡かたもなく消え去り、代わりに電車が走っていた。往時見られた乗り合い馬車は今やめったにお目にかかれず、代わりに自動車の往来が目についた。当時流行の高帽と「ルダンゴット」は今や時代遅れとなり、「ヴェストン」の着用がはやりとなっていた。またフランス人が誇りとするシャンゼリゼー通りでも、新たに建設されたホテルが目立ち、その景観を一変させてしまっていた。

このようなパリの変貌から原が受けた印象は、「真に活動の国」アメリカの世界への影響という彼の関心事と関連していた。懐かしのパリに別れを告げ、イギリスに向かおうとしている一一月一日の彼の日記を覗いてみよう。

「要するに著しく変化せしものは米国に酷似せり、或は下の如き理由ならんか、即ち米国人の巴里を好むこと非常にて、毎年幾万となく来りて其財を散じたりしが、当時は米国人を以て風俗の点に於て極めて野卑なるものとして仏人の蔑視せし所なりしが、安んぞ知らん其野卑なるもの財を散ずること多く遂には彼等の歓心を求めて其嗜好に投ずる様になり、何時とはなしに彼等の風習にも同化したるものならんかと思はる。余の如く二十年間全く打絶えて其中間の変遷を見ず而して米国を通過して此地に来りたる者には右の如き断定の感なきを得ざるなり、米国は政事経済のみならず風俗にまで潜勢力を有したるは真に驚くべき事柄なり」（一九〇八年一一月一日）。

このようにフランスで、政治・経済だけでなく風俗の分野にも押し寄せているアメリカ化現象を目の当たりにした後、彼は英仏海峡を渡ってイギリスへ入った。

この日本の同盟国が彼に与えた印象は、「活動の国」アメリカとはまさに対照的な「寂寥たる」国イギリスであった。この印象は、海軍拡張で活気にあふれていたドイツの印象とも対照的であった（一九〇八年一二月四日）。

この後ロシアをはじめほとんどすべてのヨーロッパ諸国を漫遊して回った後、原はシベリア鉄道を利用して、一九〇九年二月二〇日、東京に戻った。この日の日記に、彼はこの半年にわたる欧米実見の旅の全体的な印象を次のようにまとめている。

**世界のアメリカ化**

「米国は経済不況と云ふも全国活動し居れり、将来恐るべきは此国ならん。……各地民力の発達は驚くべきものにて官僚政治の盛んなりし露国すら今は屏息して民意に聴き又独逸の如きも今は帝国議会に其権力を奪はれんとするに至れり、此等の事情は将来我国政を料理するに当りて大に考ふべき事なりと思ふ」（一九〇九年二月二〇日）。

つまり、この旅行を通して彼が得た基本的な時代認識は、〝世界のアメリカ化〟[3]と〝政治の民主化〟という現象が同時進行しているというものであった。そして、この認識から引き出した彼の結論の一つは、「世界の大勢」にかんがみて、今後、日本の政治と外交を指導して行く資格のあるのは、時代遅れの藩閥・官僚政治家などではなくて、政党政治家たる自分たちであるというものであった（一九〇九年三月四日）。

## 2　第一次世界大戦と日米協調主義

**日米提携論**

このような時代認識を原は第一次世界大戦を契機にさらに深めることになる。一九一七年、アメリカの参戦から半年ほどたった頃、彼は、「米国の参加に因りて大戦争の平和となるが如きありては世界に対し米国の威力驚くべきものとなる」(一九一七年一〇月二〇日)と予想すると同時に、「将来の民主主義の勃興は実に恐るべし」(一九一七年一〇月二二日)と予言した。

殊に〝世界のアメリカ化〟に関しては、アメリカ参戦直後には、「将来米国は世界の牛耳を取らんとするに至る」(一九一七年五月二七日)とまで見るようになっていた。

このように、この転換期の一大特徴を〝世界のアメリカ化〟として捉えた原は、日米協調主義を日本外交の基軸にせよと唱道するようになった。

例えば、開戦直後の一九一四年九月、彼は、「如何なる方法を以てするも米国との感情を和らげ之に提携するの方針を取らざるべからず」(一九一七年九月一七日)と、〝日米提携論〟を説いている。

**日米提携の二目的**

原の日米提携論、ないしは日米協調主義は、一体何を目的として唱えられたのかというと、第一には、中国問題の解決である。彼は次のように言っている。

「支那問題の解決は単に支那のみ見るべからず、……日米の間に親交を保たば支那問題は自ら解決せらるべし、支那は英独に倚れども動もすれば米国を頼みとするの傾きあり」(一九一四年九月二九日)。

第二の目的は、日米戦争の回避である。次のように言っている。

「将来は日英同盟すら恃むに足らず一朝米国と事あるに際し欧州は毫も恃むべからざれば、米国の感情は多少の犠牲を払ふも之を緩和する方針を取らざるべからず」(一九一四年九月三〇日)。

さらに、アメリカ参戦後には、

「日米間の親密なると否とは殆んど我国将来の運命に関すると云ふも不可なし」（一九一八年六月一九日）。とまで言うようになった。

このような二つの目的をもつ原の日米協調主義の淵源は、明治三〇年代にジャーナリストとして健筆をふるっていた頃、彼が唱えた外交論にある。すなわち、原は、当時の「対清政略は即ち対欧政略」、「対欧政略は即ち護国政略」(4)という旧公式を、第一次大戦によって生み出されようとしている新国際環境に応用せんとして修正したのである。ゆえに、彼の日米協調主義は、いわば〝対中政略は即ち対米政略〟、〝対米政略は即ち護国政略〟という新公式から導き出された答えといってもよかろう。

**国際政治の変容**　以上のように、第一次世界大戦を契機とするアメリカの世界的規模での影響力の飛躍的増大、殊に中国問題でのロシアの影響力の一時的消滅、イギリスの影響力の顕著な低下、これと対照的なアメリカの発言力の増大、中国の対米依存傾向、さらには日本にとっての絶対命令としての日米戦争の回避といった国際政治の変容認識、この点から原は、在野時代からすでに、日米協調主義を彼自身の外交信念として確立し、これを他者に向かっても唱道し始めていたのである。

## 第二節　大隈・寺内両外交批判

### 1　「日支親善論」

**大隈外交批判**　原政友会総裁は、大隈内閣の外交を第一に国内世論に迎合するものとして、第二に列国の対日猜疑心を深めるものとして、第三に中国人の反日感情を高めるものとして痛烈に批判した。そしてこの大隈外交批判から、〝日米提携論〟と不可分一体となる〝日支親善論〟が生まれるのである。

その批判を具体的に見ていくと、まず大隈内閣の参戦外交について、原は次のように批判している。

「現内閣人心を外に向はしめ、因て以て政権を維持せんと欲したる小策は歴々として見ゆるもの丶如し」（一九一四年八月一四日）。

次に大隈内閣の対華二一ヵ条の要求に関する外交についても、次のように批判している。

「是れも一時内政上の関係にて此問題を以て選挙に利用せんとするもの丶如し、如何にも権力の濫用にてまた愛国を濫用せんとするものなり」（一九一五年三月一〇日）。

さらに、一九一五年五月、中国政府に対して最後通牒を発するという閣議決定を知ったときには、「対支外交は兎に角失敗を極めたるなり」（一九一五年五月五日）と大隈内閣の外交を断罪した。

**対支内政干渉批判**　このように、大隈外交に対する批判を強めていった原は、この年の九月の終り頃から元老たちに〝日支親善論〟を唱え始めるようになる。例えば、山県には次のように言っている。

「支那に対しては根本的に従来の態度を一変して大に親善の道を講ずる事必要なり、之を大隈に望むは無理なれど我国の外交方針は茲に取りたし」（一九一五年一〇月二九日）。

原が〝日支親善論〟を唱道し始めたこの間も、大隈内閣は、対中内政干渉政策を推し進め、初めは袁世凱に対して帝政延期勧告を行い、続いて一九一六年三月には、南方派援助による排袁策に着手することに決定した。この前に閣議の動向を知らされた原は、日本の国力の限界と列国の対日感情の二点から、このような露骨な干渉政策が到底功を奏するはずのないことを見抜いていた。

「革命党に内々援助し袁に対して度々難題を持掛るときは袁は益々勢力を失ふべく、革命党は多少は勢力を張るべきも、将来果して革命党をして支那を統一せしむるまで援助し得るや、幸に一次援助し得るも将来我国力は之を支持し得るの力あるや又袁を排するも之を排除し得るの成算あるや等を考ふるときは、此際対支問題は実に重大なる意義を有すべく、況んや各国の意思必ずしも我に利ならざる内情あるに於てをや」（一九一六年三月三日）。

## 〝日支親善論〟の唱道

原と根本的に外交の発想を異にする大隈内閣は、「欧米列国ハ本件考案ノ如キ明白且直接ナル支那内政ノ干渉ニ対シテハ到底之ニ賛同セサルモノト断定セサルヘカラス」(5)と認識しながらも、列国及び中国の感情を軽視、もしくは無視して、露骨な対中内政干渉策に走ったのである。が、その結果は、「支那の騒動に乗じて何事か施さんとするも果して目的通りに行はるべしとも思はれざるなり」（一九一六年四月四日）という原の予想どおりに終わってしまった。

この頃から原は一段と大隈外交批判を強め、〝日支親善論〟を元老にだけでなく各地で党員に向かって唱道するようになった。

「外交は目下の如く小策を弄し、列国の猜忌を招き、支那人の反感を買ふは如何にも将来危険なりと思ふに付、局面を一変して日支の関係を新たにするの必要を認め、既に日支親善論を各地に於て唱道したる位の事なれば、今日までの行掛りを棄て此〔傍観の〕方針を定むる事を要す」（一九一六年五月二四日）。

## 2　援段政策批判

### 対支傍観策の勧め

一九一七年七月二〇日、寺内内閣は、援段政策を決定した。この政策の根底には、「対支那問題も彼〔米〕に於て如此次第なれば、我に於ても又我が為さんと欲する事をなすに於て考慮せざるべからざるが如し」（一九一七年五月二七日）という寺内正毅首相の対米抗争主義的な発想が横たわっていた。

この発想とは対照的に、「将来米国は世界の牛耳を取らんとするに至るべく、支那問題の如き米国との関係に注目して処理する事肝要なり」（一九一七年五月二七日）と、日米協調主義を基軸に外交を考える原政友会総裁は、一九一七年七月二七日の臨時外交調査会で、この閣議決定に対して厳しい批判を加えた上で、最善策として対支傍観策の継続を勧めた。

「段を助くるは即ち北方を助くるものなり、之に金と武器とを給するは即ち南方を圧抑するものなり、其関係重大なり、先達首相より内政不干渉の説を聞き余等も賛成せしが、今の説明にては此方針を一変するに似たり、これより尤も重大なる関係を開くべきに付……、金を貸し武器を与ふると云ふことは篤と考慮すべく決して急を要せず、支那の現況は将来如何に相成るや全く不定の情況なれば、或は南北妥協一致するか又は有力者出て統一するか、兎に角帰着点を見たる上にて之を援助すること得策なり、今はその時期にあらず」（一九一七年七月二七日）。

それでも、なんとか原の承認を得ようと執拗に食い下がる本野一郎外相に、八月一日、原は妥協できる次善策として日米協調主義と調和する形の援助策を、次のような形で提示した。

「英国は固よりの事なり、米国に対し十分に意思の疎通をなし皆な已むを得ずと認めたる上に我より着手し、……責めて南方が米国の援助を求むるに走るの途を塞ぎたる後にする事必要なり」（一九一七年八月一日）。

しかし、寺内内閣がこの原のあくまで対米協調主義的な妥協案を悪用して、対米抗争主義的な援段政策の実施にまんまと成功した後は、原の中国問題への関心は、専ら南北妥協勧告に集中した。

**南北妥協策の勧め**

原が純然たる傍観策から一種の干渉である勧告策へと大きく傾いた原因は、一九一七年一一月のロシア革命とそれに伴う独ソ接近の恐れであった。これについて次のように述べている。

「露国の形勢今日の如くなるに於ては、他日独逸の手の支那に及ぶものと認めざるべからず、故に此際南北妥協せしめて大に妥協後成立したる政府を助くるの必要あり、他の問題は自ら解決の結果を得べし」（一九一八年三月三〇日）。

以後、原は、ドイツ勢力東漸への政治外交的対抗措置として、南北妥協勧告の実施を寺内に何度も何度も繰り返して要求するが、寺内はこれを聞き流し続けた。

寺内がこのような態度をとったのは、彼が、ドイツ勢力の東漸にはシベリア出兵で対処すべきである、その出兵の便宜のためにあらかじめ段政府と軍事協定を結んでおくべきである、故に主戦派の段に南北妥協を勧告するのは拙劣な策であると考えていたからである。

このように政治的に外交を考える原と軍事的に外交を考える寺内との本質的な差異を、原自身も気づいていたようで、「余の所見は南北協定を先にするに在りて、彼等の意見とは異なれり」（一九一八年四月六日）と日記に記している。

## 3　シベリア政策批判

### 反過激派援助批判

寺内内閣のシベリアにおける反過激派援助策については、原は、「西伯利亜独立も覚束なき様なり、不成功のものに政府深入するは累を将来に残すべし、早く手を引く方得策ならん」（一九一八年三月一三日）と批判した。

彼はこの反過激派援助策を、中国における援段政策と同一視している。つまり、アメリカは中国で南方派に同情しているように、ロシアでは過激派に同情している。寺内内閣は、アメリカとの対抗意識から段を援助しているが、また同じ発想からセミョーノフやホルワットを援助している。しかし、援段策が南方派とアメリカの反感を買っているように、シベリアにおけるいわゆる穏健派を援助するのは、ロシアの過激派とアメリカの恨みを買うだけであると考えた。

そして、この反過激派援助策の行く末を、原は次のように予言した。

「恰も支那に於て軍人等が南北を争はしめたると同轍の事にて又同轍の失敗に終わらんとするが如し」(一九一八年六月七日)。

**シベリア出兵反対**

他方、一九一八年六月七日に英仏伊連合国から受けたシベリア共同出兵要請の対応策については、原は大旨次のように主張した。

一、自衛上の必要以外、みだりに出兵すべきではない。
二、連合国の要請があっても、連合国間に完全な一致がなければ出兵すべきではない。しかるにアメリカは出兵に反対している。
三、ドイツ勢力東漸に対しては、軍事的措置の前に政治的措置を講じるべきである。
四、アメリカが過激派に同情を寄せている現状で、事実上反過激派を援助することになる出兵を行えば、過激派とアメリカの反感を買うことになる。
五、連合国への回答は、連合国一致すれば誠意をもって考慮するくらいにとどめておくべきである。

このように外交調査会でかねてからの持論を詳細に開陳した後、その要点を次のようにまとめて述べている。

「要するに英仏に対し友誼的関係を維持すべきは勿論なるも、西部戦争の情況を見れば其前途甚だ憂ふべきものあり、日米間の親密なると否とは殆んど我国将来の運命に関すと云ふも不可なし、而して日米間動もすれば疎隔せんとする原因は、西伯利亜に於ても支那に於ても侵略的野心ありとの猜忌心に在り、故に苟くも其猜忌を深からしむるの行動は努めて之を避くる事は総ての点に於て我国の利益なるべし」(一九一八年六月一九日)。

現段階での出兵に反対しつつも、この頃から原は、万が一アメリカ自身が「熱心主動者の如き精神」で出兵を求めて来た場合、シベリア出兵が「日米提携の端緒」になるかもしれないと期待するようになった（一九一八年六月二二日）。

**アメリカの出兵提議**　七月八日、そのアメリカから、目的をチェコ軍救済に、地域をウラジオストックに、兵数を日米各七〇〇〇に限った共同限定出兵の提議が来た。七月一六日に開かれる予定の外交調査会を前に、寺内、原両者ともそれぞれに並々ならぬ決意を固めていた。

寺内は原に向かって、この際ウラジオストックだけでなくシベリアにも出兵したい、「此事は是非決行したし、行はれざれば決する所なかるべからず、何人が局に当るも鉄道を占有し置かずしては何事もなし得ざるべし」と語った。これを聞いたとき、原は「心中決する所あるが語気」を感じたと記している（一九一八年七月一五日）。

他方、アメリカの提議を「日米提携の端緒」とするには、これを鵜呑みにするしかないと確信している原の決意も、寺内に優るとも劣らぬほど固かった。寺内と会談した日の夜、すなわち、日本の運命を左右しかねないほど重大な臨時外交調査会を明日に控えた日の夜、政友会領袖会が開かれた。

席上、党の利害を思うあまり、横田千之助幹事長が、政府のシベリア出兵案に反対すれば我党は孤立すると不安を漏らすと、原は、国家の利害を優先させる立場から、その堅い決意を表明して、横田を含めた領袖の同意を取りつけた。

「余は国家の大事には党の利害を顧慮するの暇なし、余は余の信ずる所に猛進する外なし。……余の説行はれざれば調査会を脱するの外なし、而して斯く政府と手を切る時は、先以て我党の孤立を覚悟すべし」（一九一八年七月一五日）。

**外交調査会での対決**　翌日、外交調査会での決戦の火蓋が切って落とされた。この際自衛を目的としたシベリア出兵をも決行するという政府原案に対して、原は、議論の大前提としてアメリカのウラジオ出兵の提議と自衛のためのシベリア出兵を別々の二つの問題としてを切り離して、ウラジオ出兵については「要は日米将来提携の端緒たるに在れば可成歩調を一にすべし」と賛成し、シベリア出兵については「日米の親交を害するにいたる」おそれがあると反対した（一九一八年七月一六日）。

この日米協調主義に基づく原のウラジオ限定出兵論に対して、伊東巳代治は対米抗争主義の立場からシベリア自衛的出兵論を唱えた。伊東は、日本はアメリカと境遇を異にする、つまり、日本は極東の平和に責任を有する「東道の主人」であり、また混沌状態に陥っているシベリアの接壌の地たる朝鮮と満州に死活的利益を有するのだから、日本が自衛権に基づき自主的にシベリアに派兵しても、アメリカに文句を言われる筋合いはないと主張し、続けて、「米禍ノ東漸」の危機への対応策が必要だと強調した(6)。

結局、調査会は、シベリアへの派兵については、ともかくアメリカとさらに交渉をしてみることにしたが、アメリカの回答は、シベリアへの出兵は今回は見合わせたいというものであった。

これに対して、寺内内閣は、「浦塩以外の出兵並に増援の必要ありとの了解の下に承諾する」（一九一八年八月一日）と、この際あくまでシベリア出兵を決行するという意向であった。

ところが、外交調査会が開かれてみると、意外にも伊東がアメリカの回答をそのまま受け入れるべきだと発言したので、当然、原もこれに相槌を打った。そうするとこれまた意外なことに、寺内も政府原案に固執しなかったので、波乱もなく伊東案が可決された。

この日の原の日記からは彼の安堵した様子が窺える。

「大誤謬の策に陥らしめざりしは国家の為め幸なりしなり」（一九一八年八月一日）。

### 寺内内閣の駆け込み政策

こうしてついに対米抗争主義者寺内とのシベリア政策をめぐる決戦に、日米協調主義者原が最終的に勝ったかのように見えた。しかし、実は原は寺内の「不言実行」戦術によって裏をかかれたのである。

米騒動で内閣の命脈が旦夕に迫った八月二二日、既に満州里に派遣していた兵を、日本政府は、アメリカ政府への一片の通牒によって、ついにバイカル以西のシベリアへと進軍させたのである。

アメリカの同意も得ず、外交調査会の承認も得ず内閣の独断で実行に踏み切ったこのシベリア出兵について、九月四日の外交調査会で外相と陸相からそれぞれ説明があったが、原にはいずれも「要領を得ざる」ものであった。原が今回のシベリア出兵通告についてのアメリカ政府の回答はどうであったかと質すと、後藤新平外相は「米国よりの諾否如何に拘らず」と、明らかに外交調査会の決定に違反する出兵であることを示唆する答え方をした。にもかかわらず、原はこれを深く追及しなかった。その訳を次のように弁明している。

「質問すべき点も多く、左りながら往復の書面も見ずして論ずるも混雑を醸すのみにて、又他の一面より見れば、内閣既に辞意を洩らしたる已上は之を追窮するも如何か」（一九一八年九月四日）。

この日、日本軍はチタを占領した。そして原内閣が成立する九月二九日前後までには、死に体の寺内内閣によって、何と七万三〇〇〇もの兵がシベリアに送り込まれた。

寺内内閣末期の駆け込み政策は、シベリア大量出兵だけではなかった。援段政策においても、原内閣成立の前日、六〇〇〇万円にものぼる西原大型借款を成立させた。

こうして原内閣は、大隈・寺内両外交が残していった、以上のようなアメリカの深い対日猜疑心と中国の激しい反日感情という大きな負の遺産を引き継がなければならなかったのである。

# 第三節　漸進主義的政治スタイル

## 1　ジャーナリスト原敬の政治観

在野時代の原が唱道した〝日米提携論〟と〝日支親善論〟を実現するために、首相としての原はどのような外交指導を行ったのか、これを検討する前に、彼の外交指導に大きな影響を与えた彼の政治観、政治手法、政治スタイルの特徴を見ておこう。

### 「実験」・「経歴」の尊重

一八八一（明治一四）年、原は、二五歳の郵便報知新聞の記者であった。この青年ジャーナリストが三月に書いた社説「改進主義の誤用」の一節を見てみよう。

「政党の上に坐して政務に従事する者、往々実験なく経歴なく唯新制を布き新法を施すを以て改進の道なりと盲信し、故らに旧制を破つて地に適せざるの新制を布き、故らに遺法を覆へして民に便ならざるの新法を施すもの之なしと為さず。是れ豈に改進の道ならんや。寧ろ改進の弊なりと謂ふべし(7)」。

この一節から、彼は若いときから、政治の実行において「実験」・「経歴」を重んじ、またその土地と人民の実情に適さない机上の「改進」を排したことがわかる。

この年の五月、彼は、九十九里のとある漁村を訪れ、その地で行われている漁業慣習にいたく感心している。

「漁業は成文の規則なしと雖も不文の制法秩然として存し敢て違背する者なし。経済の方既に定矣と謂ふべし。而して是れ豈に徒に空理を談ずる者の能くする所ならんや、余因て感ずる処あり、凡そ天下の制法は不文の制法既に成つて之を成文に変ずるものは易く、成文の制法を作為して遂に之に服事せしめんとするは誠に難し、況んや空理を談じて事実を誤る者に於てをや。余は世の新法を事とする者をして斯くの如きの漁場を観せしめば其必ず舌を巻て言なかるべきを信ず」[8]。

後に政治家になってからも、彼は自分が賛成できないような新法・新制度を主張する者を「空理を断じて事実を誤る者」と決めつけることがしばしばであった。

## 「進取」・「時勢」の重視

では彼は反進歩主義の守旧派であったのであろうか。同年七月、秋田の久保田を訪れて、この地の墨守の遺風を批判している。

「此地往所佐竹氏の居城にして今秋田県庁の在る処とす。市区整然自ら都府の風を存せり。聞くが如くんば人口三万六七千、富商も亦多し。然れども従来他邦と交通甚だ疎なる地にして今日に至りても猶ほ其風なしと為さず。是を以て大に面目一新せしものなく、豪家と雖も依然家法を墨守して更に進取の色なしと、然れども余の見る処にては是れ独り此地方のみならず、天下到る処此旧慣習を存し、即ち我日本の大勢は猶ほ退守を是として進取を喜ばざるの気風あらざるなきや。……此までに歴観せし処にては旧来の富家と称すれば必らず家法を墨守して他に顧慮する処なき者多し。是れ軽躁に失するに比すれば賞賛すべきは勿論なりと雖も、墨守の弊は決して美事と云ふを得ざるなり」[9]。

このように、「墨守」を排し、「進取」の気風を尊んでいる。この「墨守」・「進取」は、先の「実験」・「経歴」・「改進」とともに、原の政治観を知る手がかりとなるキー・ワードであるが、さらにもう一つ見逃せないのは、「時勢」という言葉である。

一八八〇年の「政体変更論」[10]では、君主専制にしろ有司専制にしろ立憲政体にしろ、「政体を変更すると変更せざるとは唯時勢如何に在る耳」と論じ、現今は「国民方さに立憲政体を熱望する時勢なり」と断じている。

さらに翌年には、「大勢を知るは官民の急務」[11]という社説で、「治国の要は勢を察するより急なるはなし」とも説いている。

このように若き日から、彼は、軽躁なる「改進」の弊と頑迷なる「退守」の弊、この両極端を排しながら、現実を踏まえつつ、「時勢」をしかと見据えた「進取」の気象を重んじていたのである。

## 2　政治家原敬の政治行動

### 妥協を通じての前進

若き日のジャーナリスト原敬の政治観は、そっくりそのまま後年の政治家原敬に継承され、その政治行動に反映されている。

いうまでもなく、政党人原の政治目標は、官僚政治・藩閥政治を打破して政党内閣を実現することであった。そして彼は「時勢」は着実にこの方向に進んでいると信じていた。しかしまた、同時に「実験」・「経歴」を重んじ、政治は現実的効果なりと信じていた彼は、その目標に一足飛びに到達できるほど現実は甘くないとも考えていた。例えば、政友会の総裁たる西園寺と藩閥官僚の雄たる桂との間で政権授受が繰り返された桂園時代は、このような考えをもった政治家原が採用した権力への間接的、漸進的アプローチの所産であった。

当時の原は、時勢からして「藩閥若くは官僚と云ふが如き到底永久に存続すべき性質のものに非らざる事」は重々承知していながらも、これまでの経歴からして「去りとて今日俄かに之を打破一掃するが如き事は行はるべきものに非らざる事」も明らかだと思っていた。そこで彼は、政敵たる藩閥官僚との妥協を、「慥かに憲政の一進歩を促すものなり」と信じて敢行した。

こうして生み出された桂園時代を世間は情意投合と酷評し、その影の仕掛人原を「官僚化せり」と非難したが、原はこれを「近眼者」の評として取り合わなかった（一九一一年一月二六日）。

敵たる官僚と妥協しながらも、単に現状維持で満足するのでなく、その妥協を通じて自己の目標に一歩でも漸進する方策を好む彼の政治スタイルを、明瞭に表現している彼の言を紹介しよう。

大正デモクラシーが一世を風靡していた一九一三年一一月、この風潮にややもするとブレーキをかけようとしているのではないかと目されていた原に、ある人が「現況に安んずるや」と問い質したのに対して、彼は、「現況には安んぜず、去りながら憲政は一朝にして発達せず一歩一歩進むものなり」（一九一三年一一月二四日）と答えているが、これは彼の場合、単なる逃げ口上ではなくてまさに本音のように聞こえる。

この妥協を通じての漸進という原の政治手法は、元老山県との関係で最も効果を発揮した。

**山県有朋との関係**　この手法によって、原はある面で山県の信頼を勝ちとり、究極的には敵同士の関係にある両者の間に相互依存関係を築き上げさえした[12]。

この元老中の元老とも称すべき山県の存在は、内政面はもちろん、外政面でも巨大であった。後者の面で、首相としての原が列国との抗争意識の強烈な軍部の反対を乗り越えようとすれば、彼にとって、列強に対しては臆病なくらい慎重なところのある山県の陸軍への影響力に頼って、間接的にこれを抑える方法しかなかった。

例えば、ワシントン会議を前にして、加藤友三郎海相から、太平洋防備撤廃につき陸軍は反対らしいので何とかする必要があると指摘されたとき、原は次のような措置をとるようにと加藤に答えている。

「参謀本部上原などは反対するならん、併し外国の事と云へば山県は案外弱き方に付十分に其辺は相談すべし」（一九二一年八月二五日）。

対軍部関係ばかりでなく、純粋な外交政策の分野でも、当時、元老を無視しては、結局は何も実行できない仕組みになっていた。外相時代に外交一元化を唱えて、元老を無視しがちであった加藤高明は、元老の圧力によって辞職を余儀なくされた後、元老の外交容喙に関する苦い体験を原に語った。彼は「元老の容喙を拒む事は実際不可能なり」と前置きして、元老の遣り口をつぎのように述べた。

「一昨年独逸に対し最後通牒を送らんとするに当り、元老は内閣は責任を以て処理して宜しからんと云ひながらも、元老の意見に従はざれば彼等内奏をなすが故に実際裁可を得ることは能はず困難せり」(一九一三年六月六日)。

このような次第であったので、内政でも外政でも元老山県が生存している限りは、何事も彼と相談しつつ、彼との妥協の過程の中から少しづつ目標に向けて成果を積み重ねて行く漸進主義的方式しか現実的な方法はなかったのである。

だからこそ、原は繁く山県のもとに足を運び、なだめつすかしつ、ときにはロシア革命後の赤化の脅威、性急な普選実施の脅威などを持ち出して、この力の衰えぬ老人を脅しさえしながら、その好意と依頼心をつなぎとめておく努力を根気よく重ねたのである。

### 原好みの中間策

原の漸進主義的アプローチは、このようにそれなりの長所もあったが、そこには見過ごすことができない反面もあった。つまり、この手法には、根本的改革を頭から不可能だと決めつけ、とにかく両極端を排して中間策を選んで、それだけで一歩漸進したと自己満足に陥る危険性が常に潜んでいた。事実、原は足して二で割る中間策を好んだ。例えば、その好みは、ワシントン会議への全権団派遣費用についての彼の裁定ぶりによく現れている。

外務省はこの費用として大蔵省に一〇〇万円請求したが、手元不如意の大蔵省は、これを半額に削ったので、内田康哉外相は原のところに泣きついて来た。ワシントン会議の重要性を誰よりもよく知っているはずの原首相の裁定は、こうであった。

「高橋蔵相は五十万円にて可なりとて承諾せず、困難すと内田云ふに付、高橋と協議し七十五万円に折合せ閣議決定をなしたり」。

原は、「剰余金不足に付大蔵の申条も無理ならねども今回費用の節約は不得策と思ふなり」と分かっていながら、このように足して二で割る中間策で満足したのである（一九二一年九月二〇日）。これは取るに足りない単なる一例ではない。彼の中間策好みは、これよりもさらにもっと重要な政策決定・執行の過程でもしばしば見受けられるのである。

## 第四節　中間策志向の外交指導

### 1　漸進的シベリア撤兵策

#### シベリア不増兵の決定

漸進主義的政治スタイル・中間策志向は、首相としての原敬の外交指導においても、極めて顕著に認められる特色であった。

一九一八年九月二九日、首相となった原は、シベリア問題を日米提携の端緒とするという目標に到達する手段として、漸進的な中間策の積み上げ方式を好んで選んだ。一〇月一五日、まずは増兵でも撤兵でもない不増兵を決定し、「其巳外の変化は其変化の時に及んで処置すべし、何れにしても明春までは何事も出来ず」（一九一八年一〇月一五日）と、ウエイト・アンド・シーの方針で満足していた。

ところが彼の予想に反して、一一月一日、ウィルソン大統領から日本のシベリア大量出兵に対する強硬な抗議が寄せられて来た。これに対して、対米協調を重んじる原内閣は、三万四〇〇〇を撤兵させることに決めたが、依然二万八〇〇〇の兵を残留させることにした。

原としては思い切った政策の転換のつもりであったかもしれないが、佐藤尚武ハルビン総領事は、この閣議決定を「積極策」でも「消極策」でもない「中間策」にすぎず、これではアメリカの猜疑心を取り除く効果は少ないと批判した(13)。事実、アメリカの対日猜疑心は払拭されず、以後もシベリアにおける日米間の不和はくすぶり続けた。

**田中義一対伊東巳代治**

一九一九年八月の臨時外交調査会では、大戦後にわかに〝新外交〟派に豹変した伊東巳代治と、頑固な〝旧外交〟派を代表する田中義一陸相が、シベリア政策をめぐって激しく対立した。

田中は、「米国ハ過激派ニ欸ヲ通シ竟ニ之ト手ヲ握ルニ至ルモ知ルヘカラス」と対米抗争意識を丸出しにして、過激派に対する「自衛ノ策」として「緩衝地帯」設置論を展開した。

これに対して、伊東は、「欧米列強トノ協調」、殊に「米国トノ関係」を最重視すべきで、田中のいうような緩衝地帯の設置など大戦後の国際政治の変容からみて、成算がないと主張した。

このとき原首相は二人の間にはいって、「西比利亜ハ非常ナル事変ノ生セサル限リ之ヲ放棄スヘカラサルハ勿論ナリ」[14]と田中の顔を立て、同時に「刻下ノ情況ニ対シ我国カ自衛的政策ヲ施スヘキ場合ニ非サルハ勿論ノ事」と伊東の意見を部分的に取り入れて、結局、「現状維持して暫く成往をみるべし」という中間策でコンセンサスを取りつけたのであった（一九一九年八月一五日）。

**田中義一対高橋是清**

続いて、一九一九年一一月、日本が支援するコルチャックのオムスク政府が崩壊寸前の危機に陥ったとき、田中陸相が対米交渉抜きの増兵を提議したのに対して、高橋是清蔵相は撤兵含みの対米交渉を提議したため、閣議は分裂の危機に直面した。が、ここでも原首相は、単独増兵も撤兵も選択肢として残したまま、とにかくアメリカの意向を打診してみてはという対米交渉先決論で分裂寸前の閣議をまとめたのである（一九一九年一一月二一日）。だが、肝心のアメリカの回答はなかなかやって来なかった。そのためまたもや、一九二〇年一月、シベリア増兵に備えた満州増兵を主張する田中陸相と、これにすら強硬に反対する高橋蔵相とが激突し、予定されていた閣議決定は次回送りとせざるをえなくなった。

この日の日記に、「行掛り」を重んじ、根本策を後まわしにして、中間策を選ぶ傾向の強い、いかにも原らしい感想が記されている。

「此会議に於て田中、高橋は正反対の説を互に主張したり……余は満洲に増兵不得已、但西伯利に入るには飽まで日米の協調を待つ事は列国に対しても又内地政策としても必要なりと、撤兵と否とは単純に決定する事を得ず新たに出兵すと云ふ事ならば無論意見あり（一昨年外交調査会に於て主張せし通）乍去現に出兵し居る以上には其行掛りを見ずして決する程単純のものに非らずと云ひ……」（一九二〇年一月六日）。

## 2　中間策的満蒙政策

次に、新四国借款団問題を取り上げて、満蒙政策における原首相の中間策志向的外交指導を見てみよう。

### 満蒙除外問題

先にみたように、「日米協調すれば自ら支那問題は解決する」というのが原の持論であったが、果たして日米協調して中国問題、殊に満蒙問題を解決できたであろうか。

新四国借款団問題を検討した一九一九年八月の外交調査会は、またまた〃新外交〃を代表する改進派伊東と〃旧外交〃を代表する墨守派田中とが激論を交わす場となった。

伊東は、「理義名分」的には勢力範囲の撤廃がパリ講和会議以来の「世界一定ノ風潮」であり、その維持は国際法の原則からすればほとんど「僭奪」を意味するようになったと、まず国際政治の理念的変容を指摘した。さらに、「実力」的には英露の影響力の著しい低下によって「米国万能主義」が到来したと、国際政治の権力的変貌を指摘した。

このような国際政治的認識から、伊東は、「地域概括主義」にしろ「列挙主義」にしろ、「満蒙除外」という発想そのものを否定した。すなわち、満蒙除外の主張は、「世界ノ大勢ニ逆行シ欧米列強トノ協調ヲ破」り、「我帝国ノ為ニ前途非常ノ困難ヲ来スヘキ危道ヲ歩ム」冒険主義であるというのである。

そして結論として、彼は、満蒙における特殊権益の拡張という従来の外交目標を放棄して、「此際英米ト協調ヲ保持シ前途自由競争場裏ニ立チテ英仏等ノ勢力範囲トシタル地域ニ侵入シテ畢生ノ手腕ヲ振フノ覚悟ヲ為サンコト是レ帝国前途ノ長計ナランカ」と主張した。

この際満蒙にさえも経済主義に連結された日米協調主義を適用すべきだというこの議論は、原のお株を奪い、さらにそれを超えた、徹底的な日米協調論であった。

これに対して、田中は、アメリカの提議はただ「容易ニ時世ノ変遷ヲ名義」としているだけで、真の狙いはそのシベリア政策と同一系統にある、すなわち、対日抑止政策から出ているので、日本もこれに対抗すべく、「脱退ヲ賭シテ」も地域概括主義を主張して、満蒙における特殊権益の拡張をはかるべきだと論じた。

彼に言わせれば、列挙主義すら「勢力範囲ノ撤廃ニ同意ノ痕跡ヲ遺ス嫌」があるので、断固排斥するべきものであったのである。(15)

**原首相の裁定**　いつものように今回もまた、原首相は、どちらの主張にも与せず、根本的対応は先送りにして、とりあえずは中間策を試みて成り行きを見てはという裁定を下した。

彼はまず両者の言い分にそれぞれ理のあることを認めて、次のように言う。

「孤立に陥る事固より重大なるも、除外を拋棄する事も亦内外に対して重大なる問題を惹起すべし」(一九一九年八月一三日)。

こう言っておいてから、次に「而して」と続ける。

「而して此問題は今日直に究極の決心をなす事を要するやと云へば、尚ほ余地あり、故に出来得る丈先づ前論

〔列挙主義〕を主張すべく……結局の処置をなす事は他日に譲り先づ除外を主張すべく、而して我に於ては急ぐの必要なきに因り可成手切れとならざる範囲に於て之を試むべし」（一九一九年八月一三日）。

こうして日本政府は、この原首相の裁定により、勢力範囲主義を完全に放棄する「満蒙除外無用論」と、勢力範囲主義そのものである「地域概括的満蒙除外論」の両極端を排して、曖昧な〝列挙主義的満蒙除外論〟という中間策を列国に提案して、今回はこれを受け入れさせることに成功したのである。原はこの解決を次のように自画自賛している。

「此借款団問題は随分年月を費したるも我に於ては満蒙は我勢力範囲なりと漠然主張し居たるに過ぎざりしものが、今回の借款団解決にて具体的に列国の承認を得たる事にて将来の為我利益多しと思ふ」（一九二〇年五月四日）。

これは原の独りよがりではなかった。アメリカのロング国務次官から、「本問題ノ解決ハ両国協調ノ主義ニ新紀元ヲ開クモノナリ」という祝電が届いたのである[16]。

**原の外交目標と達成手段**

この結果からすると、ある程度の満蒙特殊権益論と日米協調主義は矛盾しない、それどころか調和するように見受けられる。この点について、原自身はどのように考えていたのであろうか。彼の満蒙観をみながら検討してみることにしよう。

先に見たように、在野時の原は、大隈・寺内両外交を痛烈に批判した。だが、この批判は両者の外交目標自体に向けられたものではなく、この目標を達成するための手段、枠組の不適切さに向けられていた。満蒙における特殊権益の拡張と中国本土における優越的地位の確立は、大隈・寺内両内閣の外交目標であると同時に、原敬個人の、そしてまた原内閣の外交目標でもあった。

第一次世界大戦は原の国際政治観に大きな影響を与えるが、この外交目標に関して言えば、何の影響も与えなかった。

### 満蒙と中国本土

ロシア革命が起こる直前まで、原は「満蒙は結局日露にて分割すべし」(一九一六年三月一六日)と考えていた。革命後も満蒙は日本が「実行的に着々地歩を占むる」(一九一七年五月二七日)地域だと見ていた。

だから、新四国借款団問題で勢力範囲撤廃という世界の大勢を理由に、新外交思想の持ち主、伊東巳代治が唱えた「満蒙除外無用論」を、原は正論とも時勢に沿った議論とも見ず、単なる「歎論」とみなしたのである(一九一九年八月七日)。

中国本土における日本の優越的地位の確立については、例えば、寺内内閣下の石井・ランシング協定案を次のように評価している。

「余は何れの時にか米国をして我優越権を認めさせたきものと思ひ居れば、此案十分ならずとも此点には一歩進むるものなり」(一九一七年一〇月三日)。

また原が中国の南北統一を熱望したのは、なにも利他博愛主義だの、民族自決主義だのといった新外交的発想からではなかった。それは、彼自身、「南北妥協と云ふも我勢力を注入すべき端緒を得べき最好の口実なり」(一九一八年四月二二日)と言っているように、ただ統一が中国における日本の優越権の確立に資するからという純然たる実利主義的な、これまで通りの旧外交的動機からであった(17)。

以上見て来たように、原自身は、満蒙における特殊権益の拡大と中国本土における優越的地位の確立という外交目標は、日米協調主義という枠組内で追及することができるばかりか、この枠組内で一歩一歩着実に漸進していく方法でしか、この目標の達成は不可能であるという信念をもっていた。彼の大隈外交批判、寺内外交批判は、まさに両外交がこの目標達成の枠組、方法、手段を誤ったという一点に向けられていたのである。

## 3　原外交の評価

### 原特有の個人的資質

満蒙特殊権益論は、〝日支親善論〟とはもちろんのこと、日米協調主義と果たして、原が信じたように、究極的に調和できるものであったのであろうか。この二つの要素が調和するように思わせたのは、原の個人的な資質、能力に負うところが大きかったのではなかろうか。常に日米協調主義というベクトルを念頭に据えて、日米交渉を通じてアメリカの同意を求めながら、満州と中国における権益を漸進的に拡大していこうとする原の外交指導スタイルは、次代に継承され得たであろうか。同時に、彼の外交を強力に支持する大政党政友会を一糸乱れずまとめあげる統率力、元老の山県や陸軍の田中を少なくとも敵にまわさないようにしながら、参謀本部を間接的に牽制した内政術は、次代の外交指導者に期待できた資質であったであろうか。

やや結果論めくが、原の外交構想を構成した、日米協調主義と満蒙特殊権益の拡大という二つの要素を分裂させないで調和させていた彼の政治手腕は、次代に継承されがたい極めて個人的な、個性的な資質であった。

### 原なき次代の日本外交

国力の要素として軍事力を過大評価せずに、経済力を重視した日米協調主義者原が、新四国借款団を通じて、また援張策[18]を通じて満蒙特殊権益を拡大すればするほど、原なき次代にはそれは対外的には日中対立は勿論のこと、日米対立をも激化させ、それがさらに対内的には満州と華北の資源を利用して日米戦争に備えるという対米抗争主義者田中の軍事的論理[19]を推進するという皮肉な結果となった。

原の経済主義、日米協調主義とは正反対のベクトルをもった軍人田中が政友会総裁となって、さらに首相となるが、首相兼外相としての彼の援張策は、原の援張策の形だけの継承にすぎず、しかも彼は政友会も関東軍も統御できなかった。

一方、内政面で原のような権力基盤も政治的手腕も持ち合わせていなかった幣原喜重郎は、経済主義に連結された日米協調主義を支柱とする原外交を、内政から切り離された形で継承したが、彼にとっては原が満蒙で残していった遺産は逆に耐え難い重荷となった。幣原には、政友会の森恪や関東軍の石原莞爾のような人物を統御する権力基盤も内政術もなかった。

**「歴史的制約」**

幣原外交が崩壊したのは、一つには、日本外交において異常に肥大化してしまった満蒙特殊権益論を、〝日支親善論〟および〝日米協調主義〟と調和させる適当な方法を見つけだせなかったからであったとするならば、原の満蒙特殊権益論と日米協調主義は、一時的にはともかく究極的には調和しえなかったということになる。

だが、では一九一〇年代の〝転換期〟に原外交よりも優れた、しかも机上の空論ではなくて現実に可能な選択肢があったかとなると、ただちにあったとはなかなか言いがたいところに、日露戦争後の日本外交を拘束する、いわゆる「歴史的制約」[20]があったのではなかろうか。

**〈追記〉** この論文は、一九九三年一〇月一一日、北九州大学における日本国際政治学会で筆者が行った報告「原敬の外交指導」に大幅に加筆したものである。

(1) 三谷太一郎「〈転換期〉(一九一八―二一年)の外交指導」篠原一・三谷太一郎編『近代日本の政治指導』東京大学出版会、一九六五年。入江昭『日本の外交』中公新書、一九六六年、六四頁以下。及び、拙論「摩擦と協調――原敬の日米協調主義」関静雄『日本外交の基軸と展開』ミネルヴァ書房、一九九〇年、二〇九～二一〇頁を参照せよ。

(2) 原奎一郎編『原敬日記』全六巻、福村出版、一九六五年。以下『原敬日記』からの引用部分・参考部分は、本文中に年月日のみを付けることにする。

(3) この時期に「世界のアメリカ化」を意識していたのは、原に限らない。例えば、三谷太一郎の論文によると、新渡戸稲造もその一人である。「このような〔世界的アメリカ化という〕新渡戸の予感はW・T・ステッドの『世界のアメリカ化』の予言によって、日露戦争当時には一層明確な輪郭をとるにいたり、『彼の〈実業界のモルガニゼーション〉てふ新語と相併びて、また〈世界の米国化〉てふ語は、広く世上に行はれ、ステッド氏これに就き明確なる説明を与へたることとなるが、凡そ此の語の意味する風潮其者は、既に人間活動の他方面に於て見るべく、また聞くを得べきものとなりぬ。世界の風潮は米国的なり、其事実は蔽ふべからず」と断定している」（三谷太一郎『大正デモクラシー』中央公論社、一九七四年、一二八〜一二九頁）。
（4）原敬全集刊行会『原敬全集』上、原書房、一九六九年、三五〇頁。
（5）外務省編『日本外交年表竝主要文書』上、原書房、一九六五年、四一九頁。
（6）同前書、四五七頁。
（7）前掲『原敬全集』上、二八頁。
（8）同前書、五七頁。
（9）同前書、九一〜九二頁。
（10）同前書、一四〜一九頁。
（11）同前書、三九〜四二頁。
（12）原と山県の間の、対立と協力という矛盾する要素を含んだ微妙な関係については、岡義武「『平民宰相』原敬」を参照せよ、岡義武『近代日本の政治家』岩波書店・同時代ライブラリー、一九九〇年。
（13）『日本外交文書』大正八年、第一冊、文書番号四三五。
（14）小林龍夫編『翠雨荘日記』原書房、一九六六年、六一一〜六一二頁。
（15）同前書、六二九頁。
（16）『日本外交文書』大正九年、第二冊、上巻、文書番号二一二。
（17）原の南北妥協勧告論の意味合いについては、晋林波「原内閣における対中国政策の新展開1」一四〇〜一四一頁を参照せよ、名古屋大学『法政論集』一四三、一九九二年七月。
（18）原個人の、あるいは原内閣の援張策に関しては、『原敬日記』では、一九二〇年一一月一九日、二四日、一九二一年五月一七日、一八日などの記事を参照せよ。
（19）一九一九年八月一三日の臨時外交調査会で、田中陸相は、次のような発言をしている。
「万一将来米国ニ対シテ干戈ニ訴フル場合ニ於テ支那トノ関係ハ必スシモ断絶スルモノト思ハレス少クモ北部支那トハ提携ノ可能ナルヲ認ム併シ之モ満蒙ヲ扼守スルコトヲ得ルノ結果ニ属スルモノナレハ我帝国ニシテ一朝満蒙ノ勢力範囲ヲ放棄セン乎北清ノ提携モ亦得テ望ムヘキニ非ス御承知ノ通リ支那北部ノ根拠ハ満蒙ニ存ス」（小林龍夫編『翠雨荘日記』、六三二頁）。
（20）三谷太一郎、前掲論文「〈転換期〉の外交指導」」、三六六頁。

# 第六章　水野広徳の対米海軍八割論

## 第一節　水野広徳の実像は？

### 1　水野の自画像

#### 「思想の大転化」？

第一次世界大戦が終わって間もない一九一九（大正八）年三月、海軍大佐水野広徳は、二度目の欧州実見の旅に出た。この頃すでに彼は、日本海海戦を活写した『此一戦』（一九一一年刊）の著者として世に知られていたが、一〇年後の一九二九（昭和四）年、このベストセラーを書いた頃の自分を、「盲目的軍国主義の信仰者」、「侵略的帝国主義の賛美者」であったと振り返っている。[1]さらに、この自称「侵略的軍国主義者」は、彼の第二次滞欧中に北フランスの戦跡を訪ねて「戦争の害毒」を目撃し、ドイツの惨状を実見して「軍国主義の幻滅」を覚認し、「思想の大転化」を来して、「軍備撤廃の大祖」たる「平和主義者」へと大変身を遂げて帰国した。このように回顧している。[2]そして、この軍服を着た平和主義者は、一九二一年、ついに剣を筆に持ち換えて、平和主義的軍事評論家に転身した、ということになっている。[3]

## 2　ワシントン会議前の水野像

そこで筆者としては、この水野広徳の劇的変身と見られているものの実際を、ワシントン会議開催前に書かれた彼の論文を中心に、もう少し子細に検討してみたい。

### ワシントン会議前の軍備論

この目的に到達するため、彼が展開した議論を、軍備全廃論・軍備均等論・軍備比率論の三つの角度から分析することにした。その際、第一に、彼の議論をより鮮明にするために、第二に、ワシントン会議前の海軍軍備に関する論調の一端を紹介するために、それぞれその三つの角度において代表的な議論と水野の議論とを比較対象してみた。

### 平和主義的現実家？

その結果、少なくとも一九二一年までの水野の実像は、確かに、戦争を避けたい、平和を望むという点では平和主義者であったが、決して空想的平和主義者ではなかった、と言えるのではなかろうか。現実という大地にしっかりと足を据え、果たして自分の議論は実際に実現可能なのだろうか、ということを常に強く意識していたという水野像が浮かび上がって来るように思われる。つまり、変身後の水野の実像は、いわば平和主義的現実家という色彩が濃かったのではなかろうか。以下、これらの点について、具体的に検証してみることにしよう。

# 第二節　軍備全廃論

## 1　石橋湛山の主張

### ワシントン会議開催へ

一九二〇（大正九）年一二月、アメリカの上院に日英米海軍制限案、いわゆるボラー決議案が提出されると、三国海軍軍縮会議開催の可能性が急速に高まり、アメリカ国民の間のその熱気は、太平洋を越えて日本に伝播した。

明くる年の二月、尾崎行雄は、衆議院に軍備制限決議案を提出して大演説を試み、アメリカから軍備制限提唱があればこれを受けて立ち、その提議が遅ければ、我より進んで提唱せよ、と原敬内閣を叱咤した。(4) 政友会・憲政会の二大政党に属していない彼の決議案は、衆議院では圧倒的多数で否決されはしたが、院外の軍縮論を勢いづける起爆剤となった。

太平洋の両岸で同時に軍備制限を望む声が高まったとき、頃合いを見計らったかのように、アメリカ政府は、七月、日本政府に対してワシントン会議を非公式に提唱し、続いて八月、正式提議を行った。

ワシントン会議を前に軍備の全廃を唱えたのは、すでに「軍備撤廃の大祖」に大変身を遂げていたはずの水野ではなくて、『東洋経済新報』に論陣を張る石橋湛山たちであった。そこで、当時水野の軍備撤廃に関する考えを見る前に、まずは石橋の主張に耳を傾けてみよう。

**被侵略の三対象**

まず石橋は、ある国に他国を侵略する意図がなく、かつ他国から侵略されるおそれがなければ、警察力以上の兵力は不要である、という机上の理屈としてはごくごく当たり前の一般定理を提示する。

次にこれを日本の場合に応用して、日本自身に侵略の意図がないことは当然のこととして、軍備不要の第二条件たる被侵略の危険の有無、この検討に移る。

その際彼は、考察の対象を日本本土・海外領土・勢力範囲の三つのカテゴリーに分ける。まず第一に、日本本土そのものを奪おうとする国は存在しない、と言う。第二に、海外領土については、奪われる危険はあるかもしれないが、これはそれほど大きな可能性はない、と言う。このように実に楽観的な断定を下した上で、第三の勢力範囲と被侵略の関係に焦点を合わせて行く。(5)

**〝一切を棄てよ〟**

中国とシベリア（当時日本はシベリアに出兵していた）における日米の勢力争い、これこそ、最大の戦争誘発要因であるみなして、これを前提に、「茲に戦争が起れば、起る。而してその結果、我海外領土や本土も敵軍に襲わるる危険が起る」と指摘した。

このような論理の帰結として、石橋は、日本は中国とシベリアへの干渉を止め、海外領土の朝鮮も満州も台湾も樺太も手放して、一切を棄てるならば、「戦争は絶対に起らない」、従って、「我国が他国から侵さるると云うことも決してない」という結論に達したのである。(6)

彼の考えでは、一切を棄てるということは、平和が得られるということだけでなくて、結局は経済的にも莫大な富を入手できる途が開かれるということであった。すなわち、「小欲去って、大欲に就く」の方途であった。何故そうなるのか、その理由も彼は詳しく述べているけれども、本論とは直接関係がないので、ここでは省略することにする。(7)

**軍備撤廃の勧め**

このような論法で、一切を棄てれば、侵略のおそれのないことを証明した石橋は、ワシントン会議の開催を前にして、同志とともに「太平洋問題研究会」を設立した。同研究会は、各国に「帝国主義的欲望」さえなければ、「国際戦争」の起こる理由はないので、「軍備」は不要であると考えた。このような認識に立って、同会は、ワシントン会議参加国に対して、帝国主義を棄てて、「軍備は撤廃の方針を取るべし」と勧告した。(8)

この勧告書の中で、石橋たちが強調したのは、一見「非実行的」と思える軍備撤廃も実は実行可能なものであるという点であった。すなわち、彼らは、戦争の本を断たないで、「単に軍備の末を制限すべし」という主張こそ、かえって「非実行的の言」であり、これに対して、「戦争の起る源」を断てば、「最早軍備は制限の要なく、唯だ撤廃あるのみ」とする自分たちの主張の方が、「実際的」であると説いた。(9)

もっとも、石橋たちも、軍備の撤廃が「万一」不可能であれば、ワシントン会議における「基礎艦隊の出来る限りの相対的縮小」を次善の方策として求めるとは言っているので、頭から軍備縮小論など無意味だと排斥しているわけではない。[10] しかし、これは彼らにとってあくまでも付加的な議論であり、その力点が圧倒的に軍備全廃論にあったことは、明らかである。

## 2　水野広徳の主張

### 二人の石橋の論法

これに対して水野広徳は、軍備撤廃は「痴人の夢」として採用しなかった。その論拠を一九二一年の『改造』三月号に掲載された彼の論文「軍備撤廃又は制限＝縮少論」によって見てみることにしよう。

この論文は、この年の一月に『東京日日新聞』に連載された彼の論文「軍人心理」が海軍当局の忌諱に触れ、謹慎を命じられていた頃、すなわち形だけはまだ剣を吊るしていた頃に書かれたものと思われるが、すでに「思想の大転化」を来し、「軍備撤廃の大祖」となったとされる時点の後に書かれたものである。

水野の主張は、歴史的な意味だけでなく現代的な意味ももっているように思われるので、六〇年後の一九八〇（昭和五五）年に石橋正嗣（一九八三年に日本社会党委員長に就任）が書いた『非武装中立論』[11] と比較してみよう。

前節で見たように、反帝国主義者石橋湛山は、戦争の勃発要因をひとえに「帝国主義」に帰し、海外領土と勢力範囲さえ棄てれば、「日本の本土の如きは、只遣ると云っても誰も貰い手は無いであろう」と推断した。[12] そしてこの独断を大前提とした軍備不要論から、「軍備撤廃論」を説いた。

これに対して、社会主義者石橋正嗣は、戦争勃発要因を専ら「社会主義国を敵視し、米軍に基地を提供している安保条約の存在」に帰し、この日米安保条約を破棄しさえすれば、「周囲を海に囲まれた日本は、……他国から侵略されるおそれはない」と推断した。[13] この独断を大前提とした自衛隊不要論から、「非武装中立論」を唱えたのである。

ここでは二人の石橋の軍備不要論の大前提たる推断の妥当性を問題にするのではない。戦争の原因を「主義」からとらえて一元化してしまう両者の論法と、水野の論法を比較してみたい。

### 水野の論法

水野は、軍備の問題について、「之を根本的に解決するには哲学及生物学の見地より人類の本性本能にまで論及する必要があろう」と言い[14]、戦争の原因について、「戦争の原因たるべきものは素より二三にして足らない。経済上の競争、政治上の衝突、民族的反感、国民的猜忌など種々あらんも、競争的軍備の如きも亦其の主要なる一たるを失はない」と言っている[15]。

このよう水野は、戦争と軍備という二つの問題を特定の「主義」から単純化するのではなく、一筋縄ではいかぬ現実を直視し、その現実からこの難問を多元的にとらえようとしたのである。

### 平和の制度的保障

今ここで取り上げている彼の『改造』の論文では特に、国際社会の現実、人類の本性、国家の本質と軍備および戦争との関係が論じられている。

まず彼は、主権国家の並立という潜在的無秩序状態にある国際社会の現実に目を向ける。このようなホッブズ的自然状態における軍備撤廃の大前提として、国際秩序を維持する制度的保障について考える。その結果、彼が制度的保障の成立要件とみなしたものは、国際連盟の普遍性・包括性と完全な国際警察軍の存在とであった。

だが、この二条件に照らして現実の国際社会を見直してみると、「国際義務強制機関として国際警察の意味を有する兵力」など成立する見込みはない。世界の平和、戦争の防止のために創られた国際連盟も、ドイツをはじめとする連合国の旧敵国だけでなく、ソ連やアメリカなど有力国を欠く「不具なる国際連盟」であった（八三～八五頁）。

秩序維持の制度的保障を欠く現代世界、このような現実の中での戦争と軍備の問題、これについて、次に水野は、現代の道徳水準を考慮に入れつつ、「人類の本性本能」と「国家の優越欲」との関係から考察する。このようなアプローチは、特定の「主義」のみから論じ、人間と国家そのものの本質に対する言及を欠く両石橋とは実に対照的な思考法である。

### 人類の本性と戦争の歴史

彼は「人類の本能」は生存欲の充足であり、この目的を達成する究極唯一の手段は戦争であると主張する（八三頁）。そしてこの主張を歴史の現実と照らして、その正しさを証明せんとしている。すなわち、彼によると、古くは釈迦、キリストをはじめ、数多くの哲人・賢者による反戦平和の声の絶える時がなかった。それにもかかわらず、「人類三千年の歴史」の現実は、戦争の歴史であった（八三頁）。

このような人類の本性と歴史的現実に対する見方から、水野は、孔子の「食を足し、兵を足し、民之を信ず」という軍備必要の教えに賛同する。すなわち、彼の得た結論は、「孔子の言は、今日に於ても尚ほ生々として新なる意義を有して居る」ばかりか、「更に之を将来に推すも、孔子の言は永久に生命を有するものと思はれる」という、軍備必要論であった（八四頁）。

### 国家の優越欲

世界秩序に対する制度的考察からも、人間の本性に対する哲学的・生物学的・歴史的考察からも、戦争はなくならないとすると、現代の世界において軍備は、どのような意味をもっているのか。水野は、この問題を国家の本質と関連づけて次のように考察している。

戦争が潜在する国際社会において、各国家が平和維持のため、自衛のためと称する軍備をもち続けることは言うまでもないが、軍備の有する意味はそれだけにとどまらない。すなわち、個人に「優越欲」があるがごとくに国家にも「優越欲」があり、この優越欲は物質的なものと精神的なものに分けられ、前者は「国利」と呼ばれ、後者は「国威」と呼ばれているが、この「国威の発揚」に必要なのが「国防軍備の強大」である、と（八八頁）。

このような国家観から、水野は更に一層軍備撤廃の困難なることを次のように説く。

「世界の強国が其の国防軍備を撤廃することは、国家優越権の一部を放棄する訳で優越権の盛んなる国家に取りては大なる苦痛であり且つ大に好まぬ処である。就中我が国の如き軍備の力のみに限りて優越権を維持せる国に取つては最も苦痛とする処であらう」(八八頁)。

**軍備撤廃は「痴人の夢」**　以上要するに水野は、世界のすべての国が国際連盟に加入し、国家主権を離れた国際警察的軍備が成立しない限り、軍備の制限もしくは縮小は可能であっても、現代の国際道徳の程度及び人間の本性と国家の本質とを考慮に入れると、軍備の撤廃は、不可能事である、と力説したのである。彼は『改造』論文の結論の一つとして、軍備撤廃を「実効的」と見なした石橋湛山とは対蹠的に、その実現不可能性を指摘し、「要するに各国の軍備撤廃は恐らく痴人の夢を説くに等しく、殆んど永久に実現せぬであらう」と断じたのであった(九三頁)。

## 第三節　軍備均等論対比率論

### 1　痩馬の大言壮語

**対米軍備一〇割論**　軍備全廃論に対する水野の考えは以上のようなものであったが、それでは次に、軍備対米一〇割論に対する彼の考えを見ることにしよう。

一九二一年七月、アメリカが日本に対してワシントン会議開催の非公式提案を行った数日後、当時野に在った憲政会の党首加藤高明が、新聞記者相手の車中談で、「八八艦隊も実は財政的に行き詰つて居るから、英・米とお互いに縮小することは必要だ。併し常に対等の権利だけは主張するが宜い」と語っているように(16)、対米均等比率論は無視できない力をもっていた。

筆禍事件による謹慎生活後の八月、水野は軍服を脱いで評論家になった。転身したばかりの軍事評論家は、当時の対米一〇割論を『中央公論』一〇月号に載せた「華盛頓会議と軍備縮限」で批判している。

その中で彼は、彼が最近読んだ「或る論者」の次のような勇ましい対米均等論を紹介している。

「日英米共に軍備権能に於ては絶対に同等均一である。然るにも拘らず協約に依つて他国の軍備優越を承認することは以ての外である。斯かる考を以て使命に任せようとする大使があつたら、初めから切腹して会議に臨まぬが宜い[17]」。

**日米国力格差**

水野には、両極端は相通じるように思えたらしい。先に軍備全廃論を「痴人の夢」と断じた彼は、今度はこの対米一〇割論を「空言」と見なした。現実を直視しないで自己の推断のみに依拠した軍備撤廃論の実現不可能性を強調したように、足を現実の地に着けないで自己の独断で大言壮語するのみの軍備均等論を、「理屈は兎に角実際問題として到底実現不可能なる要求である」と決めつけた（一一〇頁）。

彼がこのように見なしたのは、日米の歴然たる国力の格差を考慮してのことであった。すなわち、現在の日本の経済力からすると、八八艦隊計画すら「痩馬に重荷」であるのに、日本がワシントン会議で対米一〇割を主張したために協定が成立しなければ、アメリカはただちに軍備拡張を実施し、その結果、「日本の海軍は米の五割になるやら三割に下るやら別らない」というのが、彼の判断であった（一〇九頁）。

**戦争の危険と経済負担**

軍備の規模を各国の自由に任せると、軍備競争が激化し、耐え難い悲惨な大戦争につながる。これこそ、水野を含めた当時の人々が第一次世界大戦から学び取った一大教訓であった。戦前の独墺と露仏の陸軍軍備競争、独英の海軍軍備競争が、空前の大戦争を引き起こしたと信じられていたのである。

今は所を変え、太平洋における日本とアメリカの海軍競争はとどまるところを知らない勢いを呈していた。その結果、日米戦争の危機が高まって、太平洋の両岸では日米戦争説まで巻き起こっていた。それだけでなく、軍備費の増大による日米両国民の経済負担も異常に大きくなっていた。特に日本では軍事費は予算の半分、中でも海軍費は予算の三分の一を占めるほど膨れ上がっていた(18)。

**軍備の縮限と比率**　戦争の危険と経済負担を一挙に金輪際なくしてしまうには、軍備の全廃が一番である。これくらいのことは、石橋湛山でなくとも、水野にも容易に分かるところであるが、水野の見るところでは、これは現在の不完全な国際社会では実現不可能な理屈にすぎない。だから、次善の策として、危険と負担を少なくともこれ以上に増大させない、できれば軽減する方途を探らねばならない。

軍備の、できうれば縮小を、少なくとも制限（水野は縮小と制限を併合して「縮限」という言葉を用いている）を実現する必要があった。この実現は、軍備が相対的なものであることを考慮すれば、協定によらねばならない。しかし、日米の国力の格差から考えて、対米一〇割の均等的協定比率が現実には不可能である。それならば、残された道はただ一つ、狭義の協定比率、すなわち、差等的協定比率であった。

このように現実を直視した結果、軍備全廃と均等比率は実現不可能であると見た水野は、それでも平和主義的理由と国民経済的理由とから、ワシントン会議に期待を寄せ、自らを「相対的協定的軍備縮限論者」と規定したのである（九六頁）。

## 2　日本海軍の対米七割論

**軍縮受入れの用意**　水野だけでなく日本海軍も、協定比率論者であり、軍備縮限論者であった。この年の四月上旬、それから半年後にワシントン会議全権に選ばれる加藤友三郎海相は、次のような声明を公にしていた。

「帝国政府は国際連盟に加盟し軍備制限の主義に賛成せり。随って右の主義を実現すべき会議あるに際しては、余は欣んで他国政府と協同せんと欲す。……信頼するに値する協定列国間に成立し、列国兵力の制限に一致するときは、日本も適当なる程度迄之が制限をなすべし。随って或場合には八八案完成を固守するものにあらざるなり(19)」。

**財政破綻のおそれ**

八八艦隊計画の牽引車であった加藤自身がこのように計画縮小に傾いたのは、水野同様、八八艦隊案は「痩馬の重荷」であることを痛感させられていたからである。このころ加藤は、山梨勝之進海軍軍務局第一課長に対してしみじみと次のように語ったそうである。

「おれが大臣になった六年前には、横須賀での進水式に、両院議員や朝野の名士を呼び、進水のたずなを切った後、食堂で礼を述べると、みんな喜んで、良かった、おお日本の国が偉くなった、と喜んでくれたものだが、このごろになると、あれ一隻いくらですか、今日の進水式の費用がいくらかかりましたか、とかなんとか言って、海軍予算に対する関心が非常にたかまってきた。世の中は財政難になってきたのだね(20)」。

西本元大蔵次官は、ワシントン会議に出席する前の加藤海相以下海軍省部の首脳陣を前に次のような演説を行い、苦しいどころの騒ぎではない財政事情を打ち明かした。

「皆様はワシントン軍縮会議に行かれるが、日本の国の財政がつぶれるか、つぶれないかはここに集まったみなさん方の双肩にある。八八艦隊の予算はどうやら作文上できたが、しかし内容は実がありません。できません(21)」。

**加藤全権の軍縮論**

これよりも二年前からすでに、加藤海相は、日米の国力の格差について議会の予算委員会で次のような答弁をしていた。

「彼の大強国大金持ち（アメリカ）が、その無限の資力を以て拡張して行こうということに、競争致そうという意志をもっていない。また仮にもった処が及ばないということは分かり切った話である」[22]。

従って彼は、水野よりも先に、水野と同様の認識に立って、同様の判断を下していたわけである。

このような考えをもっていた加藤全権は、ワシントン会議開催の四日前、内外の新聞記者を集めて八八艦隊に固執しないと言明し、加えて、次のように語り、対等比率を求めず、適当なる差等比率を受け入れる用意のあることを示唆したのである。

「日本ハ曽テ英米ニ匹敵スベキ海軍ヲ建設セントシタル事無シ日本海軍維持ノ必要ハ日本ガ自給自足ノ国ニ非ラザルガ為ナリ」[23]。

日本海軍にとって適切な協定比率とは、よく知られているように、対米七割であった。日露戦争後、一九〇七（明治四〇）年の「帝国国防方針」は、アメリカ想定敵国視・八八艦隊案・対米七割論を三本柱としていた[24]。

**海軍の七割論**

水野と海軍兵学校で同期であった小林躋造は、一九〇七年から九年にかけての海軍大学校甲種学生だった頃、ある教官から、「米英と戦う如き場合があるとして、少なくとも勝負の算五分と五分となるべき兵力は何程であろうかが検討された結果、敵の兵力七割あれば斯くあり得る」という秋山真之が研究の末到達したと言われている結論を教わった、と述べている。

さらに小林は、「海軍大学校甲種学生を履んだ者は海軍の要路に用いられるものが多い。従って『七割』論は海軍の通念となり、之を以て我が海軍兵力整備の基準としたと語っている。

七割論を最初に主張したのは、秋山ではなくて佐藤鉄太郎であるという説もあるが、どちらが先かは別として、この二人の研究結果が、海軍大学校からしだいに海軍部内全体に拡散していったようで、対米七割論は、ワシントン会議開催の頃には、日本海軍の伝統的な根本方針として確立していたのである[25]。

アメリカから非公式提義があった後、海軍の「軍備制限対策研究会」は、この海軍の伝統的な根本方針に従って、「帝国ハ米国ニ対シテ其ノ七割以上ノ海軍兵ヲ絶対ニ必要トスルコト」という報告を加藤海相に行った[26]。

**加藤全権宛訓令**

これに対して、日本政府が加藤全権に与えた訓令を見ると、日本の海軍兵力に関して、「地理的地位及国情ニ鑑ミ強テ強大国ト均勢ヲ主張セントスルモノニアラス」と[27]、均等比率を採らないことを明らかにした上で、次のように言っている。

「帝国ト世界平和ノ為メ少クトモ東洋ノ海面ニ於テ彼等ノ運用シ得ヘキ実勢ト略均衡ヲ保持スルニ足ルモノナラサルヘカラス」[28]。

訓令は漠然とこのように言っているだけで、対米七割という数字を明記していないのである。

この政府の訓令をどう解釈すべきか。数字こそ明示されてはいないが、趣旨として対米七割を全権に命じたものにほかならない、という解釈も成り立ちそうだが、別の解釈の余地もある。

つまり、用意周到な加藤全権は、七割の主張が通らない場合を想定して、その場合、訓令に縛られることなく、七割以下で妥協して会議を成立させたいという気持ちがあって、原敬首相や内田康哉外相と事前に相談して、訓令には数字を明記しないことにしたのではなかろうか。

ワシントン会議前の加藤海相の意中はともかく、組織としての海軍の公式方針は、対米七割であったことは確実である。

## 第四節　水野の対米八割論

### 1　小国の「犠牲心」と大国の「雅量」

#### ワシントン会議の前途

水野は、軍備の全廃は現実的に不可能だが、縮小もしくは制限、すなわち「縮限」なら可能であり、必要であると考えた。このことは、すでに述べたが、それでは何故、縮限、特にワシントン会議での縮限が可能だと考えたのであろうか。

当時の石橋湛山は、軍備全廃の実現可能性を悟らぬ世人がワシントン会議での軍備の制限・縮小を悲観的に予想している様を次のように皮肉っている。

「軍事専門家は、斯様な中途半端の制限は、技術上協定頗る困難だと説いておる。於是世人は、軍備撤廃などとは、固より夢にも考えつかぬから、所詮此海軍縮小会議は失敗だ、小田原評定に終わるに相違ないと、或は悲観し、又或は喜んでおる(29)」。

このような悲観的な見方に対して、水野は、確かに会議には難関はあるが、これとて参加国の誠意と適切な方策で乗り越えられないものではない、と見ていた。というのは、今回のワシントン軍縮会議は、従来の軍縮会議とは異質なものと見なしていたからである。

#### 従来と異なる会議

どこが異なるのかと言えば、彼によると、従来の軍縮論は、純人道上からする理想主義であって、その主張は極めて高遠にして純真ではあるが、人間の「日常生活」に直接の関係が極めて薄かったので、理想的空論として世間の共鳴を得られなかった（一〇〇頁）。

ところが、今度のワシントン軍縮会議は、第一次大戦後、平和を求める声が高まったこともさることながら、何と言っても経済問題がその開催の最大因由である。このような人間の「実生活」に直接関係のある経済上に立脚した軍縮運動は、おそらく今回が「嚆矢」である（一〇一頁）。

このような平和主義的現実家水野の面目躍如たる理由づけから、水野は次のような確信を抱くに至ったのである。

「従来常に唱へられたる平和論や、屢試みられたる平和運動に比すれば、今回の華盛頓会議は数層有力なるものである。従うて難解の軍縮問題を解決するには誠に絶好の時機である」（一〇一頁）。

**軍備の標準と比率**　水野の見るところによれば、軍備縮限の目的を達成するための実行上の難関は、その方法であった。まず第一に、軍備の標準の決定方法には、経費による方法と、武力による方法があるが、結局、彼が問題の解決を最も容易にする方法として選んだのは、武力、中でも主力艦（戦艦と巡洋戦艦）の隻数のみを基準とする方法であった（一〇四～一〇五頁）。

次に軍備の比率の決定については、次のように論じている。国富においてアメリカの一〇分の一にも及ばない経済小国日本が経済大国アメリカに対して、国防の自由権を盾に軍備の均等比率を求めれば、協定成立の見込みはたないから、現在の日米の経済力を比率決定の第一基準にしなくてはならない。すなわち、経済小国日本は、国防の自由権を「犠牲」にして、経済大国アメリカの軍備優越権を容認しなければならない（一〇四頁、一〇八頁）。

このように経済力の差から原則として差等比率を承認し合えば、次に具体的な比率を決定することになるが、差等比率といっても、小国の国防を危うくするものであれば、協定は成立しがたいから、この比率決定の第二基準は、「国家の安全」でなくてはならない。これについては経済大国アメリカも、小国日本が国の安全を保てる程度の軍備を容認する「雅量」を示さなければならない。

このように水野は、小国の「犠牲心」と大国の「雅量」との「交譲精神」をもってすれば、比率決定という会議における最大の難関も突破できると確信していたのである（一〇四頁）。

## 2　国家安全主義

### 対米八割の必要

さて「国家の安全」という国家安全主義を比率決定の具体的基準とすると、水野の考えでは、日本の主力艦隊は対米何割になるであろうか。それは、軍服を脱いだばかりの元海軍軍人だけあって、海軍の対米七割思考と類似している。

まず戦術上からすると、すなわち、日本近海での彼我艦隊による直接の打ち合いの場合を想定すると、地の利と人の利を差し引いて、最小限度対米七割は必要であるとする。

次に戦略上からすると、すなわち、長い海岸線と広い海面の防御を考慮に入れた場合を想定すると、少なくとも対米八割は必要であるとしたのである（一〇八頁）。

### 国家の安全と現在勢力

ワシントン会議では、日本側が、主力艦の現在勢力とは独立させて、国家安全主義から対米七割を要求したのに対して、アメリカ側は、現在勢力主義を基準に対米六割という数字を弾き出したために、両国は原則上の深刻な対立に陥るのであるが、水野はこの二つの基準の関係をどのようにとらえていたであろうか。

この点に関して彼は、「協定の基礎を『国家の安全』に置く以上、成るべく現在に於ける各国の海軍勢力を尊重せねばならなぬ」と、原則的に二基準を矛盾しないものと見ていた。というのは、「現在勢力は各国が安全上必要と認めて存置せるもの」と見なしていたからである（一〇三頁）。

### 現在勢力の定義

彼は、国家安全主義＝現在勢力主義＝対米八割論の等式が成立することを証明すべく、日米の現在勢力としての主力艦の隻数を比較する。ワシントン会議では、アメリカ側が既成主力艦と建造中の主力艦を現在勢力と見なしたのに対して、日本側は既成艦のみを現在勢力と見なして、互いに自分の側に有利な基準と計算法によろうとしたが、水野の方法はいずれともことなり、計画中の主力艦と計画前の主力艦の合計数を現在勢力と見なした。

すなわち、アメリカについては第一次三年計画と計画以前の主力艦を現在勢力とみなし、日本については八八艦隊計画と計画以前の主力艦を現在勢力と見なして、その隻数を比較したのである（一〇六～一〇七頁）。

彼がこのような基準を採用したのは、どうしても劣等比率で我慢しなければならない日本海軍の意向を斟酌したからだと思われる。

**現在勢力の算定**

周知のように、ワシントン会議では、隻数ではなくてトン数比率が採用された。水野が対象とした主力艦を、トン数比で見てみると次のようになる。まず水野の区分けの間違った数字に従うと、計画前の主力艦比は対米六割三分、計画中の主力艦比は九割四分、両方を合わせた比率は、対米八割三分となる。

このように、仮に水野が隻数でなくトン数を基準としていても、対米八割論を変える必要はなかった。念のため、実際の正しい数字でも見ておくと、当然合計比は八割三分で変わらないが、計画前は五割四分、計画中は一〇割三分になる。八八艦隊案がいかに壮大な、あるいはいかに滅茶な計画であったかが分かろう。

**八割は至当の論**

このように水野の対米海軍八割論は、彼としては、小国日本が国防の自由権を「犠牲」にして差等比率を認める代わりに、アメリカが大国の「雅量」を示して、日本の安全に必要な比率を認める「交譲精神」に基づくものであると確信して、次の結論を得た。

「若し我海軍が、米国海軍の約八割を標準として会議に臨むとせば、吾人の私見としては国防上先づ至当の主張であらうと信ずる」（一〇七頁）。

もしこの主張が受け入れられなかったとしたら、その責任は日本ではなくてアメリカにあると、次のように言う。

「国家の最も貴重なる国防の自由権を犠牲に供し、米国の優越権を認むるは独立国家として誠に耐へ難き譲歩である。而かも尚ほ米国に於て応ぜずとせば、米国は世界の平和に対して誠意の無きものと言はねばならぬ。而して協定不成立の責任は米国の全然負ふべきものである」(一〇八頁)。

## 3 軍事評論家水野の実像

### 「思想の大転化」の実態

水野は軍備の全廃を望んでいたが、これは不可能であると判断し、次善の策として、軍備縮小を望んだ。しかし、これも実現は極めて困難であると思ったようである。高望みして何も進まないより、一歩でも前進した方がよいという極めて現実的なアプローチを好む傾向が強いのが、水野である。このような現実主義的アプローチから、彼はワシントン会議での達成目標を大幅に引き下げ、「当面的応急策」として「軍備拡張の制止」に置き、三年計画と八八艦隊の維持をも認めたのである(一〇三頁)。

こう見て来ると、第一次大戦の悲惨な戦跡を実見して「思想の大転化」を来し、「軍備撤廃の大祖」となったという自画像は、後年の水野が、自己の思想的変化を劇的に描き過ぎたのである。水野を崇敬してやまない松下芳男の記述も彼の言葉を鵜呑みにした結果であることが分かる。

この点に関する指摘は、何も筆者の新発見ではない。つとに宮本盛太郎は、次のような指摘をしている。

「一見すると、水野は、軍備拡張を是とする軍国主義者から、平和主義者へ大きく転換したように見える。しかし、彼が初期に主張していた軍国主義の概念は、このようなものではなかった」[30]。

また、木村久迩典も、「広徳の思想は、自分が考えていたほど、ウルトラ軍国主義者であったわけではなく……」と指摘している[31]。

筆者は両者の示唆を受けて、水野の思想的転回なるものの実態に、時期と問題を特定することによって、より具体的に迫って見たいと思って、本章の筆を執った次第である。

そうして今到達した結論は、少なくともワシントン会議前の、そして軍備問題に関する水野の実像は、第二次渡欧前の自衛的軍備拡充主義者から変身した平和的軍備縮限主義者であった、というものである。ただし、この時点での彼を更にもっと精確に規定するとすれば、平和的軍備拡張的制限論者とした方がよいかもしれない。

### 平和的軍備拡張的制限論者

なぜなら、比率算定基準の割り出し作業においてであるにしても、一応、八八艦隊計画中の既成艦「長門」と、既成艦隊と認知される寸前にあった「陸奥」は言うまでもなく、それ以外の未成艦すべての建造を容認している水野案は、将来の財政的負担からいっても、将来の保有主力艦隻数からいっても、縮小ではなくて拡張をもたらす論理を含んでいた。ただ拡張の上限を設定し、それ以上の競争的拡張を抑えることを目指したものであったからである。

しかし、縮小的制限を望み、軍備撤廃を白痴ならぬ自分の夢としていた、この現実的平和主義者は、自己の拡張的制限論を次の縮小的制限に、そしていつかはその「夢」につながる現実的な、最初の「応急的」、「試験的」対応と見なしていた（一〇三頁）。

ワシントン会議が開催されてから、自己の対米八割論が到底実現不可能であることを知り、縮小的制限でさえ可能であることを知ったとき、この平和主義的現実家の軍事評論家は、どのように変化するであろうか。これについては、また機会があれば触れてみたい。本章では水野の対米八割論の論理と、その特徴を紹介するに止めたい。

（1）『現代日本文学全集―戦争文学集』第四九巻、改造社、一九二九年、四五九頁。
（2）同右、四六六頁。
（3）松下芳男『水野広徳』四州社、一九五〇年、四六頁。

（4）尾崎行雄『尾崎咢堂全集』第六巻、公論社、三九一～四二一頁。
（5）石橋湛山「大日本の幻想」（一九二一年七月三〇日、八月六日、一三日）石橋湛山全集編纂委員会『石橋湛山全集』第四巻、東洋経済新報社、一九七二年、一八～一九頁。
（6）同右、一九頁。
（7）石橋湛山「一切を棄つる覚悟　太平洋会議に対する我態度」（一九二一年七月二三日）『石橋湛山全集』第四巻、一三頁。
（8）石橋湛山「軍備制限並に太平洋及極東問題に関する会議に就ての勧告」（一九二一年九月二四日）『石橋湛山全集』第四巻、五五～五六頁、五八頁。
（9）同右、五九頁。
（10）同右、同頁。
（11）石橋政嗣『非武装中立論』日本社会党中央本部機関紙局、一九八〇年。
（12）石橋湛山「大日本主義の幻想」『石橋湛山全集』第四巻、一九頁。
（13）石橋政嗣『非武装中立論』、六四～六五頁。
（14）水野広徳「軍備撤廃又は制限＝縮少」『改造』一九二一年三月号、八三頁。以下、本節での同論文関連部分は、本文中に頁数のみ記す。
（15）水野広徳「華盛頓会議と軍備縮限」『中央公論』一九二一年一〇月号、九九頁。
（16）加藤伯伝記編纂会『加藤高明』下巻、原書房、一九七〇年、三九二頁。
（17）水野広徳「華盛頓会議と軍備縮限」、一〇九頁。以下、本章での同論文関連部分は、本文中に頁数のみ記す。
（18）本書第一章の注(24)の表7を参照せよ。
（19）石橋湛山「加藤海相の陳述書」（一九二二年四月一六日）『石橋湛山全集』第四巻、四五一～四五二頁。
（20）山梨勝之進『歴史と名将』毎日新聞社、一九八一年、一五一～一五二頁。
（21）同右、一五一頁。
（22）麻田貞雄『両大戦間の日米関係』東京大学出版会、一九九三年、一五四頁。
（23）外務省編『日本外交文書ワシントン会議』上巻、外務省、一九七七年、二三四頁。
（24）麻田貞雄『両大戦間の日米関係』、一四九頁。
（25）防衛庁防衛研修所戦史室『戦史叢書　大本営海軍部・連合艦隊』一、朝雲新聞社、一五八～一五九頁。
（26）同右、一八三頁。
（27）外務省編『日本外交文書ワシントン会議』上巻、一八五頁。

(28) 同右、一八六頁。
(29) 石橋湛山「軍備の意義を論じて日米の関係に及ぶ」(一九二一年八月二七日、九月三日、一〇日)『石橋湛山全集』第四巻、四七頁。
(30) 宮本盛太郎「水野広徳における思想の転回」宮本盛太郎・関静雄他『近代日本政治思想史発掘』風行社、一九九三年、六頁。
(31) 木村久迩典『錨と星の賦——桜井忠温と水野広徳』新評社、一九八〇年、八一頁。

# 第七章　幣原喜重郎と排日移民法

## 第一節　不吉な暗雲

### 1　排日移民法実施の日

**格調高い処女演説**

加藤高明護憲三派内閣の外務大臣に就任したばかりの幣原喜重郎は、一九二四（大正一三）年七月一日、衆議院において外交方針に関する処女演説を試みた。「諸君、外交問題ハ往々一国国運ノ消長ニ影響スルモノデアリマスカラ……」、と切り出されたこの演説は、後に〝幣原外交〟として知られることになる外交の基本的な要素を既に含んでいて、それはそれは実に格調高いものであった。

「第一ニ帝国ノ外交ハ我ガ正当ナル権利利益ヲ擁護増進スルト共ニ、列国ノ正当ナル権利利益ハ之ヲ尊重致シマシテ、以テ極東並太平洋方面ニ於ケル平和ヲ確保シ、延イテハ世界全般ノ平和ヲ維持スルコトヲ根本義ト致シテ居ル次第デアリマス、……吾々ハ何等他国ヲ犠牲トシテ、非理ナル欲望ヲ満タサントスルモノデハアリマセヌ、又所謂侵略主義トカ、領土拡張政策ト云フガ如キ、事実不可能ナル迷想ニ依ッテ動カサル、モノデハアリマセヌ、……吾々ノ主張致ス所ハ、畢竟列国ノ共存共栄ノ主義デアリマス、今ヤ世界ノ人心ハ一般ニ此方向ニ向ッテ覚醒セントスルノ徴候ヲ示シテ居リマス[1]」。

**七月一日**　新外相が議場で高らかに幣原外交を歌い上げていたころ、議場外では、この日実施されたアメリカの排日移民法に抗議する国民大会が全国各地で開かれた。正義は我にありと無条件に信じることができた世論は、文字通り沸騰、激昂していた。

翌日の『東京朝日新聞』は、その人心をさらに煽るような見出しを付けて、大会の模様を次のように報じた。

「　迸る非憤の叫び

　　忘られぬ米禍の日

七月一日！　国民が牢記して忘るべからざる排日法実施の日、この屈辱を記念すべき米禍の日朝九時に、全国一斉に各神社で国威を海外に宣揚すべき祈願の式が挙げられた。東京では午後から芝増上寺に、赤坂山王台に記念大会や演説会が催され、国民悲願の情を迸らせた。『米国反省せよ』、『この国辱を忘れるな』は、この一日全国民を通じて流れる強き意志であり、感情であった[2]」。

**星条旗盗難**　理知よりも感情が先立ちやすい人種問題をめぐって日米関係がささくれだち、両国民の感情が外からの刺激に過敏に反応しやすくなっていたその折も折り、一人の無思慮な男によって、由々しき外交問題に発展しかねない事件が引き起こされた。

事件についての情報は、そのときまだ議場にいた加藤首相、若槻礼次郎内相、そして幣原外相に、警察からすぐさま伝えられた。

「本日午後零時半頃、赤坂区榎坂町一番地米国大使館焼け跡に一名の怪漢ひそかに忍び入り、同所構内に掲揚せる同国国旗を突如引き下ろし、脇の下にこれを抱え正面の土堤構えを乗り越え逃走したが、その時かねて同所警備のため配置しありたる警察官は、これを発見するや否や追跡せしが、同区溜池二番地演伎座附近においてその踪跡を失し、目下極力犯人捜索中なり」(3)。

翌日、この〝アメリカ国旗盗難事件〟の犯人は捕まり、星条旗も無事戻って来たが、やはり犯行は排日法の実施に関係があった。同法の実施に憤慨した犯人は、その報復手段として、アメリカ国旗を奪取し、これを赤坂山王台で開会中の対米国民大会にもって行き、その場で引き裂いて気炎を上げようと企てたのであった(4)。

幸い事件は、二年半ほど前にワシントン会議を成功に導いた二人の理知の人(5)によって迅速かつ冷静な対応がなされ、ことなきを得た。「斯ノ如キ行為〔アメリカ国旗奪取〕ハ日本国民ノ意志ヲ表明シタルモノデハナイト固ク信ジ」た幣原外相は、即日アメリカ政府に対して日本政府の「深厚ナル遺憾ノ意」を伝えた(6)。これに対して、チャールズ＝エヴァンス＝ヒューズ国務長官は、何ら日本政府の責任を問うことなく、事件を「無責任なる一個人の行為(the act of an irresponsible individual)」として片付けた(7)。

**排日議員の狙い**

この星条旗窃取事件同様、排日移民法そのものに関する幣原の見解、対応も、いかにも彼らしく、沈着冷静であった。人を感情に走らせやすい性質を帯びた問題であったにもかかわらず、彼はまず理性と論理による多角的な分析を試み、そして、まことに厄介な目前の状況であるにもかかわらず、長期的展望を見失わなかった。

問題の排日移民法は、この年の四月に上下両院を通過し、五月、キャルヴィン＝クーリッジ大統領が同法案に署名したことによって成立した。これに大きなショックを受けた日本人の多くは、条文もろくろく読まずに、また意外と入りくんだ背景を考慮することもなく、同法をアメリカ全体が日本人を標的とした人種差別法であると速断し、反米的感情を激発させたものと思われる(8)。

これに対して、外交の専門家である幣原は、同法の本来の目的を正確に見抜いていた。彼によれば、同法は初め「欧州移民入国制限法案」として議会に提出された。そのころ急増していた東欧と南欧、特にイタリアからの移民に歯止めをかけるためであった。日本人移民に対しては日米紳士協定が励行されており、純粋労働移民は極めて僅少であったので、実際問題としては、同法案にわざわざ日本人移民を目的とした特別条項を入れる必要は全くなかった。

しかるに、「太平洋沿岸ノ排日論者」は、欧州移民制限という緊急課題の浮上に乗じて猛烈な運動を展開し、「帰化権ヲ有セザル人民」（実質的には日本人）の入国を禁止する排日条項を原案に挿入することに成功したのである。[9]クーリッジ大統領もヒューズ国務長官も、元来、排日条項の挿入には反対であった。[10]しかしながら、そのために法案の本来の目的たる欧州移民制限という緊急問題を犠牲にすることはできなかった。まさにそこが排日議員の狙い目であったのである。そのため大統領はやむなく法案に署名をしたが、その直後にステートメントを発表し、日本人を慰撫しようと努めた。

「予ハ本法案ニ署名スルニ当リ主要諸点ニ就テハ衷心賛成スルモノナルモ唯現行法律上特ニ日本人ニ影響ヲ及ホスヘキ排斥条項ヲ本法案ヨリ引離ス能ハサルヲ遺憾トス日本国民ニ対スル賞讃ノ念ト深厚ナル友誼ノ情ハ今後モ従来ニ於ケルト等シク依然充分ニ披瀝セラルヘク右情念カ本条項ノ制定ニヨリ何等変化ヲ生スルモノニ非サルコトヲ確認スルハ予ノ喜トスル所ナリ[11]」。

## 2　親米家たちへの大打撃

### 知識人への衝撃

いかに大統領が弁明しようとも、排日移民法の実施によって、法的に日本人がヨーロッパ人とは人種的に差別され、一八八二（明治一五）年以来既に入国を禁止されていた中国人と同じ扱いを受けるという厳然たる事実が、日本人の面前に突き付けられることになった。

明治以来、日本は、「亜細亜東方の悪友」との交際を謝絶し、〝脱亜入欧〟に邁進し、[12]日清・日露の両戦役を通じて「亜細亜州中ノ特例ナル文明強力ノ国」として「一種特別ナル待遇」[13]を受けるようになった。第一次大戦後は、日本は世界から米・英・仏・伊の西洋四列強に伍する五大国の一員として認められた。

このように思い込んでいた当時の日本人にとって、アメリカの排日移民法の成立は、今日の我々からは想像できないほどの大きな衝撃であり、深い屈辱であったにちがいない。

既に〝黄禍論〟ならぬ〝白禍論〟・〝米禍論〟を唱えていた徳富蘇峰が、「七月一日、日本の外交政策が東より西へ大弧線を書く日、米国と手を切つてアジアの兄弟と手を握る日」[14]と反米的アジア主義を煽ったのは当然であったが、決して反米的とは言えない人ですら、排日移民法を機にこれまでの日米関係、延いては対西洋関係を根本的に考え直してみる必要があるのではないかという気持ちになった。

知識人の中には、日本外交の基軸としてこれまで伊藤博文から西園寺公望へ、さらには原敬へと三代の政友会総裁によって受け継がれ、今、幣原喜重郎へとバトンタッチされた対西洋協調路線を、一大転換させるべき秋ではないか、と考える者もいた。

例えば、美濃部達吉は「国家百年の大策としては、所詮アジア民族の協力一致を図る他はない」[15]とアジア主義に傾いた発言を行い、稲畑勝治は「排日問題を機会とする我国民の対米観察乃至感情を十分利用して外交上米国からの独立を宣言す」べきであると、対米追従外交から自主外交への転換を勧めた[16]。

**両院の対米非難**

貴族院・衆議院でも、七月一日、対米非難決議を全会一致で上げ、壇上に立った議員は、排日移民法の実施を「正義公平の国」・「正義人道の国」にあるまじき行為と、異口同音に批判した。

特に衆議院議員の中には、日本外交はこれまで余りにもアメリカに気兼ねしすぎてきたと、対米追随外交を非難し、日本には「亜細亜洲ノ洲権ヲ擁シナケレバナラヌ大責任」があると、アジア重視外交を唱道し、さらには、日米戦争の覚悟を固めよとまで、次のように説く者もいた。

「若シモ亜米利加ガ日本ノ生存権ヲ――世界ニ於ケル生存権ヲ脅シ来タラバ、真綿デ首ヲ締メラルナラバ、日本ハ蹶然トシテ干戈ヲ持ツテ起タナケレバナラヌト云フコトヲ思ハナケレバナラヌ」(17)。

だが排日法の成立から最も大きな打撃を受け、最も深い心の傷を負ったのは、心底からの親米家たちであった。「僕はこの法律が撤回されないかぎり、断じてアメリカの土は踏まない」と誓った新渡戸稲造の例は有名だが、その他にも、金子堅太郎や渋沢栄一をその代表的な例として挙げることができよう(18)。彼らはアメリカが正義人道の国なることを固く信じていただけに、裏切られたという感じをもったのも無理はない。

**金子堅太郎の場合**

若き日にボストン大学とハーバード大学に学び、以来、長年にわたって日米友好関係の促進に努めて来た金子は、「わが事終われり」という言葉を残して日米協会の会長を辞した。彼の辞職理由書には次のように書かれていた。

「私は四十年以上に亘り日米両国々交親善増進の為めに微力を尽したのでありますれば、移民法が惨めにも此くの如き大多数を以て通過致したるを聞きました時、私の前途の望は打砕かれたかの如き感に打たれたのであります。人は希望に生きるものであります。私が日本及第二の故郷たる米国の為に微力を尽さんとの希望が打破られた今日、日米協会々長の椅子に晏如たる事は不可能なのであります。私が深き悲しみの情を以て辞任致せる心情を御了承願ひ度いのであります(19)」。

**渋沢栄一の場合**

この年八四歳になっていた渋沢は、幕末の青春時代を、一時、攘夷論者として送ったが、その後転向して大実業家としての道を歩み、そのかたわら金子同様長い間日米親善のための民間外交に尽力してきた。排日移民法が下院だけでなく、良識の府、上院を通ったことを知ったとき、彼は自分の来し方を振り返って、その真情を涙ながらに語った。

「〔排日移民法が〕上下両院を通過したと云ふ事を聞きまして、永い間亜米利加との関係を継続して骨を折つて居た甲斐もないと、余りに馬鹿らしく思はれ、社会が嫌になる位になつて、神も仏も無いのかと云ふ様な愚痴さへ出したくなるのであります。……私は下院は通過するとも上院は通るまいと思つて居た。然るに上院迄も大多数で通過したと云ふ事を聞いた時には、七十年前に亜米利加排斥をしたが、当時の考を思ひ続けて居た方が良かつたかと云ふ様な考を、起こさゞるを得ないのであります(20)」。

それでも、「真理は必ず最後の勝利者であらう」と信じて、なおも大統領による署名拒否に最後の望みを託していたが、その期待も空しく潰え去ったあと、〝脱亜入欧〟世代の代表格の一人である渋沢は、その無念さをスタンフォード大学のデイヴィッド＝スター＝ジョーダン学長宛の手紙の中で、次のように言い表わしている。

「名を欧州移民制限に仮り、過去一六年間最も有効に施行せられたる紳士協約を無断に破壊し、従来米国が劣等国として遇し来れる国々と同一線上に日本を立たしめんとするは、残酷と曰はんか、又無礼と曰はんか、老生は憮然として嘆息せざるを得ざる次第に之有候(21)」。

# 第二節　船乗りの巧技

## 1　幣原の対米抗議方式

### 対米抗議公文

五月二六日、クーリッジ大統領が新移民法案に署名し、同法がいよいよ七月一日に実施されることに確定したとき、日本政府としては黙っているわけにはいかなかった。効果があろうがなかろうが、国内世論の沸騰ぶりに鑑みても、正式な外交ルートを通じて文句の一つも言っておかなければならなかった。この対米抗議の陣頭指揮に立つべき外務大臣は、たまたま松井慶四郎であった。彼は幣原の同郷の先輩でもあり、また中学・大学・外務省での先輩でもあって、幣原とは気心の知れた仲であった。

そのころの幣原はと言うと、駐米大使として、またワシントン会議全権として日米協調主義の確立に大きな役割を果たした後、ワシントンから帰国し、その後は待命中の身分となり悠々自適の生活を送っていた。

そこで松井は、日米移民問題に豊富な経験を持つこの四つ歳下の後輩に目を付け、対米抗議文の起草を依頼することにした。(22) こうして幣原によって英文で書かれた松井外相名義の抗議公文は、五月三一日、埴原正直駐米大使からヒューズ国務長官に手交されたのである。

後に幣原はこの抗議文を三点に自ら要約している。

一、排日条項は正義公平の原則に反し、殊に人種の相違を理由とする差別待遇は国民的な不快感を引き起こす。

二、排日論者が行う日本人に対する非同化性の論断は誤謬か、あるいはしからざれば、少なくとも時期尚早である。

三、なるほど移民の制限は国家固有の主権に属するものだが、両国間に存在した友好的了解を突如破壊した本立法は国際的礼譲に反している。(23)

**棚上げ方式**

この日本の抗議に対して、アメリカが回答文をよこした六月一六日には、既に清浦〝非立憲〟内閣は倒れ、加藤〝護憲〟内閣が成立していた。こうして、アメリカの回答にどのように対処するかが、幣原新外務大臣の初仕事となった。

幣原外交のデビューを飾った七月一日の衆議院での演説では、彼は「吾々ハ我ガ正当ナル主張ヲ得ラレザル限リ我ガ抗議ヲ維持シマス」と対米抗議継続の方針を明らかにして、拍手を得ていた。(24)

この方針は、貴族院で阪谷芳郎が幣原外相に警告したように、売り言葉に買い言葉、「段々火ニ油ヲ注グ」結果になりはしないかという危険性を孕んでいた。阪谷はこの危険な道に踏み込まないためには、単なる抗議に止どめず何らか積極的な解決手段をとるべきだと忠告した。(25)

実は、阪谷の指摘を待つまでもなく、幣原自身、既にこの危険性に気づいていた。しかし彼の回避法は、阪谷の勧める積極策ではないばかりか、抗議は抗議でも非常に消極的な、形ばかりの抗議に止どめようというものであった。このため、これを衆議院という世論注視の場で明らかにするわけにはいかなかった。そこで彼は、その腹案を開示するに適した場として、世間に漏洩されるおそれの少ない枢密院を選んだ。(26)

「此ノ際更ニ彼我〔日米〕ノ間ニ論議ヲ重ヌルコトハ啻ニ問題ノ解決ニ裨益スルトコロナキノミナラス却テ事態ヲ紛糾セシムルノ虞アリ故ニ公文ヲ以テ反駁ヲ加フルコトハ故ラニ避ケムト欲スサレハトテ此ノ儘黙止シ我国カ米国ニ屈服シタリト思ハルルモ不可ナレハ我方ノ地位立場ヲ留保スルノ必要アリ只此趣意ヲ以テ簡単ナル公文ヲ発セムカト考ヘ居レリ(27)」。

この対米抗議方法は、一種の棚上げ方式であった。一応原則としては自国の基本的立場を崩しはしないが、実際問題としては無益な言い争いを極力避け、問題の解決を気長に待とうというのである。

## 2　対米応接法の師ブライス

### 可能・不可能の識別

幣原が日米移民問題に関してこのようなウェイト・アンド・シーの策にでたわけは、差し当たり有効な積極的解決策はないという短期的には悲観的な観測をしていたからである。

排日法改廃の不可能性を、彼は次のように理由づけている。

「実際問題トシテ米国ニ於テ該法律ヲ直ニ改廃セシムルコトハ事実上不可能ナリ米国議会ハ既ニ閉会シタルヲ以テ次期ハ本年一二月ニ至ラサレハ開会ヲ見ルコトナシ……又理論ノ問題トシテ条約ヲ以テ法律ヲ変更シ得ヘシトスルモ事実上此ノ際条約ヲ締結セムコトハ政府モ之ヲ承諾セサルヘク又上院ヲ通過スヘキニモアラス従テ簡単ニ言ヘハ差当リ法律ノ改廃ハ出来サルナリ(28)」。

政治家としての最も重要な資質は、「実行可能の政策と不可能の政策とを識別する判断力」であるというのが彼の持論の一つであった(29)。故に、彼に言わせれば、実現不可能なことでアメリカのような軍事大国といつまでも感情に囚われて言い争うことは、目的達成において無駄であるばかりか、危険な火遊びであった。

このような教訓を、彼は、大使館参事官としてワシントンに勤務していたときに、駐米イギリス大使のジェームズ゠ブライスから直々に学んでいたのである。

**パナマ運河通行税**

幣原の回顧録によると、一九一二年、アメリカは一方的にイギリス船舶に対して差別的なパナマ運河通航税を課した。これは既存の英米間の条約に明らかに違反していた。同法案が上院を通過した翌日、幣原はブライスに会ったついでに、今後も対米抗議を続けるかどうか聞いてみた。意外にも、ブライスの答えは、もう一切抗議はしないというものであった。そのわけを彼は次のように幣原に語って聞かせた。

「どんな場合でも、イギリスはアメリカと戦争をしないという国是になっています。今日抗議を続けて行けば、どういうことになるか、それは結局戦争にまで発展するほかはありますまい。戦争をする腹がなくて、抗議ばかり続けて、何の役に立ちましょうか。それはわれわれが恥をかくに止まります。私はもう抗議などという有害無益の交渉は全然やめて、このまま打ち棄てておきます。われわれは区々たる面目や、一部分の利害に拘泥して大局の見地を忘れてはなりません(30)」。

**楽観的な対米観**

このように幣原は、短期的な解決を不可能視していたが、他方、長期的には楽観していた。彼は、大統領とアメリカ政府だけでなく、多数の新聞を初めとするアメリカ世論も、この立法に反対していると認識していたので、日本としては、この「議会ト政府及輿論トノ間ノ破レ目ヲ癒着セシメサル様ニ」していさえすれば、「本問題ノ解決ニ望アリ」と考えていた(31)。

一般に、排日移民法の成立は、日本人の対米イメージを〝正義の国〟から〝偽善の国〟へと一変させ、「日本人の対米心理への転機」[32]をもたらしたと言うことができるのであるが、親米家幣原は、依然、「米国民ノ血管ノ中ニハ、正義ヲ愛スル建国当時ノ精神ガ尚ホ依然トシテ、流レテ居ル」[33]と信じていたので、日本側が、刺激的な、挑発的な、感情的な論議を注意深く避けて、事を荒立てず、「合理的な手段」によって、日本の「正当ナル主張ノ立場」をアメリカ国民に対して徹底せしむるように気長に努めていけば、アメリカの側にいつか「国民的覚醒」が生じると主張した[34]。

このような対米観と長期的展望から、幣原は、帝国議会において議員たちがアメリカをいたずらに刺激する発言をした場合、次のように彼らをたしなめるのが常であった。

「少クトモ公平ニ冷静ニ考ヘテ見マスレバ、彼等〔アメリカ人〕ハ日本ニ対シ故ラニ侮辱ヲ加ヘ、軽侮ヲシヤウト云フ意思ニ出タモノトハ私ハ認メルコトハ出来ナイノデアリマス、之ニ対シテ之ヲ侮辱ナリト称シ、之ニ酬ユルニ侮辱ヲ以テ、興奮セル言論ヲ以テスルト云フコトハ、此本問題ヲ解決シヤウト云フ目的ニハ資シナイト思フ、却テ此問題ノ解決ヲ困難ナラシメル所以デナイカト私ハ憂慮イタスノデアリマス」[35]。

ただこのような日本国内の親米的発言が反米的ムードの改善にどれほど効果があったかは、甚だ疑問であって、衆議院において幣原に対して、「亜米利加ノ弁護ヲシナクテモ宜イジヤナイカ」[36]というヤジが飛ぶようになったことから見ても、彼の意に反して、逆効果になったのではないかと思われる。清沢洌が指摘しているように、当時の日本の外交世論は、「協調」を「追従」、「好意」を「媚態」とみなす傾向が強かったのである[37]。

### ブライスの対米観

このような好意的な対米イメージを基礎とする対米応接法を幣原に教えたのもまた、英人ブライスであった。ブライスは先に引用した言葉に続けて、次のように言い足している。

「アメリカ人の歴史を見ると、外国に対して相当不正と思われるような行為を犯した例はあります。しかしその不正は、外国からの抗議とか請求とかによらず、アメリカ人自身の発意でそれを矯正しております。アメリカの歴史が証明するところです。われわれは黙ってその時期の来るのを待つべきです[38]」。

このような教訓から幣原は、〝待てば海路の日和なり〟と、日米移民問題に関しては、以後〝待ちの外交〟に徹した。

**排日法のその後**　こうして一九二四年夏、〝幣原丸〟は、行く手に不吉な暗雲を見ながらも、嵐になることはあるまい、きっと晴れるに決まっていると、楽天的な気持ちで日米協調という目的地に向かって船出したのであった。

それから七年の歳月を経た一九三一（昭和六）年、若槻内閣の外務大臣をしていた彼のところにアメリカの友人から手紙がきた。そこには「アメリカの排日立法ももう改廃する時期が来た。世論がそのほうに向ったから、この次の議会でこれに着手するだろう」と書かれてあった[39]。さぞかし、気長に待った甲斐があった、自分の対米観、対米応接法は間違っていなかったと、思ったことであろう。

しかし、その直後にどんでん返しが起こった。満州事変の勃発である。このために、結局、この改廃が実現されずに終わったばかりか、〝幣原丸〟もこの暴風雨に巻き込まれて沈没してしまうことになるのである。

## 第三節　前途多難な航海

### 1　合理主義外交の陥穽

**幣原外交の原理**　他国の正当なる権益を犠牲にして自国の権益の増大を唯一の目的とし、その目的のためには手段を選ばないという外交を、今や時代遅れだと、幣原は全面的に否定した。このような極端な〝旧外交〟の定義以外に、外交を次のように定義することも可能である。ときには国益と国益は衝突することもあるという前提に立って、国家間の外交とは、この衝突が国際秩序の破壊にまで至らないように巧みに調整し、その過程でなるだけ自国に有利な妥協点を見いだす術である、と。

しかし、このような定義ともまた、幣原外交の原理はやや異なる。彼の考えでは、「日本ノ正当ナル権利利益」と「列国ノ正当ナル権利利益」は衝突する理由は全くないのである。彼は、それぞれがそれぞれの「正当ナル権利益」を追求すれば、見えざる神の手に導かれて結果的には自然に利益の調和がもたらされるとまでは言ってはいないが、正当性の一元性は信じている。

本論の冒頭で引用した処女演説中で、彼は、「列国ガ共ニ以上ノ根本義ヲ認ムルニ於テハ、百般ノ国際問題ハ自ラ解決ノ基礎ヲ発見スルニ難カラザルコト、考ヘマス」(40)と言っているように、相互の正当性を識別する知性とそれを相互に尊重しあう理性とが、国民に、そして国家にあれば、各国は共存共栄主義のもとに世界平和を享受することができる、という信念の持ち主であった。

**進歩的楽観的歴史観**

このような〝合理主義的理知外交〟と呼んでもよい幣原外交の根底には、人間も国家も歴史も進歩する、いや国際連盟の成立やワシントン条約の締結に見られるように、現に進歩しているという考えがあった。彼の国益調和信仰の基礎にあった人間観は、人間は偏見や感情にとらわれやすい侵略的な〝旧人間〟から、理性と知性が支配する平和的な〝新人間〟に生まれ変わりつつあるというものであった。

この推論の当然の帰結として、人間の集団からなる国家も、国家を構成員とする国際社会も、年々この人間の理知に支配されつつあるという進歩的楽観的歴史観を、彼は持っていた。

すなわち、彼は「全世界ヲ動カス所ノ大イナル進歩ノ力」を信じており、その信仰から「世界人心ノ趨ク所」を観察した結果、「国際的闘争ノ時代」は過ぎ去り、「国際的協力ノ時代」が到来したと楽観していたのである。(41)

この点で、幣原は、中江兆民の『三酔人経倫問答』に登場する論客、「進化神」を信奉する「洋学紳士君」を思わせるところがある。この「洋学紳士君」がカントとアコラースを引用して、世界各国すべてが民主国となって初めて戦争は止むと主張したように[42]、第一次世界大戦後の世界の大勢を、国際協調主義・世界平和主義とみなすウィルソン主義者たちは、世界平和の基礎に平和と民主主義を愛好する世論の力を据え、世論が支配する民主主義国間には戦争は起こるはずはないと唱えた[43]。

例えば、吉野作造と並んで、日本のウィルソン主義信奉者の代表格の一人であった姉崎正治は、彼にとって平和と協調を意味する「国際的民本主義」と「国内的民本主義」の相互連関性を強調して[44]、次のよう説いている。

「国民が自国をして世界の舞台に国際協調の実力たらしめる為には、即ち啻に国際連盟に加入して、不承不承に其の末班に引きずられるだけでなく、主義あり意気ある主動者たらしめる為には、人民が国家主権の後だてとなつて、與論の土台の上に、国際連盟の主義を貫徹せしめる覚悟を要する。国民に此の如き與論の力あらしめるには、国内に民本気風が実力を有して、閥族の専横を絶滅し、階級の争を杜絶して、一国協心の実を民意発揚の上に築き上げなければならぬ。此意味に於て国際的民本主義の実行には、国内に於ける民本主義の実行が其基礎となるべく[45]（云々）」。

**田中外交と世論**

この点で、幣原が初めて外相に就任した翌年に制定された普通選挙法は、民主的理知的世論による平和外交の推進に寄与する方向に向けての大きな一歩になるはずであった。ところが、初の普選の実施で第一党に選ばれたのは、田中義一総裁下の政友会であった。そして、その内閣で展開された田中外交は、国内の〝感情的世論〟に迎合した〝対支強硬外交〟であった。

このとき既に〝軟弱外交〟の烙印を押されていた幣原は、「国内的民本主義の実行」が日本外交を思わぬ方向に向かわせたのを見て、田中外相を「大向ふの喝采を博せむとする手品師[46]」と批判しつつ、他方では、世論に対する警戒心を強めるに至った。

依然として、外交に関する世論の知識は進歩していると言いながらも、世論は扇動に弱く、こと対外問題となると感情的、情緒的に反応しやすいものだと見るようになった。

「世界各国を通じて一般の民衆は自国と外国との間に発生する紛議に付ては何となく対手国の主張が常に不正不当なるが如き一種の先天的偏見を抱くの傾向を免れない、冷静なる態度を以て、双方に公平なる意見を公表する者は動もすれば其愛国心を疑はれ、悲憤慷慨の口調を以て対手国に対する反感を扇動する者は却て聴衆の喝采を受ける、此人心の傾向は様々な国際関係の円滑を妨ぐところの一大原因であります[47]」。

このように幣原は、現在の世論は扇動に弱いという印象を抱くようになったが、依然、長期的には人間の理性的進歩を確信していた。そこで幣原がとろうとした世論対策は、

### 松岡洋右の幣原外交批判

外交問題に関してもできるだけ事実の真相を発表し、「国民の理智的判断」に訴えることであった[48]。田中外交が自滅に終わったため、第一次外相時代の幣原の〝合理主義的理知外交〟は、〝軟弱外交〟の批判にさらされながらも深手を負うことなく、かえって第二次幣原外交への期待感が高まった。

しかしながら、排日移民法の成立と普通選挙の実施以来、国内における感情的世論とその世論を扇動する政治家の外交への影響力の増大はどんどん進んでいた。

この潮流にのって第二次幣原外交を痛烈に批判した一人として、松岡洋右がいる。大向こうの拍手喝采を博さんとする「手品師」として彼の技量は、田中義一をはるかにしのぎ、天才の域に達していた。

例えば、一九三一年一月の衆議院議会において、日米移民問題における幣原〝合理主義的理知外交〟による棚上げ方式を、松岡は次のように痛烈に攻撃する。

「唯幣原外相ノ為サル、所ヲ見マスト云フト、日本人ノ感情ナドハ、日本人ノ安全感ナドハドウデモ宜イト云フヤウナヤリ方ヲシテ居ル。（拍手）一例ヲ挙ゲマスレバ、我ガ移民ノ入米禁止法ノ問題デアリマス。現ニ昨

日幣原外相ハ其御演説中ニ於テ何ト言ハレタカ、『吾々ハ深キ興味ヲ以テ静カニ此問題ノ推移ニ注目スルモノデアリマス』ト云ハレテ居ル。……日本国民ノ感情ハ——侮辱ト思フ感情ハ棚ニ上ゲテ其救済ハ一ニ米国ノ——米国人ノ為ス儘ニ唯推移ヲ注目シテ居ルト云フ。是ガ一ツデアリマス。兎モ角日米関係ニ付テハ私ハ却テ片手落チナ、日本国民ヲシテ不満ヲ抱カスヤウナ此憂慮ニ堪ヘヌ現象ヲ認メルモノデアリマス。之ニ対シテ我幣原外相ハ如何ニ考ヘ居ルカ(49)」。

世論の〝感情的判断〟に訴える松岡洋右の幣原外交批判は、世論の〝理知的判断〟に訴える幣原の説得よりも、数倍も当時の世論の耳に入りやすかったことと思われる。

## 2　英国風外交移植の難関

### グレー外相の答弁

外国における成功をそのまま日本の土壌に移植しようとして失敗した例は、近代日本にはあまたあろうが、ここで一つ思い出されるのは、幣原の義兄で英国風紳士の加藤高明の新聞経営失敗談である。

一九〇四（明治三七）年、『東京日日新聞』の買収に成功した加藤は、『東日』を日本の『ロンドン・タイムズ』たらしめんとして、高度の知識階級のみを標準とし、卑俗な大衆的興味を無視した結果、紙面は燦然と『タイムズ』の権威を築いたが、世間からは「紙面陰惨」と評され、ついに経営破綻に陥ってしまったのである(50)。

英人ブライスに英米外交の機微を習い、英人グレーから無言の指導を受け、外交官として大成したと言われる幣原も(51)、その英国風外交の日本への移植事業において、義兄に似ていなくはない。幣原がエドワード＝グレー外相から受けた無言の指導に、次のような一例がある。

一九一四年、幣原が大使館参事官としてロンドンに滞在していたとき、イギリス人所有のメキシコ油田の支配人が、利権回収熱のために殺害され、その工場が焼かれるという事件が起こった。イギリスは居留民保護のために現地に軍艦を派遣しようとしたが、モンロー主義のアメリカの反対に突き当たった。このため、当時の外相グレーは議会で、「外務大臣はどういう保護の手段を取りますか」という質問を浴びせられた。そのときのグレーの答弁はただ一言、「何の手段も取りません」というまことに簡単なものであった。

### 英国民の外交常識

翌日の新聞の反応はというと、幣原の驚いたことには、各紙とも筆をそろえて、グレーの答弁をほめたたえていた。「こんな事件でアメリカと戦争が出来ますか」というのが、新聞記者の判断だったのである。

このエピソードに続けて、幣原は外交に関する国民の常識について日英の比較を試み、次のようなコメントを残している。

「イギリスの一般国民がいかに外交上の問題についても常識をもっているかということは、この一例でも判るが、それは日本なんかでは想像も出来ない。イギリスの外交官が国際場裡で光っているのは、一般国民にこの常識があって、大局をみており、これを押して行けばどうなるかと先を見る。そうすれば余計な喧嘩をしてはつまらんという気になる。その見限りの早いことは驚くべきものがある。このイギリス人の常識ということを考えると、そういう国民ならば、外務大臣はどんなに仕事がやり易いだろう。わたしらがそんな答弁をやっていたら、もう二、三度は殺されていたろうと思うと、この点は羨まずにはいられない(52)」。

ブライスとグレーから学んだ英国風対米外交をあからさまに推し進めれば、暗殺されかねない土壌で、幣原新外相は外交経営に従事していかなければならなかった。そんな幣原にとっての難関は、内ばかりでなく外にもあった。

### 革命期の合理主義外交

「合理的手段」による自国の「正当ナル権利利益」と他国の「正当ナル権利利益」の一致の達成可能性を前提と

する〝合理主義外交〟は、政治的に基本的価値観を共有し、人種的にとは言わないまでも、文化的には強い紐帯で結ばれている国際社会、すなわち正当性の一元性が単なる幻想ではなくて、ある程度現実のものである均質的な社会では機能しえても、イデオロギー的な革命期にある世界においては、機能不全を起こして行き詰まり、ついには破綻してしまうことは目に見えている。

まさに幣原が常に同情の目でもって眺めていた中国のナショナリズムは、皮肉にも、幣原〝合理主義外交〟の転換期に、革命的に高揚して行き、〝帝国主義国〟日本の「正当ナル権利利益」などさらさら認める気はなく、〝革命外交〟の名の下に一方的利権回収運動に傾斜していくのである。

この内外の感情の坩堝に幣原〝合理主義的理知外交〟は放り込まれる運命にあったが、もちろん新外相自身は、行く先にそんな運命が待ち受けているとは露知らず、持ち前の楽天な性格と強靭な意志力によって、無事目的地に到達できると信じていた。排日移民法がもたらした当座の危難は、船乗りの巧技によってまずまずうまく乗り切ることができたとはいえ、この危機からも内外ともに前途多難なるを思わせられる〝幣原丸〟の船出であった。

(1)『衆議院議事速記録』大正一三年七月一日(以下、『衆院議事録』と略す)。
(2)『東京朝日新聞』大正一三年七月二日。
(3)『大阪毎日新聞』大正一三年七月二日、『大正ニュース事典』(毎日コミュニケーションズ、一九八七年)より引用、以下同じ。
(4)『東京日日新聞』大正一三年一〇月一四日。
(5)幣原外相とヒューズ国務長官のワシントン会議来の旧好の一端は、次の幣原から埴原正直駐米大使宛にあてた電報(幣原が外相に就任した三日後の大正一三年六月一四日付)からも窺える。
「貴官ハ長官ト面会ノ際貴電五二一号長官ノ祝意ニ対シ適当ニ本大臣ノ謝意ヲ表シ且ツ本大臣カ今回就任ノ機会ニ於テ長官トノ旧好ヲ追懐措ク能ハサル旨ヲ伝ヘ本大臣ノ敦厚ナル敬意ヲ伝達セラレ度シ」(『日本外交文書』大正一三年、第一冊、文書番号一五一)。
(6)『衆院議事録』大正一三年七月二日。

（7）『日本外交文書』大正一三年、第一冊、文書番号二〇一。

（8）大正一三年七月一五日の『東京日日新聞』で、日比谷小学校の先生が、日米移民問題について女子児童の作った童謡六編を紹介しているが、そのうちの二編をここに挙げてみる。

「〇　私の好きな　アメリカよ　どうして日本を　きらつたの。
日本がきらひなら　私もアメリカ　大きらひ」。
「〇　アメリカ人は　いぢわるよ、日本と仲よく　したらどう？
アメリカ人は　いぢわるよ、日本をばかに　してゐるよ、
ほんとにアメリカ　いぢわるよ」。

感情的には、大人たちの反応も、大同小異であった。当時の新聞以外にも、例えば、三輪公忠「徳富蘇峰の歴史像と日米戦争の原理的開始──大正一三年七月一日、排日移民法の実施をめぐって」（芳賀徹他編『講座比較文学　第5巻　西洋の衝撃と日本』東京大学出版会、一九七三年）を参照せよ。

この三輪論文は、徳富蘇峰の『国民新聞』を中心とした当時の世論の激昂ぶりをよく伝えている。

（9）『枢密院議会議事録』大正一三年七月九日（以下、『枢密院議事録』と略す）。

（10）一九二四年二月、アルバート＝ジョンソンが下院に排日法案を上程した翌日、ヒューズは彼に次のような手紙を書いている。

「日本人は感情的な国民であるから、かくの如き法律に対しては、問題なく『恥辱』と考へるであらう。余は遺憾ながら、かくの如き法的行為は、日米関係の改善に貢献すること多かったワシントン軍縮会議の事業を、大部分無効に帰せしむると信ずる旨を表白せざるを得ない」（A・W・グリスワルド著／柴田賢一訳『米国極東政策史』ダイヤモンド社、一九四一年、三八二頁）。

しかし、ヒューズの忠告に耳を貸すことなく、ジョンソン以下排日議員は、〝愚行の歴史〟にその名を連ねることとなった。

（11）『日本外交文書──対米移民問題概要』、八二五頁。

（12）福沢諭吉「脱亜論」『福沢諭吉全集』第一〇巻、岩波書店、一九六〇年、所収。

（13）一八九三（明治二六）年一二月二九日の陸奥宗光外相の議会演説（『日本外交文書』第二六巻、文書番号六八の附記二）。

（14）三輪公忠「徳富蘇峰の歴史像と日米戦争の原理的開始」、一八三頁。

（15）秦郁彦『太平洋国際関係史』福村出版、一九七二年、一五七頁。

（16）稲畑勝治「新内閣に要望する外交策」『外交時報』一九二四年七月一日、四〇頁。

（17）『衆院議事録』、『貴院議事録』大正一三年七月一日。決議案賛成意見を述べるため登壇したのは、衆議院では、望月小太郎、植原悦二郎、児玉右二、田淵豊吉の各議員、貴族院では鎌田栄吉、渡辺千冬、矢吹省三の各議員である。

憤慨激昂調の衆議院に比べ、貴族院の論調は、排日法はアメリカの一時の過失で、悔い改める日がきっと来る、といったかなり冷静なもので、幣原外相の議論に近かった。本文に引用した反米アジア主義的発言は、児玉のものであり、日米戦争説は、田淵のものである。なお、排日移民法の成立を機に続出した日米戦争説については、秦郁彦『太平洋国際関係史』の一五〇〜一五七頁、及び、佐伯彰一『外から見た近代日本』日本経済新聞社、一九八〇年の九七〜九九頁を参照せよ。

(18) 新渡戸・金子・渋沢の排日移民法への反応についての大体は、麻田貞雄『両大戦間の日米関係』東京大学出版会、一九九三年の三〇八〜三〇九頁、及び、渋沢雅英『太平洋にかける橋——渋沢栄一の生涯』読売新聞社、一九七〇年の四一三〜四三一頁を参照せよ。

(19) 『渋沢栄一伝記資料』第三五巻、渋沢栄一伝記資料刊行会、一九六一年、六〇九頁。

(20) 『龍門雑誌』第四二九号、大正一三年六月、二三頁。

(21) 『渋沢栄一伝記資料』第三四巻、一九六〇年、二九一頁。

(22) 幣原喜重郎『外交五十年』中公文庫、一九八六年、四七〜四八頁。

(23) 抗議文全文は、『日本外交文書』大正一三年、第一冊、文書番号一四七の付記一、アメリカの回答文は、同書、文書番号一五一の付属文書。抗議文の幣原自身による要約は、『枢密院議事録』七月九日。

(24) 『衆院議事録』大正一三年七月一日。

(25) 『貴族院議事速記録』大正一四年一月三〇日（以下、『貴院議事録』と略す）。

(26) 『枢密院議事録』大正一三年七月九日。枢密院での説明を一通り終えたあと、幣原は、締めくくりに次のように言っている。

「排日ノ事ハ今次ノ帝国議会ニ於テモ問題ト為リタルモ今日陳述シタルコトハ世間ニ漏洩スルヲ不利益ト為スニ因リ未タ曽テ他ノ機会ニ於テ此ノ程度ノ説明ヲ為シタルコトナシ此ノ報告ハ当席限リ内密ノ事ト御含置ヲ請フ」。

(27) 同前書。

(28) 同前書。

(29) 幣原喜重郎「対支外交に就て」『民政』一九二八年一一月号、一五頁。他所でも同趣旨の発言が何度か繰り返されている。

(30) 幣原『外交五十年』、四八〜五〇頁。

(31) 『枢密院議事録』大正一三年七月九日。

(32) 当時日本外務省顧問フレデリック＝モアーの言葉で、秦の『太平洋国際関係史』一五七頁に引用されている。

(33) 『衆院議事録』大正一四年一月二二日。

(34) 『貴院議事録』大正一三年七月二日。

(35) 『貴院議事録』大正一四年一月三〇日。

(36)『衆院議事録』大正一四年一月二四日。
(37)清沢洌『日本外交史』下巻、東洋経済新報社、一九四二年、四二八頁。
(38)幣原『外交五十年』、五一頁。
(39)同前書、四六頁。
アメリカの「国民的覚醒」について、ヘンリー＝スチムソンの証言も、幣原の回顧の信憑性を裏付ける形になっている。一九三一年九月一七日(アメリカ時間)、一時帰朝の挨拶のためにやって来た出淵勝次駐米日本大使に対して、スティムソン国務長官は次のように語った。

「日本に対するアメリカの世論は、非常に友好的になっていますので、一〇年ほど前の移民法によって引き起こされた長年の不快のもとを、私の在任中に円満に解決し、同法を我が国の必要に合致させると同時に、日本人の国民感情をも害しないというような基礎に置けるようにしてみたいという気持ちになっています。」(Henry L. Stimson, *The Far Eastern Crisis*, Harper & Brothers Publishers, 1936, p. 3.)
(40)『衆院議事録』大正一三年七月一日。
(41)『貴院議事録』大正一四年一月二二日。
(42)中江兆民『三酔人経綸問答』岩波文庫、一九六五年、一五三〜一五六頁。
(43)Henry Kissinger, *Diplomacy*, Simon & Schuster, 1994, pp. 221-222.
(44)姉崎正治『世界文明の新紀元』博文館、一九一九年、五八頁。
(45)同前書、四九三頁。
姉崎正治の国際協調主義的平和思想については、本書の第三章を参照せよ。
(46)幣原喜重郎「外交の本質と我が対支外交三」『民政』、一九二九年、四月号、九六頁。
(47)同前書、九七頁。
(48)同前書、九八頁。
(49)『衆院議事録』昭和六年一月二三日。
(50)加藤伯伝記編纂会編『加藤高明』上、原書房、一九七〇年、五一三頁、五二三頁。
(51)幣原平和財団編『幣原喜重郎』幣原平和財団、一九五五年、七八頁。
(52)幣原『外交五十年』、二五四〜二五七頁。

# 第八章　幣原喜重郎の対支内政不干渉論

## 第一節　対支内政不干渉主義

### 1　内政不干渉主義の基礎

**中国ナショナリズム**　幣原外交の鼎の軽重が直接問われたのは、なんと言っても日中関係においてであった。本章では、第一次外務大臣時代（一九二四〈大正一三〉年六月から一九二七〈昭和二〉年四月まで）の彼の対支外交を内政不干渉主義を中心にみてゆくが、まず最初に、この原則の基礎にあった彼の中国ナショナリズム観についてみてみよう。

彼が外務大臣に就任したころの中国の政情について、彼はどのように観察していたかというと、他の多くの観察者と同様、彼も、軍閥間の抗争の中で外国人被害事件が頻発するなど、状況はまだまだ「不満足」であるとみていた。しかしながら、彼は、中国の内政改革と和平統一は大事業であって、そうたやすく達成できる性質のものではないということを考慮すれば、現下の混乱からただちに中国国民性は「自治ノ能力」に欠けるなどと推断するのは誤りであることがわかると指摘した。

そして多くの人々とは逆に、この混乱下で現に行われている中国国民の建設的努力の方に着目し、日本人としては、この努力を「同情」と「耐忍」と「希望」とをもって観望すべきであり、また中国国民が望むなら「友好的協力」をも惜しむべきではない、と主張した(1)。

このような主張の基礎には、次のような中国ナショナリズム、彼の言葉で言えば「支那ノ国民的自覚」に対する高い評価があった。

「支那ニ於ケル時局ノ進展ヲ仔細ニ観察スル者ハ、近年支那ノ国民ガ政治的ニ覚醒セントスル所ノ徴候ガ追々現ハレ来レルコトヲ認メザルヲ得ナイト考ヘマス、古イ支那ハ去ッテ、新シイ支那ガ之ニ代ラントシツヽアルノデアリマス……大体ニ於キマシテハ近年支那ノ状態ガ著シク変遷セル事実ヲ無視スルノハ大ナル誤デアルト考ヘマス、軍事上ノ権力者ハ、戦乱ノ運命ニ依ッテ興ル者モアリマセウ、倒レル者モアリマセウ、併ナガラ国民的自覚ハ一度発生スレバ決シテ消滅スルモノデハアリマセヌ、外部ヨリ圧迫ヲ受クレバ却テ益々深刻ヲ加フルモノデアリマス」。

このように幣原は、軍閥の興亡が繰り返されている現在の混沌は、国家統一の過程における不可避の生みの苦しみであると、中国ナショナリズムの不可逆的な勢いを的確に認識していた。

**対支内政不干渉**

そしてこの中国観から、彼の対支外交の原則の一つである対支内政不干渉主義が派生する。

この原則の基本的な考え方は、列強が中国の内政に干渉して中国人の改革努力の邪魔をするようなことをせずに、長い独自の歴史と外部の者には理解しがたい複雑な社会を有する中国のことは中国人に任せることにすれば、中国国内の安定化は曲がりなりにも進行し、近いうちに統一がなるというものであった。

そしてその具体的内容は、第一に、日本は中国の一党一派を援助しないという政策であり、第二には、誰が中国の政権を掌握しようと、また、中国がどのような政体をとろうと、日本はこれに関与しないという方針であった。

## 国益の観点

このような不干渉政策の実行は、経済的利益の観点からも国家の威信という観点からも、必要で望ましいものだと判断された。幣原外交の一つの顕著な特色であった〃経済外交〃において、対支貿易は死活的利益と位置づけられていた。彼は、戦後恐慌以来年々貿易赤字に苦しんでいる日本にとって、この通商的利益はなんとしても維持発展させなければならない、と固く決意していた。

ところがもし日本が目前の局所的利益に目が眩んで一党一派を援助するようなことがあれば、それは、内乱に苦しみ軍閥を憎んでいる中国国民全体の恨みを買い、彼らを敵に回し、大々的な対日ボイコットを誘発することになり、結局、日本にとって政治的にも経済的にも大きな不利益をまねくことになると、彼は考えたのである。

また国家の威信と名誉について、幣原は、国際社会で信用をえるためには、国家はとにもかくにも国際公約を遵守しなければならない、という強い信念を抱いていた。そして彼は、内政不干渉の根本主義を定めた国際公約として、ワシントン条約を挙げ、また中国への単独借款と武器の供給停止については、一九一九年四月の北京外交団の決議を挙げて、この誓約に反して対支援助を行うのは「日本ノ名誉ヲ傷付ケ地位ヲ覆サムトスルモノ」だと主張したのである。(2)

## 共存共栄と国際協調

しかし、内政不干渉は狭い意味での自国益の維持、増大のためばかりではなかった。それは日中の「共存共栄」のためにも欠かせない政策であるとみなされていた。すなわち、幣原は、日本が中国に対して内政不干渉を維持しながら、中国の「合理的利益」を尊重してゆけば、中国も日本の「合理的利益」を無視するはずはないので、必ず日中両国は経済的にさらに接近し、共存共栄の関係を樹立することができると信じていた。

さらに幣原自身は、この内政不干渉主義と共存共栄主義はワシントン条約の精神と完全に合致していると考えていたので、対支外交においては、「同条約ノ精神ニ依リマシテ終始致サントスル次第デアリマス」と誓言している。

つまり、彼の対支外交は、基本的には、単に日中二国間の交渉によってではなくて、できるかぎりワシントン会議に参加した西洋列強及び中国との協力を通じて、すなわち国際協調主義によって遂行されることになっていたのである。しかし、例外的に日本の単独行動を優先させる可能性をまるっきり排除していたわけではなかった。この点については、のちほどさらに言及することになる。

## 2　内政不干渉主義の試練

### イデオロギー的新要素

彼が認識していたように中国の統一が逆らえぬ歴史の流れであったにしても、その推進力となっているナショナリズムを背景とした中国の外交が、日本や列国が「合理的ナル立場」と称するものを、果たして同じように「合理的」とみなして尊重するほど穏健であり続けるかどうかという大問題があった。

また「ワシントン会議ノ精神」が中国の「正当ナル権利利益」とみなしているものと、中国人自身が規定する自己の「正当ナル権利利益」とが、果たして具体的問題においてどこまで一致しているのであろうか。ことに〝旧外交〟時代の条約を不当な帝国主義的権益として全否定するソ連の外交に出会った今、中国人は、その徹底した急進主義に目が眩み、ワシントン条約の漸進主義を飽き足らなく思い、いわゆる〝革命外交〟に転じ、不平等条約の一方的破棄、利権の一方的回収を目指すようになったとき、幣原対支外交はこれに対応しきれるものなのであろうか。

このような文脈の中で起こった郭松齢事件と南京事件では、新たに三民主義や共産主義というイデオロギー的要素が登場した。当然、これが日本における対支外交論議にも反映され、中国国民党と共産主義及びソ連との関係が取り沙汰されるようになる。特に一九二六年夏に始まる国民党の北伐以降、日本の対支外交の形成に重大な影響を及ぼすことになる。

そのため、両事件のさいの幣原対支外交において、それまでの彼の中国ナショナリズム観や対支貿易観などに加えて、彼のソ連観や国民党観や、あるいは南京事件においてとくに蔣介石観が彼の対支内政不干渉主義を支える重要な基礎となるのである。

内政不干渉主義には適用範囲という問題もあった。つまり、当時の日本国民が特殊地域とみなし、のちには日本の「生命線」と呼ばれるようになる満蒙に中国の内乱が波及してきた場合も、中国本部と同じように内政不干渉主義を適用するのかという問題である。

**満蒙への適用**

そもそも幣原外交の対支不干渉主義は、〝日支親善〟と〝日米提携〟を基軸とする原外交[3]のそれを継承したものであるが、原は満蒙にはこの原則を適用しなくとも、〝日支親善〟、〝日米提携〟、特に後者は可能だとみなしていたようである。彼は日米協調主義の枠内で満州においては張作霖を援助することは可能だと考え、またそれが満蒙権益の維持拡大のための着実な方法だとみなしていた。

これに対して、幣原は、もはや満蒙と中国本部とを切り離して、別々の外交を適用することは不可能になったという認識に達していて、満蒙政策も中国全体との関連で相対化する必要があると考えていた。そこで彼は、中国人全体から恨みを買うおそれの出てきた援張策によらなくとも、満蒙権益を擁護する方法はほかにいくらでもあるという考えのもとに、内政不干渉主義を満蒙へも適用して、この点で原外交をさらに徹底させたのである。

この満蒙権益の擁護と内政不干渉の関係は、満州事変によって一刀両断に付されるまで、幣原対支外交の主要課題の一つであり続ける。

本章では、両者の関係がクローズ・アップされる第二次奉直戦争と、〝満州赤化〟論と結び付いた郭松齢事件をとりあげ、幣原〝対満〟不干渉主義がどのように幣原によって擁護され、どのように政友会などによって批判されたかを検証してみた。

それでは以下、第一次幣原外相時代の内政不干渉主義をめぐる論争に焦点を当てながら、第二次奉直戦争、郭松齢事件、南京事件と時代順に幣原対支外交の大筋を追っていくことによって、とりわけ彼のものの考え方、外交姿勢、外交思想といえるものを照射してみたい。

## 第二節　第二次奉直戦争

### 1　対支干渉論

**戦争勃発**　一九二四（大正一三）年九月一日、江蘇省の斉燮元と浙江省の盧永祥の間に、江浙戦争が勃発した。当時、この内乱は両省にとどまらず、奉天・直隷両派の戦いの引き金となり、満州に波及するおそれがあるとみられていた。盧の背後には奉天派の張作霖が、また、斉の背後には直隷派の呉佩孚という軍閥の大頭目が、それぞれ控えていたからである。

九月一二日、幣原外相は閣議に江浙の内争に関しては「差当リ傍観ノ態度」をとるという対支不干渉政策を提議して、その同意を得たが、やがて、予想どおり、奉直間の緊張が高まり、ついに九月一八日、熱河・山海関付近で対峙していた両軍は、戦闘状態に突入した。

こうして、上海近辺で燃え始めた内乱の火は、ついに満州の玄関口にまで飛び広がった。もちろん、幣原の不干渉方針にはいささかの揺らぎもなかった。しかし、内外でもし誤解があってはと考えてのことか、九月二二日、彼は、出淵勝次亜細亜局長の談話という形で、日本政府の対支不干渉の方針が不変なることをあらためて内外に公表する措置をとった。

**満蒙権益相対主義**　はたしてこの幣原の不干渉政策によって、満蒙における特殊権益が護れるのかという不安が、日本国内に存在した。ことに満州内部にも内乱が波及しそうになった今、特に在満機関の干渉論者が言わば〝木を見て森を見ない〟過ちを犯しはしないかと、彼が心配した形跡がある。彼には、彼らの眼中にあるのはただ満蒙特殊利益ばかりで、中国本部にも存在する日本の利益はもちろん、国際政治の大勢も度外視されているのではないかと思えた。

そこで彼は、九月一六日、児玉秀雄関東長官に電報を打ち、このさい、日本の官憲が「支那政界ノ一派」を援助するようなことがあれば、「日支国交ノ将来」は危機に陥り、「帝国ノ威信」は失墜するので、軽挙妄動しないようにと一本釘をさした(4)。

幣原は、対支政策を決定するさい、日本が特殊権益を有する満蒙方面だけでなく、特別の利害関係を有する中国全土を考慮に入れなければならないと、繰り返し強調した。この満蒙権益を中国全体との関係で相対化してみるバランスのとれた発想は、たしかに、満蒙特殊権益を日本の国益の中で異常に肥大化させ、絶対化させていた論者の視点とは、大いに異なっていた。

**張作霖援助説(5)**　当時の対支干渉論には、援張策も援呉策もあった。幣原の説に従うと、張作霖援助説はその根拠からさらに二分される。第一の根拠は、張はこれまで日本の権益を保護してきた、今また彼を援助すれば、彼はさらに日本に感謝し、今後も親日政策を続けるであろう、というものである。すなわち、この論者は「日本ハ張作霖ヲ利用シテ権利利益ヲ増進スルコト得策ナリ」と考えたのである。

第二の根拠は、背後で英米から援助を受けている親英米反日派の呉佩孚が満州に入れば、日本の在満権益は根底より破壊される、というものである。すなわち、この論者は、英米が呉を援助しているのだから、日本もこれに対抗して張を援助して満蒙権益を護るのは当然のことだと考えたのである。

英米及び中国国内の動向とは独立的に、〝親日的〟張作霖を利用するのが国益に適うという第一の根拠を、幣原は、次のように否定する。第一に、張が一時勢力を握るとも、変転きわまりなき中国の政情に鑑みて、その権力が永続するものとは思えない。第二に、仮に張の権力が永続したとしても、国内の異分子を抑圧して親日政策を続行できるかどうかは甚だ疑問である。もし抑圧を強行すれば、張は国内的反発を受けて倒れるであろう。ゆえに、張作霖も、自己の利益に反してまで、親日政策を守るどころか、自己利益のためなら反日政策をも採用するであろう。中国ナショナリズムの潮流を高く評価し、もはやこの流れと満蒙政策とを切り離せないと考えていた幣原が、たとえいかに親日的であっても一軍閥と癒着することの危険性を指摘して、援張策を排したのは、当然のことであった。

援張策の第二根拠、すなわち呉佩孚親英米反日説について、幣原は、次のように反論する。そもそも呉が反日的になったのは、安徽派と直隷派が対立していたときに、時の寺内内閣が安徽派の段祺瑞を援助したためである。その後日本が不干渉政策に転換し、これを守り続けて来たので、最近は呉の反日感情も非常に薄らいでいる。日本がこのまま不偏不党の方針を維持すれば、呉としても日本を敵に回して得をすることはなにもないのだから、彼が日本の満蒙権益を無視するとは到底考えられない、と。

**呉佩孚援助説**　援呉策を唱える者は、幣原自身の分析よれば、第一に呉佩孚による武力統一策は着々と進むと予想し、第二に呉は馬賊上がりの張とは違って学問があることを強調する。そして、この学問があり、前途有望な呉を、満蒙権益尊重の約束と交換に援助すれば、日本も希望するところである中国の統一も実現すると説く。

しかし、このような一石二鳥の策をも、幣原は「張作霖ヲ助クルカ危険ナラハ呉佩孚ヲ助クルモ亦危険ナリ其ノ間甲乙ナシ」と排除し、その理由を、持論としての国際公約尊重＝国家的威信維持説から、次のように述べている。

すなわち、張であれ呉であれ、日本政府が一党一派を公然援助することは、内政干渉にあたり、それは国際公約たるワシントン条約と一九一九年の北京公使団決議に反し、「国際的信用」を失墜させてしまう、と。

彼が援張説同様援呉説を排したのは、満蒙権益の性格に関する彼の信念からくるもう一つの、より根本的な理由があったからである。彼は、満蒙権益は張の「賜物」ではなく日本国民の「実力」で獲得したものである、これが「単ナル主張」ではなくて「明瞭ナル事実」であることは、列国も承認しているところである、ゆえに、何人が満蒙の主人になろうとも満蒙における日本の権益は微動だにしない、と確信していたのである。

## 2　幣原外交の対応

**内圧上昇**　九月二二日の外務省声明は、国外では好意的に受け取られたが、国内では、満蒙特殊権益擁護に関する不安を取り除き、人心の動揺を鎮める効果をもたなかった。山海関付近の戦いが激化するに連れて、幣原の不干渉主義を無能無策、弱腰、優柔不断、英米追従と批判する声が高まった。

政府に積極的措置を望んだのは、民間右翼にとどまらなかった。後に幣原外交を痛烈に非難することになる政友会は、このときは護憲三派政権の一翼を担う与党であったので、あからさまに外交を倒閣の具に利用することこそなかったが、それでも幣原の傍観外交に飽き足らなく、党内に積極外交推進の声が上がり始めた。

このため与党三派も、黙って傍観しているわけにもいかなくなり、一〇月一日、三派代表は外務省を訪れ、幣原外相に「帝国の特種利益を有する満蒙地方に戦禍の及ぶ事は断じて忍ぶ能はず」という趣旨の決議文を手渡した。

これに対して、幣原は、「今若し一党一派に偏する行動を取るに於ては折角保つて来た帝国の国際的信用を全然破壊するものである」という持論を展開し、不干渉主義を貫くことを断言したが、同時に、満蒙特殊権益に関しては、近い将来なんらかの擁護措置をとることを示唆した。(6)

満蒙権益擁護措置に関して、外相のお膝元の外務省からも具体的な提案が上がってきていた。芳沢謙吉北京公使と船津辰一郎奉天総領事から、このさい中国に対して日本の断固たる決意を表明し、強硬な警告を発すべきだという意見書が出されていたのである。

### 警告的政府声明

このような国内の動向を踏まえて、幣原外相も、もはや九月二二日の不干渉声明で事足れりとすましているわけにはいかなくなり、満蒙権益を擁護する一つの手段として、一〇月一一日、芳沢公使と船津総領事にそれぞれ訓令を発し、「満蒙特別利権保全ニ関スル覚書」なる警告書を、一三日に個別的に奉直両軍に手交させた。

「満蒙地方ニ於テハ帝国臣民ノ居住スルモノ実ニ数十万ニ上リ日本ノ投資及企業極メテ莫大ナルモノアリ殊ニ帝国自身ノ康寧懸リテ同地方ノ治安秩序ニ存スル所亦頗ル多シ帝国政府ハ毫モ支那ノ内争ニ干渉セムトスルカ如キ趣旨ニ基カスシテ茲ニ両軍ニ対シ以上ノ明瞭ナル事実ニ付厳粛ナル注意ヲ喚起シ且斯ノ如ク緊切ナル日本ノ権利利益ハ十分尊重保全セラルヘキコトヲ最重要視スルノ意ヲ表明ス」。

しかし国内の不安は、このような警告の公表だけでは収まらなかった。それどころか、その動揺は益々激しくなり、民間・政党レベルから閣僚レベルにまで上昇していった。

### 閣議分裂

一〇月二二日、三派交渉会は、「内政不干渉」が「袖手傍観」に堕すことがないように、満蒙特殊権益の侵害を未然に防止する措置を政府にとらせる方針を固めた。この三派の主張を閣議に提出させるために、各派はそれぞれ各派の閣僚を「鞭撻、激励」することに決した。

与党から直接圧力がかかる前に、すでに閣議は相当激しい議論を闘わせていた。二一日には、戦禍が満鉄沿線に及べば重大な結果が生じるので、形勢が変化すれば「電光石火の措置」をとると申し合わせた。また、三派交渉会が開かれた翌日の閣議では、不干渉維持論の加藤首相、幣原外相と積極的措置論の高橋是清農相、犬養毅逓相、横田千之助法相、宇垣一成陸相、財部彪海相との間で、またもや激論が闘わされたようで、『東京朝日新聞』は「対

支廟議定まらず　内閣の危機を孕む」と報じた。

積極派閣僚の主張は、直隷軍が満州に侵入する前に、「山海関と奉天の中間点に若干の軍隊を出動させ、両軍の間に緩衝地帯を設けよ」とか、あるいは「張作霖に必要な武器や資金を供給して、これを援助する方がよい」とかといったものであった。二三日の閣議では、政友会の高橋農相まで「ことここに到っては、東三省の戦禍を防止するためには、張作霖を援助するよりほかあるまい」と言い出した。

これらの満州特殊権益侵害未然防止論に対して、幣原は、三つの理由を挙げて反対した。

一、政府はすでに内外に中国の内争に干渉しないことを声明した。今これに反して一方を援助すれば、日本の国際信義を損なうことになる。

二、仮に呉が満州を支配しても、張同様、彼に日本の権益を尊重させることは可能である。

三、呉と仲の悪い馮玉祥は、呉の満州支配を黙って見過ごすはずはなく、彼の現在の動きから見て、かならず呉に反逆すると思われるので、日本はじっと動かないのが最善の策である。

それでも政友会の閣僚は積極策をとって動かなかったので、閣議は分裂の危機を抱えたまま散会してしまった(7)。

連立政権崩壊の危機を孕んだ幣原の不干渉主義と高橋たちの干渉主義の対決は、あっけない幕切れに終わった。一〇月二三日の分裂閣議散会の直後、幣原が予想していた馮玉祥のクーデターが起こり、背後を衝かれた呉の満州侵入の恐れはなくなったのである。

**馮の寝返り**

馮のクーデターには密に日本の出先軍機関が介在していた。この秘密工作については、宇垣陸相も上原勇作元帥も知っていたばかりか、これをやらせたようである。クーデター直後の日記で、宇垣は、馮のおかげで武器の供給を免れ国際信義をまっとうしえたと「神様の如き考え」で有り難がっている外務当局を、「気の毒にもなれば御目出度過ぎる」と小馬鹿にした(8)。

たとえ秘密工作がなくても馮には寝返る理由が十分あったので、宇垣の外務省批判をそのまま受け入れることはできないが、ただ言えることは、呉が満州奥深く侵入する事態が避けられた結果、「電光石火の措置」とはどんなものかわからずじまいになったために、幣原外交の真価も問われずに終わったということである。

満蒙特殊権益の擁護のための自衛手段として、「警告」以外にどんな方法がとられるのか。内政不干渉と両立しうるものなのか。軍部をはじめとする国内の支持を調達できるものなのか。列国や中国国民の反感を買わずにすむものなのか。これらの質問に対する回答は、次の機会に持ち越されてしまったのである。

## 第三節　郭松齢事件

### 1　満蒙をめぐる幣原・小川論争

**事件の概要**　一九二四年（大正一三）年秋、呉佩孚打倒を果たした張作霖と馮玉祥は、段祺瑞を臨時執政に担ぎ出すことによって、いったん妥協を成立させたが、結局、両雄並び立たずの例にたがわず、その後は日ごとに関係を険悪化させていた。一九二五年一〇月、浙江軍閥孫伝芳が張に対して戦いを挑み、上海、南京へと北上して行くと、京津地方における奉天軍と国民軍間の緊張も急激に高まり、両軍は一触即発の危機的状況に陥った。

このとき、かねてから張のやり方に不満を募らせていた郭松齢（関内にあった奉天軍の第三方面軍副司令）は、孫軍優勢の機を逸することなく、敵たる馮玉祥と密約を結んだ上で、一一月二二日、張下野を唱えて兵を挙げた。同軍は難なく山海関を突破し、満州内部に侵入した。

絶対絶命の窮地に追い詰められた張は、敗戦を覚悟しついに下野を決意した。ところが、一二月一三日、関東軍司令官白川義則が郭軍に対して営口入城禁止の警告声明を発すると、これを境に形成は逆転した。下旬には郭軍潰滅して、一九二五年冬の郭松齢の乱は終わった(9)。

反乱鎮圧後まもない一九二六年一月に開かれた帝国議会で、幣原外相は事件に触れて、当初の方針どおり内閣は絶対不干渉政策を貫徹し、かつ日本の満蒙権益を十分に擁護しえたと自画自賛した。この外相演説に対して、護憲三派から離脱して野党化していた政友会の小川平吉が衆議院で行った質疑は、政友会全体の幣原対支外交批判を代表していた(10)。

**満蒙の秩序維持**

幣原と小川は、満蒙の重要性と特殊性の認識においては一致していた。両者とも満蒙権益が国家の安危・生存にかかわる死活的な問題であると認めていた。また、満蒙が日本国民にとって同胞一〇万人の血が流された歴史的に特殊な意味をもつ地域であることも認めていた。だがこの認識から、小川が満蒙は日本にとっては「単純ナル外国ノ領土」ではないと強調したのに対して、幣原は満蒙はあくまでも「支那ノ主権ニ属スル場所」であると指摘した。

この不一致からさらに、満蒙の秩序維持の責任者は誰かという問題をめぐる対立が生じる。小川は満蒙が単なる外国領土ではないという結論と、中国本部の内乱を鎮圧できないでいる中国政府に満蒙の秩序維持能力などないという認識とから、満蒙の秩序維持は「我ガ帝国政府ノ責任」であると主張した。そして、国際法の問題はどうであれ、この責任を全うすることが、すなわち「帝国ノ威信」を保持することになると考えた。

これに対して幣原は、中国の内乱は革命に付随する一時的な生みの苦しみだという評価と、満蒙が中国の主権下にあるという国際法的認識とから、満蒙の秩序維持は「当然ニ支那ノ責任」であると主張した。そして日本が「妄ニ」秩序維持の責任を引き受けようとすれば、それはワシントン条約の精神に反し、かえって威信を失うことになると考えた。

もっとも、幣原自身も満蒙の平和秩序を「無形ノ利益」と認めていたので、たとえ満蒙が「無政府状態」に陥ったとしても、何もしないとは言っていない。それどころか、満州における兵乱の性質・範囲・時期いかんによっては決して「晏如」としているわけにはいかないと明言し、いざというときには「無形ノ利益」擁護のための兵力の使用も辞さないことを示唆している(11)。

## 秩序紊乱の認定基準

どのような状態になれば「無形ノ利益」が損なわれたと判断するのか。この点に関する幣原と小川の判断基準がもし一致していれば、満蒙秩序維持の責任者に関する対立はほとんど無意味なものとなる。だが、実際には両者の秩序紊乱の認定基準は大きく異なっていた。そしてこの違いこそが、幣原と小川の対立を決定的なものにしたのである。

小川は郭軍が満州に入ったこと自体を重大視、あるいは過大視して、軍隊の満州への侵入↓満州での戦争↓満州の秩序攪乱↓日本の「康寧」への脅威という一直線の連続的な過程を必然的なものと想定した。それゆえ、彼は軍隊の満州への侵入そのものを防止するのが、日本の責任であると論じ、幣原「絶対不干渉主義」外交はそれを怠ったと攻撃した。

幣原は、このような想定をあまりにも短絡的と拒絶する。彼は、日本の「康寧」は小川が言うように満州に軍隊が侵入したくらいで危うくなるほど基盤の脆弱なものではないと断定し、また今回の郭軍の侵入によって、それに続く張軍との交戦によって、満州の秩序が攪乱され、日本の「無形ノ利益」が損なわれたとは認めがたいと反駁した。さらに、侵入阻止策はまさに内政干渉そのものにあたるので、幣原外交の採用しえない性質のものであると断言した。

## 2　満蒙をめぐる赤化論争

**四位一体論**　郭松齢事件には、先の奉直戦争とはちがって、単なる軍閥間の内争ではみられなかったイデオロギー的な要素が新たに入り込んだ。これは当時においても左から右まで大方の一致する見方であった。中国共産党は、反張戦争を帝国主義勢力の援助を受けている軍閥に対する中国民衆の愛国的な戦いと規定し、民衆に戦争への積極的な参加を呼び掛けた。右では、関東軍は、郭の真の狙いは満州で国民党の三民主義を実施することにあるとみなし、その背後に「赤露ノ魔手」が伸びているとみていた。

確かに、郭松齢は、国民軍を率いる馮玉祥と密約を交わしていただけでなく、彼の理想は三民主義の一つである「民生主義」の実現であると明言していた。郭の盟友である馮も自身が三民主義者であり、親ソ主義者であることを隠してはいない(12)。さらに国民党（広東政府）が、ボロディンらソ連人顧問を招き入れ、一九二四年に「連ソ容共」政策を採用していたことは公然の事実であった。このような事実から、赤露ソ連と国民党と馮玉祥と郭松齢の四者は一体であると信じるもの、あるいは信じるふりをしたものが少なくなかった。

**防共的援張論**　実は、四位一体論は一部の事実だけをつなぎ合わせたもので、その妥当性には大きな疑問があった。同論者は、異なった結論にたどり着く可能性のある他の事実に気づかなかったか、あるいは気づいても知らぬふりをしたかのどちらかであった。

というのは、郭は自分が「民生主義」を信奉しているのは、これによって民衆の生活を安定させ「民心赤化ヲ防遏セン」がためであるとも言っており、馮も日本に対して中国の赤化防止のためには三民主義に奉じる愛国的な善良分子とこそ提携すべきであると主張し、自分は親露主義者であると同時に親日主義者でもあると明言していたからである。

さらに、国民党とソ連および共産主義との関係にしても、孫文が連ソ容共政策を進めるにあたって、ソ連に対して中国には共産主義樹立の条件の存在しないことと、民族闘争を階級闘争に優先させることを認めさせていただけでなく、当時、国民党内では共産主義分子および左派と右派とが対立含みの共存状態にあったからである[13]。

このように、郭松齢事件前後の国民党とソ連及び共産主義との関係は、当時、外部から見て曖昧なところがあり、色々な解釈の余地があったであろうが、注意深い観察者なら、両者を完全に一体であるとか、あるいは後者が前者を支配しているとかという断定はできなかったはずである。いわんや、馮玉祥の国民軍、さらには郭松齢までソ連共産主義と一体の赤化勢力とみなすことには、相当な無理があったと言わねばなるまい。

それにもかかわらず四位一体論者は、もし郭が満州に入って張作霖にとってかわるようなことになれば、北満はいうに及ばず満州全体が共産化し、ひいては朝鮮統治を危うくし、日本の安全を脅かすことになると信じた。そしてこの一種のドミノ論的警鐘を乱打して、反郭を目的とした武力的直接干渉と同時に、反共主義者の張への援助策を政府に進言し、その実施を画策したのである。

**援張策否定の論理**

このような赤化の脅威と結び付いた新装の援張論に対する幣原の考えはどうであっただろうか。まず日ソ関係について、幣原は、一九二五年一月の日ソ基本条約調印以来「順調ナル発達」を遂げており、ソ連に「衷心ヨリ日露ノ経済的協力ヲ図ルノ意向」があるとみていて、北満へのソ連の侵略計画なるものは「風説」にすぎず、「根拠」のないものと否定した。

次に広東政府がソ連の傀儡であるかという点についても、同政府には共産主義者もいるが、これでもって「広東ノ永遠ノ制度ガ確立シタ」と判断するのは早計であると、国民党内の左右対立の行方の不確実性を的確に洞察していた[14]。

要するに、幣原が反共主義者であることは間違いないのであるが、ただ彼は、反共的シベリア干渉政策の大失敗と、最近の日ソ関係の順調な発展とに鑑みて、共産主義国であっても明白な侵略政策をとらないかぎり、通常の国

交は可能であるし、またそうすることが自国の安全や通商の利益に資すると考えたのである。(15)

さらに馮玉祥の国民軍とソ連の関係についても、彼は、国民軍の顧問としてロシア人将校がいることは事実だが、これをもって国民軍が赤化しているとみるのは早計であると言い、同軍の顧問には日本人将校も含まれていると指摘している。

最後に郭松齢についても、幣原は、郭が赤化をもくろんでいるという証拠はないと、郭の満州支配即ち満州の赤化という説を受け入れなかった。

幣原にとって、四位一体論は根拠が不十分な風説、憶説にすぎなかったので、これをもって迫られても、自説たる不干渉主義を改める必要を全く感じなかった。ゆえに彼は、郭松齢事件のさいも奉直戦争のときと同じ論理で援張策を否定した。

すなわち、満州の統治者は張であろうと郭であろうと、日本は「正当手段」によって満蒙権益を十分に擁護できるので、今回も国際公約たる内政不干渉主義を貫くことによって、中国国民全体の恨みを買わぬように、列国の猜疑を招かぬようにするのが、日本の国益にかなうと、幣原は考えたのである。

## 3　幣原〝対支干渉〟外交

### 満蒙権益擁護策

前回の奉直戦争のときには、幣原は、満蒙権益を擁護する一手段として両軍に政府声明という形の警告を発したが、馮のクーデターによってそれ以上の擁護手段はとられずに終わった。他方、今回の郭松齢事件では、関東軍司令官声明という形ではあるが、前回とほぼ同様の警告が発せられたほか、さらに二回の関東軍司令官の警告と満州増兵という措置がとられた。

すなわち、初め関東軍司令官は、独断で郭軍に対する営口から三〇キロ以内への進入禁止令を出し、三日後、陸相からの修正命令に従って、張・郭両軍に対して満州鉄道から二〇支里（約一三キロ）以内での軍事行動を禁止する警告を発した。同時に政府は、補充予定の繰り上げという形で満州出兵を断行したのである。

幣原はこの措置を「兵力」による権益擁護策であるとは認めたが、「全ク付属地ノ治安ヲ維持スルノ外他意ナク」と言い張り、「援張排郭」の内政干渉策であることを認めようとはしなかった。[16] これに対して芳沢公使は、今回の措置は「余リニ行過ギタル感」があり、禁止区域の限定は一方的命令措置によるのではなくて、両軍との「協議」によるべきであったと、幣原の対応を批判し、さらに彼は、今回の措置は中国側からは「主権ノ侵害」とみなされ、排日運動を刺激するだろうと予想した。

### 対日感情の悪化

事実、国民党幹部が日本の警告と増兵を「盗賊カ或家ニ逃込ミタルヲ其門前ニテ逮捕ニ向ヒタルモノヲ拒ムニ等シ」と語ったように、中国人一般もこの措置を援張排郭を目的とした内政干渉、主権侵害とみなし、対日感情を悪化させた。

このような「兵力」による満蒙権益擁護策の実施とその後の郭軍の敗退との因果関係は否定しがたいように思われる。幣原の抗弁にもかかわらず、幣原外交がこのとき一時的にでも内政干渉に手を染めたことは否定しがたい。

このような幣原〝強硬〟外交は、中国での反日感情を高めたばかりで、国内的には強硬世論を満足させる効果はなかった。政友会などは、そもそも幣原が満蒙に郭軍の侵入を許したこと自体を許しがたい無責任とみなしていたので、幣原〝軟弱〟外交批判の鉾を収めるどころか、ますますその攻撃を強化したのであった。

しかし、もしこのとき政友会流の露骨な満蒙秩序維持策が実施されていたとしたら、一時的に国内強硬世論は満足したかもしれないが、中国の対日感情の悪化の方は、逸脱としての幣原〝対支干渉〟外交が招いた程度ではすまなかったと推測できる。

# 第四節　南京事件

## 1　蔣介石擁護策

### 事件の概要

一九二六（大正一五）年夏、蔣介石を総司令とする国民革命軍は、いわゆる北伐のため国民党の本拠地広東を発った。革命軍は九月に漢口、一〇月に武漢を落とし、年が明けた一九二七（昭和二）年三月二一日、心配された混乱もなく、列国の居留民、権益が集中する上海に入った。

しかし、その三日後の二四日、南京入城のさい大事件が起こった。日本、イギリス、アメリカの領事館をはじめ外国の施設だけが、北伐軍に襲撃、略奪され、かなりの死傷者が出たのである。日本人では、流れ弾に当たった水兵が一人死亡、領事館警察署長と駐在武官の二名が負傷した。領事館の備品はことごとくもち去られた。領事館に避難していた在留邦人一〇〇余名は、無一物になるほど徹底的な略奪にあい、婦女子は屈辱的な身体検査を受けた。

しかし、居留民の願いもあって、領事館にいた陸戦隊員や警察官が無抵抗方針を固く守ったおかげで、居留民中に一人の死者もださなかった。森岡正平南京領事の報告によれば、国民軍兵士たちは、略奪暴行のさい、口々に「日英帝国主義打倒」、「華俄一家」等々と叫んだそうである。[17]

日本に比べて、米英の被害は大きかった。イギリス人の死者三名、アメリカ人の一名に加えてイギリス総領事を含む数名の負傷者が出た。二五日、居留民を安全な場所に避難させるために、英米の戦艦は援護砲撃を行ったが、「徹頭徹尾無抵抗主義」をとる方針を立てていた現地の日本海軍は、この砲撃に加わらなかった。これもまた日本の被害を少なくした一因となった。

事件後、幣原外相は、この方針を是認して、とくに居留民に死者の出なかったことを「同慶ニ存ス」と森岡領事の労をねぎらう電報を打った。

三月二八日、北京では日英米三公使が集まり、南京事件に対する中国側への要求条件案をまとめ上げた。その骨子は、一、責任者の処罰、二、賠償、三、謝罪、四、今後の保障、五、タイムリミットの五項目であった。交渉相手は、広東から移った武漢政府の陳友仁外交部長とするのが正式であったが、芳沢公使の意見が採用されて、蔣介石を相手とすることに決まった。芳沢は、今回の事件は軍隊によって引き起こされたものであるから、陳よりも「最高指揮者ナル蔣介石」を相手とするのが「最適切有効」と論じたのである。

**タイムリミット問題**

五項目の要求中問題となったのは、第五番目の「タイムリミット」に関してであった。イギリス公使は要求条件提出の最初から最後通牒形式にすべきだと主張したが、芳沢とアメリカ公使は「多少ノ余裕」を与えるべきだとイギリス公使を説得した。その結果、第五項の文言は、蔣が要求条件の応諾を速やかに表明しなかった場合、「関係各国ハ其ノ応諾ニ期限ヲ付セサルヲ得サルニ至ルヘク……」というものになった。

さらに期限内に要求が貫徹できなかった場合の対応策も話し合われた。芳沢が「砲撃」に触れると、イギリス公使は、三国共同の揚子江と広東の「封鎖」について述べたが、結局、具体的な制裁措置には触れず、各国の裁量に任せることになった。

**事件の背景**

この三国公使案に対して、三月三〇日、幣原は、案文中の「蔣介石」という個人名を「国民軍」と改め、「タイムリミット」を削除するように芳沢に命じた。幣原の意図を知るには、南京事件の背景に関する彼の解釈を知る必要がある。芳沢への訓令を出す前に、次のような情報が入っていた。

今回南京に進軍してきた第六軍の一七師長は、二五日、森岡領事を訪れ、事件に関して遺憾の意を表すとともに「掠奪ハ在南京共産党部員カ悪兵ヲ扇動セルニヨルモノ」と述べた。森岡も、事件が専ら外国人を目標として行われ、中国人に被害がほとんどなかったことや、日本領事館略奪中の兵士の言動などからして、事件の背後に共産党があると見て、同種の事件を予防するためには「強硬ナル制裁」が必要だと具申していた。また、蔣介石の使者も、矢田七太郎上海総領事に対して「南京事件ノ真相ハ愈同一系（共産党系）ノ者カ蔣介石一派ヲ倒サントスル苦肉ノ計ナリシ事明瞭トナレリ」と述べていた。

このような情報を得た幣原は、南京事件は、武漢の共産派と蔣一派の国民派との軋轢を背景に起こった共産派の「隠謀ノ発露」と断定した。すなわち、北伐の大成功によって軍総司令として飛ぶ鳥を落とす勢いを持ち出した蔣に対する反感を強めた共産派は、重要な国際問題を引き起こし、蔣を窮地に陥れ、失脚させようと企てたと、幣原は解釈したのである。

**蔣失脚阻止策**

三国公使案は、蔣介石を名指しにして、またタイムリミットに言及し、制裁も予定することによって要求条件を応諾させようとするものであったが、この案を共同作成した芳沢公使は、蔣介石の運命に関しては次のように考えていた。すなわち、左傾分子がこの列国の要求を蔣失脚に利用するであろうが、要求条件実行後ならば、蔣が失脚しても我々は「別段痛痒」を感じないと考えていたのである。このような態度は、満州の統治者が張作霖であれ郭松齢であれだれであれ、日本は内政に干渉すべきではないという幣原の態度と一見すると似通っていた。

しかし南京事件は共産党による蔣失脚の陰謀だと確信した幣原は、芳沢とは違った態度をとった。彼は、蔣の失脚は揚子江以南を「今ヨリ甚シキ無政府状態」に陥らせることになるので、最善策としては、「支那ノ治安ハ支那人ノ手ニヨリテ維持セシムヘク」蔣ら「健全分子」に時局収拾の機会を与えるほかないと考えたのである。そこで、彼は列国が共産派の陰謀に引き込まれて、蔣失脚に手を貸す結果となるような措置を避ける必要があると述べて、芳沢に三国公使案の修正を命じたのである。

## 2 幣原対英〝非協調〟外交

**蔣援助策**

蔣失脚は望ましくないという幣原の考えは、参謀本部の方針とも一致していた。その方針は、南京事件の解決に関しては、蔣ら「穏健分子」を擁護し、その責任は「共産派」に帰するよう努めるべきだとしていた。しかし、同方針はさらに、必要ならばひそかに穏健分子に「援助」を与えてもよいと、蔣介石援助策にも言及していた。また、駐日イギリス大使も幣原外相に、蔣ら「国民軍中ノ穏健分子」に物質的援助などを積極的に行ってはどうかと問い掛けてきた。

これに対して幣原は、共産派の陰謀から蔣を救うためなら、対支不干渉主義を捨てでも援蔣策にふみきるべきだとは考えなかった。中国ナショナリズムの強い排外的性格を認識していた幣原は、列国の蔣援助は贔屓の引き倒しの結果を招くことになると判断して、ここでも不干渉主義を貫いたのである。

イギリス大使には次のように答えている。すなわち、列国が武器資金の供給や兵力援助という「露骨ナル material support」を与えれば蔣は内部から「売国奴」という非難を受けかえって蔣を倒す結果を招くおそれがあるので、「列国カ露骨ニ手ヲ出スコト無ク支那人ヲシテ自ラ『イニシャティーヴ』ヲトリ時局ヲ収拾セシムルノ外ナシ」、と。

**制裁反対理由**

今一つの問題、すなわち、期限内に要求が受諾されなかった場合、列国は共同であるいは単独で制裁に踏み切るのか、また制裁を行うとしたらどのような制裁が有効適切なのかという問題に関しては、イギリスだけが積極的で、日本とアメリカはイギリスに非協調的であった。幣原はイギリス大使に対して、制裁を「封鎖」、「砲撃」、「占領」の三種類に分けて、次のように順次その効果を否定した(18)。

まず、揚子江一帯と広東を経済封鎖しても、産業が「原始的」で「自給自足ノ域」を脱していない中国に対しては、適切な効果が期待できない。それどころか、中国が屈服する前に、在支外国人商工業者が打撃を被る。

次に、砲撃が有効であるためには、死命を制しうる「大動脈」ともいうべき戦略的要衝がなければならない。ところが、中国にはいくつもの「小動脈」があるばかりで「大動脈」がないので、「小動脈」を砲撃してもさほどの効果はない。

最後に、軍事占領にしても、砲撃の場合同様、死命を制しうる地点を見いだしがたい。たとえ見いだして占領したとしても、列国は中国側のゲリラ戦法による抵抗に長く悩まされることになるが、それはシベリア出兵のさいの「パルチザン」の跳梁よりもさらに大規模、かつ深刻なものとなる。

**幣原〝自主〟外交**

このように中国に対する制裁はどれ一つとして十分な効果が期待されないというのが、幣原の反対理由であったが、今一つ、さらに大きな理由があった。それは彼の〝経済外交〟から派生するもので、彼は共同制裁を望むイギリス大使に次の二点に注意するよう促している。

すなわち、イギリスとは違って日本の場合、全貿易額において対支貿易額が占める比率は極めて高く、これほど重要な貿易関係が長期にわたって途絶するのは、日本にとって経済的に「極メテ苦痛」であり、また政治的にも「日本ハ支那人ヨリ深怨長恨ヲ受クルハ頗ル忍ヒ難キ地位ニ在ル」、と。

よく「英米追従」と非難された幣原外交であるが、ここには、英米とは異なる立場にある日本の死活的な対支貿易利益を守るためには、国際協調離脱も辞さずという幣原〝自主〟外交の側面が見られる。国際協調主義を捨てて日本が単独行動をとる可能性については、幣原は、「日本ノ大利益ヲ犠牲ニ供シテ迄モ協調ヲ保持セサルノ理由ナシ事ノ性質事情ノ如何ニ由リテハ必シモ列国ト共同セスシテ我ノミノ単独行動ヲ執ルコトアルヘシ」、と明言している。

**幣原外交から田中外交へ**

南京事件において日本以上の被害を出したアメリカだが、ケロッグ国務長官は、幣原対支外交と同じく、中国ナショナリズムへの理解と同情に基づいた不干渉主義を貫き、対支最後通牒の発出に反対し、イギリスの対支共同制裁提案を峻拒した。このケロッグの対支外交をアメリカの世論は一致して全面的に支持した。

ところが、もっとも被害の少なかった日本において、幣原の対支外交は、事件を境に世論に見放されてしまった。領事館襲撃の報が扇動的な新聞によって針小棒大に伝えられ、また政友会がこれを政争の具として利用して政府攻撃運動を展開すると、世論は沸騰し、幣原〝軟弱〟外交批判の声は急激に高まった。

このような状況の中で四月一七日に開かれた枢密院会議は、台湾銀行救済の緊急勅令が議題であったにもかかわらず、伊東巳代治顧問官は南京事件に関する痛烈な幣原外交批判を展開し、「現内閣ハ一銀行一商店ノ救済ニ急ニシテ支那在留邦民ノ保護ニ付何等策ヲ施サス」と決め付けた。結局、緊急勅令案は多数でもって否決されてしまい、即日、若槻内閣の総辞職となった。[19]

こうして第一次幣原外交は退場し、代わって〝積極〟・〝強硬〟・〝自主〟を売り物にする田中外交が登場する。本章の結びとして、新外務政務次官に就任した政友会の森恪の演説に関する木村鋭市亜細亜局長の談話を引用したい。幣原外交から田中外交への交代の意味合いを象徴的に示しているように思えるからである。

「森君は外務省に来ると、直ぐ事務次官以下省内の事務官を集めて、対支外交の刷新、積極政策の遂行について一席講演して、郭松齢事件に対する前内閣の消極政策を非難し、前内閣が郭松齢の山海関突破を許したことが不都合だ。満蒙の特殊権益の擁護について何等積極的に行動しなかつたことは怪しからぬ。南京事件の如き不祥事件の勃発に対しても、直ちに居留民の保護、支那膺懲の軍を起さなかったことを攻撃するといふ風で、従来の外務省の軟弱振りを攻撃して、気焔当るべからざるものがあつた[20]」。

（1）『帝国議会衆議院議事速記録』（東京大学出版会）。以下、第一節において特に注を付していない引用部分は、大正一三年、大正一四年、大正一五年の衆議院における幣原外相の発言で、すべて同書から引用した。

なお幣原外交の全体像の概説は、拙論「幣原喜重郎『外交五十年』」関静雄編著『近代日本外交思想史入門』ミネルヴァ書房、一九九九年、および拙論「幣原外交と第二次奉直戦争」の第一節「幣原〝対支外交〟の原則」『帝塚山大学教養学部紀要』第四四輯（一九九五年）を参照せよ。

（2）『帝国議会枢密院議会議事録』東京大学出版会に収められている大正一三年における幣原外相の発言から引用した。

（3）原対支外交と幣原対支外交の比較について、より詳しくは、服部龍二「原外交と幣原外交」『神戸法学雑誌』第四五巻第四号（一九九六年）。原外交については、拙論「摩擦と協調——原敬の日米協調主義」関静雄『日本外交の基軸と展開』ミネルヴァ書房、一九九〇年）、および本書の第五章を参照せよ。

（4）『日本外交文書』大正一三年、第二冊。以下、第二節において特に注を付していない引用部分は、同書から引用した。
なお第二次奉直戦争のさいの幣原外交については、池井優「第二次奉直戦争と日本」栗原健編『対満政策史の一面』原書房、一九六六年。および前掲の拙論「幣原外交と第二次奉直戦争」を参照せよ。

（5）本項の「張作霖援助説」と次項の「呉佩孚援助説」の引用部分は、おもに前掲の『帝国議会枢密院議事録』に収められている大正一三年一〇月八日における幣原外相の発言から引用した。

（6）『東京朝日新聞』一〇月二日。

（7）幣原喜重郎『外交五十年』中公文庫、一九八六年、一〇七—一〇九頁。

（8）『宇垣一成日記』第一巻、みすず書房、一九六八年、四五六頁。

（9）第三節全体を通して、とくに臼井勝美の『日本と中国——大正時代』原書房、一九七二年の第三章と『日中外交史——北伐の時代』塙書房、一九七一年の第一章を参考にしたが、一々注記することはしなかった。

（10）以下、幣原外相の演説と小川の質疑はすべて、『帝国議会衆議院議事速記録』大正一五年からの引用。

（11）『帝国議会貴族院速記録議事録』大正一五年。

（12）以下、第三節のカタカナ書き引用部で特に注を付していないものはすべて、『日本外交文書』大正一四年、第二冊下巻からの引用。

（13）ハロルド・R・アイザックス著／鹿島宗二郎訳『中国革命の悲劇』上の第三章、および Dorothy Borg, *American Poicy and the Chinese Revolution 1925–1928*, New York, 1968 の第三章を参照せよ。

（14）『帝国議会衆議院速記議事録』大正一五年。

（15）幣原の対支不干渉主義の基礎にあった彼の共産主義観・ソ連観は、南京事件処理問題に関するイギリス大使との会談での次のような彼の発言にもよく現れている。

「自分ハ支那ノ国民政府其他ノ状況ヨリ見テ共産主義カ全国ニ行キ亙ルモトハ信セサレトモ仮ニ共産派ノ天下トナルモ二三年モ経過セハ外国人カ再ヒ居住貿易シ得サル程危険ナル状態トモ思考セス例ヘハ露国革命ノ際欧州列国ハ大ニ其危険ヲ恐レタレトモ現ニ日本ハ数年前露国国交回復以来現在ニ於テハ此ノ共産主義ノ露国内ニ於テ何等危険ナク居住貿易企業ニ従事スルヲ得居ル実状ニ照シ支那ノ場合ニ於テモ同様ニシテ左程恐怖スヘキコトニモ非スト思考セラルル次第ナリ

要スルニ支那時局ノ帰趨カ何レニナルトモ列国ハ寧ロ之ヲ放任シテ隠忍其結果ヲ俟ツノ外ナシ」。

(16) 『帝国議会貴族院速記議事録』大正一五年。

(17) 第四節全体を通じて、主に以下の文献を参考にした。『日本外交文書』昭和期I、第一部第一巻。前掲『帝国議会枢密院議事録』昭和二年。前掲の臼井『日中外交史』。Borg, *American Policy and the Chinese Revolution 1926-1928.* サンケイ新聞『蔣介石秘録7』サンケイ新聞出版局、一九七六年。カタカナ書き引用部は特に注を付していないものは『日本外交文書』からの引用。

(18) 対支制裁問題に関しては『日本外交文書』以外にも『帝国議会枢密院議事録』(昭和二年)からも引用した。また幣原『外交五十年』も参照せよ。

(19) 『帝国議会枢密院議事録』昭和二年。

(20) 山浦貫一『森恪』森恪伝記編纂会、一九四〇年、五八〇頁。

# 終章　清沢洌対池崎忠孝――満州事変後の日米戦争論

## 第一節　運命論と自由論

サイパンが陥落して、絶対国防圏の一角が破られると、さしもの東条内閣も退陣を余儀なくされた。東条英機首相の辞表提出が初めて新聞に報道された一九四四（昭和一九）年七月二一日、清沢洌の日記に次のような記事が見られる。

「清沢覚から昨夜電話がかかって来て朝日スレートの社長寺門氏が、馬鹿に僕に感服している。実に偉い、予言者のような人だといっているそうだ。聞いてみると『米国は日本と戦わず《（マヽ）》』に書いてある内容が現代を予言しているというのである。覚も、『池崎忠孝』（ここの『　』印は強調記号で書名を示す記号ではない―引用者）などの本を読みかえしているが、まるで間違っているといっていた」(1)。

### 1　一九三二年の清沢と池崎

**予言者はいずれか**

日記を書いた清沢と、中に出てくる池崎の二人は、一九三二（昭和七）年踵を接するようにして、いわゆる日米戦争もの(2)を公刊している。そこで、池崎が〃日米戦争は不可避である〃と予言すれば、これに対して、清沢は〃アメリカは日本と戦わず〟と予測したのである。

周知のように、結局、日本はアメリカと戦って、敗れた。単純に見れば、予言者は、清沢でなくて、池崎ではないのか。この章では、両者を対蹠的な結論にいたらせた、両者の思考法と論拠を比較対照した上で、清沢のどこが、日米戦争の勃発にもかかわらず、〝予言者〟的であったのか、考えてみたい。

**時代背景**

まず、池崎忠孝の『宿命の日米戦争』と題された本についてであるが、この本は、一九三二（昭和七）年五月一一日から五月三〇日まで『東京日日新聞』と『大阪毎日新聞』に連載され、同年七月、先進社から単行本として出版された(3)。

他方、清沢洌の『アメリカは戦はず』は、一九三一年四月以来アメリカに滞在していた清沢が、一九三二年八月に帰国した直後から執筆に取りかかり、同年一〇月に千倉書房から刊行されている(4)。

両著作が書かれた時代背景として、この年に大流行した日米戦争論と特にかかわりの深い諸事件を挙げておく。

一九三〇年　四月　ロンドン海軍軍縮条約調印
一九三一年　九月　満州事変勃発
　　　　　一〇月　錦州爆撃
　　　　　一一月　チチハル占領
　　　　　一二月　犬養政友会内閣成立
一九三二年　一月　錦州占領
　　　　　同月　スチムソン＝ドクトリン
　　　　　同月　第一次上海事変勃発
　　　　　二月　米艦隊太平洋演習実施

同月　スチムソンのボラー宛書簡
三月　満州建国宣言
五月　米大西洋艦隊の太平洋残留決定

このような諸事件をそれぞれ日本とアメリカで見聞きした二人の評論家の受け取り方と結論は、日米両国の間に横たわる太平洋の距離ほど懸け離れていた。日本にいたかアメリカにいたかによって、事件の見方は影響されないとはいえない、否、される部分もかなりあるだろう。しかし、かくも両者を乖離させたのは、事件当時いた物理的な場所の問題というよりは、むしろ両者の思想的な立場のせいである。つまり、二人の間には、歴史と人間の関係についてのとらえ方に、根本的な相違があったのである。

### 歴史と人間の関係

歴史的運命というものが厳然としてあって、それに対して人間は無力なのか。それとも、歴史の大きな流れというものがあるにしても、その行く先は未定で、人間もその流れる方向に影響を与えることができるのか。日米戦争の予測に関する両者の対立的な議論はすべて、この二つの問いに還元しうる。

## 2　日米戦争論

### 『宿命の日米戦争』

満州事変から第一次上海事変へという事件の流れの中に、日米戦争の危機を感じ取った池崎忠孝が著した『宿命の日米戦争』の特徴は、その題名からうかがえるように、日米開戦予測については断定的であり、それゆえに、戦争回避の努力については悲観的、諦観的である。勝敗予測については楽観的、無責任的であり、それゆえに、読者への訴え方では宣伝的、扇動的である。

彼はこの本の「序」において、次のように主張している。

「今や、日米間の長年にわたる『夢魔』であった日米戦争は、不可避の状勢となった。日本国民は、これを

『宿命』だと思い諦めて、戦争の『覚悟』を決めることが必要である。そうすれば、われわれは、『赫々たる勝者としての栄冠』を戴くことになる」。

そして、「断じて行へば、鬼神もこれを避くといふ。況んやアメリカをや」と読者に訴えかけて、「序」を結んでいる（池崎、序の一～三頁）。

### 『アメリカは日本と戦はず』

一方、清沢洌の『アメリカは日本と戦はず』の「序」は、次のように始まる。

「アメリカから横浜に船が着くと、一つは気忙はしい注文が待つてゐた。注文の主は千倉書房主、題まで私のために決めてあるといふ。聞いてみると『アメリカは日本と戦ふか』。

私はお汁粉会の後で、餅菓子を強いられるやうな気がした。いくら流行を追ふ世の中でも、この日米戦ものゝ多い出版界に、も一つを加へる必要があるのか。健全なものを寝しておいて、来る人毎に『君は病気だよ』といはすると、大概ほんとの病気になつてしまふそうだ。太平洋の波が、かりにどんなに静かであらうとも、かう繰り返し暗示をかけられゝば、そのためだけからでも、大事に至らないと誰が保証し得やうぞ」(5)。

しかし、よく聞いてみると、出版社の意図は別のところにあった。大流行りの日米戦争ものに便乗することではなくて、満州事変と上海事変の間、アメリカにいてアメリカの世論の空気を吸っていた清沢に、一体アメリカは何を考えているのか、その真実を日本国民に伝えてもらいたい、これが出版社の狙い処であった。

その意を了とした清沢は、出版社側が用意していた『アメリカは日本と戦ふか』という書名を、彼に与えられた命題とみなして、これに答える形で、自ら選んで『アメリカは日本と戦はず』という書名にしたのである（清沢、序の一～二頁、本文の三三頁、三三一頁）。

### 日米戦争の蓋然性

清沢が書名で「アメリカは日本と戦はず」と言い、結論で「日米戦争なし」と言っても、これは、彼自身も断っているように、「左翼の唯物史観的ドグマ」や「右翼の愛国主義的運命論」のような断定的な物言いではない（清沢、三三二～三三三頁）。日米戦争の起こりうる場合を想定した上で、「戦争なし」と言っているのである。つまり、清沢の「日米戦争なし」とは、「日米戦争あり」より蓋然性が高いという謂である。そして、アメリカが戦わない理由として、アメリカ側にある「開戦に対する安全弁」（清沢、二四〇頁）の働きをする様々な要素を列挙している。(6)

もちろん、これらの安全弁は絶対的なものではないので、日米戦争は可能性として残る。この蓋然性は低いが、可能性のある日米戦争に対して、人間にはなす術はないのか。万が一にも悪い目がでたときは、人力のおよばない宿命のせいだと、思い諦めねばならないのか。「その哲学において宿命論者でない」（清沢、三五三頁）と言い切る哲学的自由論者清沢は、未来を可能性・蓋然性の問題としてとらえるだけでなく、未来を形成、創造する人間の自由を信じている。だから、その信念は、「戦争は自然力ではなく、従つて人智によつてこれを避けうるものである」（清沢、三六一頁）という言葉となって現れるのである。

### 哲学的自由論者清沢

池崎も清沢も、戦争のもたらす悲惨さを認識していて、戦争を避けるのは望ましいという点では一致している。しかし、運命論者の池崎は、日米戦争は避けえないので、これに備えよ、覚悟しろ、と国民を煽った。

これに対して、自由論者の清沢は、人智によって避けうるので、どう避けるかを考えた。そして、日米の衝突が戦争にいたらないうちに、「解決、予防、あるいは流れを変更する」（清沢、三五六頁）ための具体案を、国民に提示した。(7) このように、清沢には、池崎のような勇ましい諦めはなく、戦争回避の努力において執拗であり、建設的であった。

## 第二節　開戦の条件

ここでは、日米開戦の条件に関する清沢と池崎の議論を、アメリカの戦意と日米海軍力の優劣の二点において、比較検討してみる。

### 1　池崎の議論

#### 満州事変後のアメリカ

まず池崎の議論から見てみると、彼は、満州事変勃発後のアメリカの態度は、予想以上に「微温的」であったと言う（池崎、五〇頁）。そして、その主な理由として、対日世論の不統一と海軍現有勢力の対日劣勢とを挙げている。すなわち、満州事変の際に、日米戦争が抑止された主要な原因は、アメリカが「自己の非力」を意識して逡巡し（池崎、四六頁）、さらに「種々雑多な輿論」を目の当たりにして、「より一層退嬰的」になった、と言うのである（池崎、六八～六九頁）。

第一条件のアメリカの戦意についての池崎の議論を続けると、満州事変直後のアメリカの微温的な態度は、しかしながら、錦州事件が発生すると、アメリカ政府は、ようやく「自制力を喪ひはじめ」、いわゆるスティムソン＝ドクトリンを発して、「大胆にも日本を誣ひて条約違反者」だと言うにいたった（池崎、七五～七六頁）。

#### 上海事変後のアメリカ

そこに上海事件が勃発すると、アメリカ世論は、「血相を変えて喚き出し」、スティムソンは、上院議員ボラー宛書簡の中で、「いまだかつて見ざる強硬意見」を開陳し、民間有力者の間では、「対日ボイコット」が、声高に叫ばれるようになった（池崎、八〇～八四頁）。

このように事件の流れを観察してきた池崎は、一つの諦観的な結論にいたる。すなわち、日米関係は「一つの宿命」に支配されているようなので、「この宿命を免れんとする両国民の努力は、結局徒労に帰するのではないか」

と思われる、と言うのである（池崎、七三頁）。

池崎は、続けて、それでは果たして、錦州事件以来、自制力を失い始めたアメリカとしては、上海事変で「堪忍袋の緒がきれたとでもいふのか」と自問して、実際には、アメリカは最後のギリギリの線で踏み止どまったと自答する（池崎、七六頁）。それは、多数の新聞が対日経済封鎖に反対し、ボラーが穏便自重主義に固執したからである。

### 「非力」なアメリカ

しかし、彼らが、経済制裁に反対したのは、親日論からではない。「ただいま即刻日本との衝突を惹きおこすがごときは、アメリカの現状に照らして、まず無謀にちかい冒険を意味する」とみなしたからにすぎない。すなわち、池崎は、アメリカ世論が対日ボイコットで帰一しなかったのは、反日感情と対日戦意で分裂していたからでなくて、依然「自己の非力」を意識していたからにすぎない、と言うのである（池崎、九七～九八頁）。

アメリカ政府の意図については、池崎は次のように推断する。スティムソンは、ボラー宛書簡以後、「無気味な沈黙」を守っているが、この「無気味な沈黙」の裏には、現在に対する「故意の抑制」と将来に対する「断乎たる決意」が秘められている。すなわち、アメリカ政府は「もうこれ以上言葉は無用」と考えていると見てよい、と（池崎、九七～九九頁、一〇二頁）。

### 米艦隊大演習の意図

このような彼の推断を裏付ける証拠として、池崎は、アメリカ艦隊の太平洋海域における大演習を持ち出す。彼に言わせると、満州事変が上海に飛び火して、日米戦争論の炎が一段と燃え上がっていたさ中、アメリカ海軍が、予定通り、「ハワイを中心とする大演習」を決行したのは、「日本の玄関の前に立ちはだかつて、不穏な腕まくりをして見せるのも同然」の「常軌を逸した行動」である。「さらに一層常軌を逸し」た「破天荒の事実」は、演習終了後も、「〔大西洋〕偵察艦隊の太平洋滞在」を企図していることである。彼は、この事実を「アメリカ政府の意図」が「正しく太平洋の戦争を準備することにある証拠」であるとみなしたのであった（池崎、一一五、一二〇～一二一頁）。

以上のように、池崎は、特に上海事変後のアメリカ世論の動向と、それに続く大西洋艦隊の太平洋残留という政府の決定に鑑みて、開戦条件としてのアメリカの対日戦意の昂揚は、ほぼ充足されたと判断したのである（池崎、六九頁）。

次に、この点に関する清沢の議論に耳を傾けてみよう。

## 2 清沢の議論

### 反日に帰一

清沢は開戦の条件を設定して、それは、日米両国民の戦意が一緒に沸騰点に達していることだとする（清沢、四～六頁）。そして、この点にかんして、彼は「満州問題、上海事件は、日米衝突の可能性を本格的にした」と述べている（清沢、一四三頁）。では、これは、アメリカの世論が日米戦争を覚悟するほど沸騰した、という意味であったのだろうか。満州事変から上海事変にいたるアメリカ世論の変化についての清沢の観察は、驚くほど池崎とよく似ている。

清沢にいわせれば、錦州事件によってスティムソンの「神経がとがつた」にしても、満州問題だけならば、世論は、二分されたままであったろうが、上海事変を機に、一方的に反日的になった。そして、この「燃え立つ」反日感情は、それまで親日的であった者も含めた識者たちを対日ボイコット運動に走らせ、「恐怖の絶頂」に達したスティムソンにボラー宛書簡を書かせた、ということになる（清沢、一一六～一四四頁）。

### 沸騰点に未到達

だが、清沢と池崎の類似性はここまでである。反日感情に加えて、対日戦意という点でも、アメリカの世論は帰一したかとなると、両者の解釈は異なった。対日強硬論者と目されるスティムソンにしても、直接に日本に抗議することなく、内に向かってボラーに手紙を出したのは、清沢の解釈では、

「日本に正面から突き当たる意志のない」証拠である（清沢、一三七～一三八頁）。

また、ボイコット論にしても、ボラーたちが「ボーイコットは日米戦争に導くぞ」という警告を発すると、腰砕けに終わった（清沢、二七頁、一四七頁）。このような結果を、先に見たように、池崎はというと、アメリカの戦意の不在のせいではなくて、自己の非力の自覚のせいにした。

これに対して、清沢は、この結果を、「アメリカ人の最大多数」が日本に対して戦意を有していない、つまり、世論は、「反日」に帰一したにもかかわらず、いまだ沸騰点に達していない証拠だとした（清沢、三三七頁）。

それでは、池崎がアメリカに対日戦争の意志のある証拠として挙げていた大西洋艦隊の太平洋残留について、清沢はどうみていたのであろうか。

**艦隊大演習の解釈**

この残留決定は、確かに、米海軍が日本に対して備えている証拠だと言える、と彼が言っているところからすると、あたかも池崎の解釈を肯定しているかのようである。しかし、清沢は、続けて、海軍の対日戦準備は、海軍の総司令官でもあるアメリカ大統領が、開戦権を有する議会が、ましてアメリカ国民全体が、対日戦争の意志を有している証拠だということにはならない、と解釈して、池崎の解釈を否定した。つまり、海軍の戦意をアメリカの意志と同一視する危険な過ちを指摘したのである（清沢、三四〇～三四二頁）。

ここで再び池崎の議論に戻って、開戦の第二条件、すなわち、海軍力の優劣についての彼の考えを聞いてみよう。

**池崎の一九三五年開戦説**

先に見たように、上海事変後、開戦の第一条件たるアメリカの戦意という点での「輿論の統一」は重要な意味をもたなくなった、と池崎は見ていた（池崎、九九頁）。アメリカが対日ボイコットに踏み切れなかったのは、自己の非力、すなわち、海軍現有勢力の対日劣勢を自覚していたからにすぎない（池崎、四六～四七頁）、今や残された日米戦争の鍵は、アメリカの「海軍力の充実」のみであるというのである（池崎、六九頁）。

では池崎は、アメリカの「海軍力の充実」がなるのはいつだと見ていたのか、すなわち「宿命の日米戦争」はいつ勃発すると考えていたのであろうか。

それは、三年後の一九三五（昭和一〇）年である。この年までには、アメリカは、ロンドン海軍条約で認められたが未完である海軍（Paper Navy）を、現実の海軍（Real Navy）と化しているはずである。言い換えれば、アメリカは、日本海軍に対して約四割近い優勢を実現していることになる。すなわち、日米戦争の最後の条件が、このときには、充足されている、と言うのである[8]（池崎、一〇四～一〇五頁、一〇九頁）。

**清沢の日米海軍比率解釈**　この点、清沢は、開戦の条件を日米両国民の感情の同時沸騰に限って、これに海軍の優劣を含めていないばかりか、ワシントン海軍条約とロンドン海軍条約の下での一〇対六の艦隊比率自体についても、池崎のようには、一方的にどちらか有利だとか不利だとかという議論の仕方をしていない。

彼は、世界の海軍専門家の一致した見解であるとして、アメリカの「十割艦隊」も日本に近づけず、また日本の「六割艦隊」もアメリカのホーム・ウォーターに近づけないので、日米の大会戦の機会はない、と言うだけで、池崎がセンセーショナルに取り上げた一九三五年日米開戦説などまともに相手にしていない。

## 第三節　満州問題

### 1　池崎の見解

**アメリカの「古傷」満州**　一九三五（昭和一〇）年、優勢な海軍をほこるアメリカは、何を口実に日本に戦いを挑むというのであろうか。池崎は満州問題であると言う（池崎、一〇五頁、一〇九頁）。

すなわち、彼は、満州問題は日米戦争の原因となりうる、とみなしているのである。

彼がこれほど満州問題を重視するのは、日露戦争後、過去二〇数年にわたる満州と中国に対するアメリカの関係に鑑みてのことであった。彼は、アメリカの満州貿易は取るに足りない、対満投資は皆無に近い、と指摘しながらも、それにもかかわらず、アメリカにとっての満州問題は、単純な利害の問題ではない、算盤勘定を離れた感情と自尊心と原則の問題であるとみなす（池崎、二六～二七頁）。そして、過去二〇年を次のように要約する。

一九〇五（明治三八）年のハリマン事件以来、満州で戦われた日米争覇戦は、アメリカ側の見るも無残な敗戦の連続に終わり、アメリカは、この惨憺たる敗戦を記念する「古戦場」に対して不快なる記憶を抱くにいたった。特に、錦愛鉄道の起点である錦州の名は、奉天を知らないアメリカ人でも、敗戦を物語る「最も著名な古戦場」として記憶している。そして、同時期、アメリカは、終始、門戸開放主義を掲げて、公然と「支那の擁護者」として振る舞って来た。

このような過去二〇数年の行きがかりを引きずり続けているアメリカが、満州事変の勃発を見、錦州事件の発生を聞いたとき、その胸裏に潜在する「不快な記憶」が呼び覚まされ、「古傷」に触れられた思いをし、同時に、「支那人の擁護者」としてのプライドが傷つけられた、と池崎は断じる（池崎、二六～二七頁、三八頁、七三～七四頁）。

## 「生存」対「条約」

池崎の見るところでは、満州問題は、アメリカが満州国の独立を承認するか、あるいは、日本が満州を「吐き出す」かしないかぎり、その解決はない（池崎、一〇九頁、一一〇頁）。

しかし、どちらもありえないことである。なぜなら、彼に言わせると、アメリカにとっては、日本の満州における行動は、その感情を逆なでするものであるばかりか、九カ国条約とパリ不戦条約を支柱とする門戸開放主義というアメリカ極東外交の原則と真っ向から対立するもので、他方、日本にとっては、満州問題は、国家と国民の「生存」の問題であるからである。

当然、池崎は、「条約」より「生存」を優先させて、次のように断言する。「いくら国際条約が大切だからといって、自国の生存を危険に陥れたり、自国の幸福を犠牲に供してまで、愚直に国際条約を遵守すべき義務はない」、「国家や国民の幸福は、到底一片の羊皮紙《パーチメント》には換えられない」。なぜなら、「国家のための条約であって、条約のための国家ではないから」である（池崎、九〇〜九四頁）。

池崎が言うように、満州問題に適用されるアメリカの条約絶対主義、原則絶対主義と日本の生存権の主張とは、氷炭相容れない性質のものであれば、その解決は樽俎の上では不可能である。強いて、どちらか一方が完全な満足のいく形での解決を求めようとするならば、彼と同じく、言葉は無用で、有用なのは腕力だという結論にならざるをえない。

## 2　清沢の見解

### 日米の一衝突原因

これに対して清沢は、満州問題に関して、池崎と事実の認識と評価においてはいくつかの共通点をもちながら、対照的な結論に達する。

満州事変を不快と思ったアメリカ人もいたこと、錦州事件でアメリカ人の神経が尖ったこと、すなわち、感情問題としての満州問題が日米の衝突原因の一つとなっていることは、清沢も認めるところである。しかし、彼は、池崎と違い、これを戦争の原因になるとは考えない。すなわち、アメリカ国民の感情を沸騰点にまで上昇させるような問題ではないと見ていたのである。

### 低い満州への関心

なぜ満州問題が日米の衝突原因たりえても、戦争原因たりえないのか。その理由を、清沢は次のように述べる。

アメリカは世論の国であるが、その世論の大部分を占める大衆は、満州の所在さえ知らない。従って、満州問題なるものにも、ほとんどまったく興味をもっていない。ゆえに、アメリカ国民はこのような満州問題で戦争をする意志はない、と。

このようなアメリカ人の満州への無関心の典型的な例として、清沢は、全米最大の発行部数を誇るハースト系の新聞に時事評論を書いているブリスベンの記事を引用する。

「上海事件や満州事変でかれこれいつたあのうるさい役人達は決してアメリカ国民の代表者ではないのである。日本はその過剰人口の為に土地を必要とする。又その土地をよく開拓し、その住民を保護する能力を持つてゐる。さうするのは日本の勝手だ。日本がアメリカの土地を取て行かうといふのではない限り我々は日本の行動に対して全く無関心である。日本が支那から満州何方マイルの土地をとり、三千万の人口を我物としようとも アメリカの関するところではない。我々は黙つてみてゐる。否寧ろ喝采したいくらいだ――我アメリカ国民、少なくともその九割は日本と同様国際連盟のことなんか少しも考へてゐない」(清沢、三三五～三三六頁)。

これが「アメリカ人の声」であると、清沢は言うのである。そして、満州での争覇戦に敗れて、恨み骨髄のアメリカ人は、満州問題を蒸し返して日本に戦争をしかけるという池崎に向かって反問するかのように、清沢は次のように言っている。

「もしアメリカ人の内で、何人かが『満州問題の故に、米国は日本と戦ふべし』といふ議論をなした事実があつたら、乞う與り聞こう」(清沢、三三六頁)。

それでは、清沢は、門戸開放主義と生存権の主張という原則面での対立について、どのように考えていたのであろうか。

**解けない原則の対立**

この点でも、ある程度までは、池崎と意見を共有する。清沢も、満州問題が日本の生存権の問題であることを認めている。さらに、生存権が条約に優先することも認めている。彼に言わせれば、「必要の前に法律なし」の原則は、国際政治の場においては、真理である。殊に、現在のように国際政治構造の基礎が「国家主義」である場合、なおさらそうである（清沢、一一二頁）。

このような認識から、「fait accompli（既成事実）」として、満州国も「立派な国家」として認める（清沢、三六七頁、三六九頁）。そして今後のアメリカについては、九カ国条約とパリ不戦条約を支柱とする門戸開放主義に終始し、永遠に満州国を承認することはあるまい、と推察しているのである（清沢、一三八頁、二九七頁）。

### 門戸開放主義は打算外交

このように日本があくまで生存権優先の原則に固執して、池崎が言うように、満州を「吐き出す」ことがなければ、これまた門戸開放主義の原則をあくまで貫こうとするアメリカとの妥協の余地はなく、ついには干戈に訴えざるを得なくなるのではないか。

そうはならない、と清沢は言う。すなわち、この原則の対立もまた、日米衝突の原因ではあっても、戦争の原因にはなりえないというのである。

彼によれば、門戸開放主義は、「ダラー・ディプロマシー」の別名である（清沢、一二八頁）。「ダラー・ディプロマシー」とは「算盤外交」、すなわち、儲からないことはしない「打算外交」のことなのである（清沢、一二八頁）。だから、アメリカにとって貿易の面でも「全くものの数ではない」満州（清沢、一〇五頁）のことで、アメリカが戦争を始めることなど思いもよらぬことなのである。

### 「黙殺」の勧め

彼の予想では、門戸開放主義の本尊としての、また、九カ国条約とパリ条約の提唱者としても「義理」から、アメリカは今後も執拗に満州問題で日本に対して「差出口」をきくであろうが（清沢、三三四頁）、この抗議は、「紙上」においてであって、「剣」によることはない。

では、日本はこの抗議にどのように対応したらよいかというと、清沢の勧めるところは、「黙殺」の二字であった（清沢、三〇一頁）。ただし、黙殺したまま何もするなとは言ってはいない。黙殺しつつ、特にアメリカ人には満州を開放し、満州外の中国本土では、不平等条約の改正などで、中国に譲るべきところは譲り、緊張の緩和を図る必要性を説いている（清沢、三六八〜三七〇頁）。このような提案も、日米開戦の蓋然性を今一層低くするために、不断の努力をすべきだという彼の信念から発していることは、言うまでもない。

**運命論と自由論への還元**

以上、見て来たように、池崎は、満州問題を口実として、アメリカが腕力を現実にふるえるようになる時期は、既に反日で統一している世論に加えて、海軍力の対日優勢が現実になる一九三五年である、つまり、「多年の問題だつた日米戦争の勃発は、もはや避けがたい宿命だ」と断定した（池崎、一一五頁）。そして、さらにこの独断の上に立って、「露骨にいふと、『戦はば今』といはなくてはならない」と、機先を制して日本から戦争をしかけろとまで言い放ったのである（池崎、一一〇頁）。

これにたいして、清沢は次のような視角から論じる。

「今回、米国が一九三五年後において海軍力完備するのを待たずに、それ以前に何等かの策に出づるの賢なるを説く者がある。戦ふことの必須を信じる者は、敵のなお微弱なるに乗じて一撃を加ふべしとの立場をとることは、元より当然であつて、問題は、もつと根本に遡のぼつて『果て戦はねばならぬかどうか』が議論の余地あるのみである」（清沢、九五頁）。

このように、両者の対立は、本章の第一節で指摘しておいたように、まさに運命論と自由論という思想上の根本的対立に還元されるのである。

## 第四節　日米開戦

### 1　アメリカの安全保障政策

#### 日米不戦論の留保条件

サイパンが陥落し、日本の敗色が一段と濃くなった時期に、清沢洌が「予言者のような人」と評され、池崎忠孝が「まるで間違っている」と評されたことは、本章の第一節で指摘した通りである。周知のように、日米戦争は確かに起こったが、一九三五年ではなく一九四一年のことであった。

さらに、戦争の直接原因は満州問題ではなかった。しかも、この批評がなされた一九四四年七月の時点でも、日本が勝者の栄冠を戴くどころか、惨めな敗者の地位に就かざるをえないことは、目に見えていた。故に、池崎は「まるで間違っている」という批評は、正鵠を射ている。

それでは「予言者のような人」という清沢に対する評は、どうであろう。実は、彼が「アメリカは日本と戦はず」と言うとき、「少なくとも日本が現在の政策をとつて居る間は」という留保条件をつけているのである。換言すれば、「日本がその活動の範囲を東洋に限つて居る間は」、日米戦争はない、と言うのである(清沢、三〇一頁)。これを逆に言えば、日本が東洋外の問題に関与し、間接的にせよ、アメリカの安全を脅かすようなことがあれば、アメリカは日本と戦う覚悟をするということであろう。

#### アメリカにとっての三国同盟

アメリカの基本的な安全保障政策は、ある一国がヨーロッパのヘゲモニーを握るようなことがあれば、アメリカへの直接の脅威となるので、そのような危険が切迫した場合は、これを阻止すべく、ヨーロッパに軍事的に介入するというものである。

日本が三国同盟を締結した時期は、まさにそのような危険が切迫していると感じられた時であった。ナチス＝ドイツがまさにヨーロッパを武力統一せんとしていた時であった。

グルー駐日大使がその日記に次のように書いている。

「三国同盟が成立した今日、われわれはもう日本を一つの国として見、一つの国として取り扱うことは、出来ない。日本は一つの組の一員となったのである。われわれの対日態度は、その組全体に対する態度でなくてはならぬ(9)」。

グルーが言うように、日本は、三国同盟を結ぶことによって、その活動の範囲を東洋の外に拡張したのである。つまり、これによって、清沢の「アメリカは日本と戦はず」という結論の前提が崩れたのである。泥沼化していた日中戦争、つまり東洋問題では、執拗に口は出したが、手を出すことは控えていたアメリカも、三国同盟に続けて、日本が、ドイツに対して孤軍奮闘しているイギリスの植民地に向かって南進したとき、日本と戦う決心をしたと見てよいのである。この決心がなければ、対日石油禁輸に踏み切れなかったであろうし、ハル・ノートをたたきつけることもできなかったはずだからである。

## 2　「予言者」としての清沢

### 持久戦を予言

筆者は、以上のような観点から、清沢を「予言者のような人」だと思うのだが、真珠湾の奇襲成功に大喜びしたのもつかの間、今やサイパンが落ちて、確実に空襲を目前にしている当時の日本国民が、清沢の著書を読んで、彼を「予言者」と感じたとしたら、それは筆者とは違った観点からであったろう。

例えば、清沢は、日米戦争になると、それは必ず九ヵ月から五年にわたる持久戦になる、持久戦は経済戦を意味する（清沢、一六七頁）という見方から、次のような予想を描いて見せる。

「かりに日本が米国艦隊を撃破して、ヒリッピンと布哇〔ハワイ〕とグアムとアラスカとアリユシアン島を手に入れたとしよう。しかしこれだけで米国を屈せしむるにはたらぬ。更にパナマ運河を占領し米国の太平洋沿岸を奪ひ、或は進んでワシントン及び紐育を占領して城下の盟をなさしむるの外はない。これがためには日本は実に強大な海軍力を準備せねばならぬ。……米国の二倍の海軍力と少なくとも五百万の陸軍を用意してかからねばならず、この遠征軍に伴ふ輸送船隊、特務機関等も備へねばならぬ。談、豈容易ならんやである。かくて日本の力が、未だ以て米国を徹底的に屈せしめることは困難だといふのが専門家の意見である」(清沢、三四七頁)。

一九四四年当時の人が、この文章に出会ったとき、彼らは、まさに清沢は「現代を予言している」と思ったに違いない。

**戦争の悲惨さを予言**

さらにまた、清沢は、戦争の悲惨さについて、次のように具体的に描写している。

「戦争の悲惨であること—例えば日本が飛行機爆弾の標的となって、日本の如き木造家屋を有する国が最も危険に曝されること、貿易の大部分的途絶により、衣食住の欠乏から来る窮迫、生産者の出征による生産の減少、等については、暫くこれを不問に附するとしよう。国内的に予見しうる危険は社会不安からおこる○○〔革命か—引用者〕である」(清沢、三五一〜三五二頁)。

この文章は、絶対国防圏を破られた直後の日本人には、極めて切実に感じられたことであろう。戦災・窮乏・社会不安、それは、速足で近づきつつある近未来であると実感しえたであろう。

**一二月八日の清沢**

このように、一九三二年の時点から、日米戦争に対する楽観論と無責任な扇動を戒め、戦争のもたらす悲惨さを読者に訴えることによって、清沢は、人智の未来形成力を信じて、日米戦争の回避、平和への努力を続けた。

そんな清沢は、どのような気持で一九四一年一二月八日を迎えたのであろうか。日米戦争が現実になっても、彼の哲学的自由論者としての信念は不動であった。彼には、この戦争が宿命的で不可避であったとは思えなかった。ただ、自己の努力が足りなかったのでは、と思い悩むばかりであった。

「僕は一二月八日、大東亜戦争勃発の時にもった感じを忘れることはできない。私は愛国者として、これで臣節を全うしたといえるのか。もっと戦争を避けるために努力しなければならなかったのではないかと一日中煩悶した。米国の戦力と、世界の情勢を知っていたからだ(10)」。

(1) 清沢洌『暗黒日記』評論社、一九八〇年、三八〇～三八一頁。
(2) 一九三二年の日米戦争論については、秦郁彦『太平洋国際関係史』福村出版、一九七二年、の第七章「一九三二年の日米危機」を参照せよ。
(3) 池崎忠孝『宿命の日米戦争』先進社、一九三二年、序の一頁。以下、同書関連部分は、著者の姓と頁のみを本文中に記す。
(4) 清沢洌『暗黒日記』に、橋川文三らによって付された「仮年譜」、八九五～八九七頁を参照せよ。
(5) 清沢洌『アメリカは日本と戦はず』千倉書房、一九三二年、序の一頁。以下、同書関連部分は、著者の姓と頁のみを本文中に記す。
(6) 清沢は、「結論」の「上、戦争なしとする理由」三三一～三六〇頁で、八つの理由を挙げている。
一、アメリカには、満州問題で日本と戦う意志はない。
二、アメリカの民衆は、日米戦争に関心がない。
三、アメリカは、不戦条約の主唱者である。
四、アメリカでは、宣戦の権限が議会にあり、海軍の総司令官は大統領である。
五、日米両国は、日米戦争の勝敗に確固たる自信がない。
六、アメリカには、言論の自由がある。
七、日米両国は、距離が遠く、衝突の機会が少ない。
八、日米両国民、特に中堅は、日米間の懸案の解決のために戦争に訴えるほど愚かではない。
(7) 清沢は、「結論」の「下、日米関係を如何にするか」(三六一～三七四頁)で、四つの具体案を提唱している。
一、アメリカは、アラスカを日本に譲ること。

二、日本は、中国本土で列国を融和すること。
三、日本は、満州で列国中特にアメリカを融和すること。
四、日米両国は、日米間に紛争解決のための常設機関を設けること。
（8）実際には、八インチ大型巡洋艦の対米比率は、ロンドン海軍条約が一九三六年以後も継続されるとすると、次のようになる。
一九三五年、七割二分三厘。　一九三六年、七割八厘。　一九三七年、六割三分八厘。　一九三八年、六割二厘。
（9）J・C・グルー著／石川欣一訳『滞日十年』下巻、毎日新聞社、一九四八年、八二頁。
（10）清沢洌『暗黒日記』、一九四三年七月九日の記事、八八頁。

# あとがき

著者の尊敬するイアン＝ニッシュ教授の名著『日本の外交政策 1869-1942――霞が関から三宅坂へ』（宮本盛太郎監訳、ミネルヴァ書房、一九九四年）の「日本語版への序文」のなかで、教授は次のように書いておられる。

「外交政策を形成するのは人間である。このことは、日本でもどこの国でも変わることはない。……外交政策に関して、日本にもいくつかの選択が存在した。そこで論争が起こる。そして選択し、それを正当化する必要に迫られたのは、人間であった。このように、日本の外交政策は、不可避の宿命ではなくて、あれこれと比較考量の上選択する人間精神の営みの所産なのである」。

今、『大正外交――人物に見る外交戦略論』をまとめ上げて、外交政策の論争・選択・正当化は、首相の原敬や外相の幣原喜重郎ら外交家の「人間精神の営み」であるだけでなく、朝河貫一、宇垣一成、姉崎正治、水野広徳、清沢洌、池崎忠孝ら外交家でない人達の「人間精神の営み」でもあることをひしひしと感じている。

著者も、今後とも日本外交史に関する研究成果を公表することによって、ささやかではあるが一学者として、外交政策に関する「人間精神の営み」を続けて行きたいと思っている。

著者が日本外交史に関する著書を初めて公刊したのは、一九九〇年のことである（『日本外交の基軸と展開』ミネルヴァ書房）。編集を担当して下さったのは、当時編集長で現在社長になられている杉田啓三氏であった。そのとき杉田氏が例のざっくばらんな調子で「先生、五年に一本は本を出して下さいよ」と励まされたのを、著者は昨日のことのようにはっきりと覚えている。

ところが、あれからはや一一年の年月が流れてしまった。杉田社長の激励を空しくして内心忸怩たるものがある。が、一方では、遅まきながらも、なんとか第二子を誕生させることができてほっとした気持ちもある。

いまや天から与えられた人生の方は、三分の二以上使い果たしたと思われるけれども、学究生活の方は、大学院修士課程終了を出発点としてマラソンに譬えると、まだ折り返し点を過ぎたところであるので、このあと第三子、第四子とできるだけ多くの我が子を誕生させたいと、大いに張り切っている。そしてこの生活分野では、老いて益々盛んと言われるようなりたいと願っている次第である。

本書の発刊に際して、第二子の誕生を我慢強く待っていて下さった杉田啓三社長以外にも、この場を借りて特に謝意を表したい人たちがいる。まず、風行社から出版された宮本盛太郎編『近代日本政治思想史発掘』（一九九三年）に掲載された二つの論文を、本書に序章「朝河貫一の日米関係論——日露戦争から日米戦争まで」と終章「清沢洌対池崎忠孝——満州事変後の日米戦争論」として収録することを快く許可して下さった同社の犬塚満社長に心から感謝したい。

次に、本書の編集を担当して下さった梶谷修氏にも謝意を表したい。氏とは、宮本盛太郎教授と著者の共著である『夏目漱石——思想の比較と未知の探求』（ミネルヴァ書房、二〇〇〇年）に続き、二回目の共同作業に従事することになったが、前回同様、てきぱきとした仕事ぶりに感心させられ、本づくりに対する真摯な態度に頭が下がる思いをした。

また、著者が参加している二つの研究会、すなわち、宮本盛太郎教授主宰の政治思想史研究会と中西輝政教授主宰の京都・国際史研究会の会員の皆様には、日ごろ貴重な学問上の意見と刺激を頂戴していることに対して、この場を借りてお礼申し上げたい。

最後に私事ながら、「大正」について書かれたこの本を、大正五年に生まれ、平成一一年に八三歳で亡くなった父と、大正一一年に生まれ、五人の子供を育てて今年七九歳になった母の二人に捧げたい。

二〇〇一年五月

箕面の粟生間谷にて

関　静雄

# 初出一覧

序　章　朝河貫一の日米関係論——日露戦争から日米開戦まで
（「朝河貫一におけるキリスト教と二つの祖国」の第二節「朝河貫一と日米関係」宮本盛太郎編『近代日本政治思想史発掘』風行社、一九九三年）

第一章　宇垣一成と第一次世界大戦
（書き下ろし）

第二章　水野広徳と第一次世界大戦
（「水野広徳と第一次世界大戦（一）」『帝塚山大学教養学部紀要』第三八輯、一九九四年）

第三章　姉崎正治対水野広徳——第一次世界大戦後の日本の進路
（「水野広徳と第一次世界大戦（二）」『帝塚山大学教養学部紀要』第四一輯、一九九五年）

第四章　宇垣一成と第一次世界大戦後の日本の進路
（書き下ろし）

第五章　原敬の日米提携論と日支親善論
（「原敬の外交指導」『帝塚山大学教養学部紀要』第三七輯、一九九四年）

第六章　水野広徳の対米海軍八割論

（「水野広徳の対米八割論」『史』第八二号、現代史懇話会、一九九三年八月。「続・水野広徳の対米八割論」『史』第八三号、現代史懇話会、一九九三年一二月）

第七章　幣原喜重郎と排日移民法

（「幣原外交と排日移民法」『帝塚山大学教養学部紀要』第四三輯、一九九五年）

第八章　幣原喜重郎の対支内政不干渉論

（「幣原喜重郎の『対支外交』――内政不干渉主義を中心に」岡本幸治編『近代日本のアジア観』ミネルヴァ書房、一九九八年）

終　章　清沢洌対池崎忠孝――満州事変後の日米戦争論

（「一九三二年の日米戦争論の一側面」の第一節「清沢洌と池崎忠孝の比較」宮本盛太郎編『近代日本政治思想史発掘』風行社、一九九三年）

# 人名索引

## あ　行


秋山真之　186
朝河貫一
　——の真の愛国　6-7,13
　——の「積極公正方針」　14
　——の『日露衝突』（*The Russo-Japanese Conflict*）　4,6
　——の「日本の対外方針」　1-3
　——の『日本の禍機』　3,6
　——のヒトラー観　11-12
　——の歴史観　11
麻田貞雄　216
姉崎正治　64,85,99,101-102,104,108,112-113,210
　——の軍国主義　89-92,110
　——の国際政治観　96-97
　——の「十九世紀文明の総勘定」　87,109
阿部善雄　15
荒木貞夫　49
有馬学　143
池井優　45,47,57,243
池崎忠孝　245
　——，運命論者池崎　249,259
　——の『宿命の日米戦争』　246-247
　——の1935年開戦説　253-254
池田成彬　22
石橋湛山　27,53,101,176-177,182,188
　——の軍備撤廃論　177-179
石橋正嗣の『非武装中立論』　179
石原莞爾　9,60,172
板垣征四郎　9
伊藤博文　5,8,201
伊東巳代治　158,166,167-168,170,242
稲畑勝治　201
井上清　45,47,51,57,143
ウィルソン，W.　64,92,100,121,165,210
ヴィルヘルム二世（カイザー）　1,17,48,59,68,126
　——の匈奴演説　4
上原勇作　229
ウォーナー，L.　14
宇垣一成　69,105,145,229
　——，機会主義者宇垣　30-31,43
　——，組閣の大命　50
　——のアメリカ観　35-37,47,131-137
　——のイギリス観　33-35
　——の英米観　131-137,141,143
　——の大隈外交批判　30-31
　——の軍備論　123-125,129-130,136-137,142
　——の軍民一致　20-21
　——の経済の戦争　117-118,128
　——の国民の戦争　20-21,128
　——の国家主義　19,49
　——の３ｘ　130-131,133,137
　——の人種論　17-19
　——のソ連観　56,137
　——の対欧米戦論　28-29
　——の対中政策手段　29-31,44-45,140-142
　——の中国観　44-47,51,56-58,139-142
　——の朝鮮観　19,23,144
　——の天皇論　19
　——のドイツ観　31-33,51,118,143-144
　——の日中貿易論　26-27
　——の北進論　22-24,41
　——の満州移民論　23
　——の満州（満蒙）優先論　22-23,51

——の陸主海従論　24,27-28,39-40,70-72,126
——，リアリスト宇垣　22,30,41,56,122-123,135,137,144
臼井勝美　243
内田康哉　98-99,164
梅森直之　50
エンジェル，N.　61-63,65-68,83,88-90,107
——の『大いなる幻想』　61,82
大隈重信　100
大谷喜久蔵　138
岡義武　173
小川平吉　8-9,231-232
尾崎行雄　177
小野旭　52-53

## か　行

郭松齢　230,233-235
加藤高明　163-164,182,185,187,212,228
加藤友三郎　143,163,185-187
加藤弘之の『人権新説』　48
金子堅太郎　14,202
木村鋭市　242
木村久迩典　192
清沢洌　207,245
——，十二月八日の清沢　262
——，哲学的自由論者清沢　249,259,262-263
——の『アメリカは日本と戦はず』　246,248
——，予言者清沢　245-246,261-262
クーリッジ，C.　199-200
グルー，G.　261
グレー，E.　212-213
グロティウス，H.　64,96,104,110
ケインズ，J. M.　61-62
——の『平和の経済的帰結』　61,83
ケネディ，P.　84
ケロッグ，F.　241-242
呉佩孚　224-227,229-230
小磯国昭　105
河本大作　8-9
児玉源太郎　5
児玉秀雄　225
後藤新平　159
近衛文麿　12,112,143,145
——の「世界の現状を改造せよ」　145
小林躋造　186
ゴビノー，A. P.　48
コルチャック，A. V.　138,166

## さ　行

西園寺公望　8,21,121,201
佐伯彰一　216
阪谷芳郎　204
佐藤鉄太郎　187
佐藤尚武　165
幣原喜重郎　101,171-172,199,201,203-204,210,214
——のアメリカ観　206-207
——の共産主義観（ソ連観）　234,243-244
——の共存共栄主義　209,221
——の経済外交　221,241
——の国際協調主義　222,241
——の国際公約遵守主義　221,226
——の処女演説　197
——の正当なる権利利益　209,213-214,222
——の世論観（国民観）　210-211,213
——の対支内政不干渉主義　220-225,227,229,235,240
——の対米抗議法　250
——の田中外交批判　210
——の中国ナショナリズム観　219-220,240
——の歴史観　209
渋沢栄一　202-203
渋沢雅英　216
シュリーフェン，A.　60,65
蔣介石　58,237-240

ジョンソン，A.　215
白川義則　231
晋林波　173
スチムソン，H.　217,250-252
ステッド，W. T.　172-173
斉燮元　224
関寛治　56-57
孫伝芳　230
孫文　233

## た 行

高橋是清　143,164,166-167,229
田中義一　8,50,133,166-168,171,173,210
ダニエルズ，J.　53,133-134
段祺瑞　43,226,230
チャーチル，W.　107
張作霖　224-227,229-230,234
陳友仁　238
テーラー，A. J. P.　84
出淵勝次　224
寺内正毅　153,155,157-159
東郷茂徳　14
東条英機　22,245
徳富蘇峰　103,201,215
戸部良一　47,56,144

## な 行

永井柳太郎　101
中江兆民　209-210
永田鉄山　50
夏目漱石　49-50
西本元　185
ニッシュ，I.　265
新渡戸稲造　101,172,202

## は 行

バーンハート，M.　105
秦郁彦　216
服部龍二　243
埴原正直　112
原敬　21,56,59,80,97-98,112,121,131-132,201,223
——，ジャーナリスト原　151,160-162
——のアメリカ観　148-149
——の援張策　171,173,223
——の欧米旅行　148-149
——の大隈外交批判　151-153,169-170
——の外交目標　169-170
——のシベリア出兵反対論　156-159
——の政治観　160-161
——の政治スタイル　162-163
——の対支傍観策（内政不干渉策）　153-154
——の中間策　164-169
——の寺内外交批判　169-170
——の南北妥協策　154-155,170,173
——の日米提携論（日米協調主義）　150-151,157-158,167,171-172,223
——の日支親善論　151-153,171-172,223
——の満蒙観　169-170
——，山県有朋との関係　163-164,173
ヒトラー，A.　11-12
ヒューズ，C.　199-200,214-215
馮玉祥　229-230,233-235
福田徳三　100,110
船津辰一郎　228
ブライス，J.　206-208,212
ブリスベン，A.　257
ベルンハーディ，F.　87-90,109
——の『ドイツと次の一戦』　88-89
細谷千博　21
ホッブス，T.　64-65,96,104,110,180
ボラー，W. E.　250,253
堀真清　47
ボロディン，M.　233

## ま 行

牧野伸顕　111

松井慶四郎　203-204
松岡洋右　12
　——の幣原外交批判　211-212
松下芳男　74,81,192
水野広徳　67,99-100,103,111-112
　——のアメリカ観　79-81,106
　——の海主論　69-72
　——の軍国主義　72-73,90-95,104-106,109-110
　——の軍備縮限論　107-108,184,189,193
　——の軍備論　67,70,76-77,80-81,106-108,180-182
　——の国際社会観（国際政治観）　63-64,106,180
　——の国家観　181-182
　——の思想の大転化　81-82,85,90,108,175,179,192
　——の「戦争我観」　60,73
　——の戦争否認論　74,77,80-82,108
　——の戦争不滅論　63-65
　——の総力戦論　93-95
　——の対米海軍八割論　188,190-191,193
　——の『次の一戦』　60,72-73
　——の「剣を解くまで」　74,84
　——の人間観　63,181
　——の「バタの臭」　74,77,84
　——の『無産階級と国防問題』　68
　——のロンドン空襲体験　74-78
　——の「我が軍国主義論—姉崎博士の所説を疑ふ」　81,88
三谷太一郎　172-173
美濃部達吉　50,201
三宅雪嶺　98
宮本盛太郎　82-83,85,192
三輪公忠　215
本野一郎　154
森鷗外　17,48
森岡正平　237-238
森恪　172,242

## や・ら・わ　行

矢田七太郎　239
山県有朋　163-164
山梨勝之進　185
横田千之助　157
芳沢謙吉　228,236,238-239
吉野作造　110-111,210
ルーズベルト，F.の天皇宛書簡　14
盧永祥　224
渡辺正雄　48

# 事項索引


### あ 行

アガディール事件　66-67
アメリカ艦隊太平洋大演習　251,253
アメリカの安全保障政策　260-261
アメリカの対独参戦　36,92-94,150
アメリカの対独断交　36,64
石井・ランシング協定案　170
移民問題　23,27,53,100,112,120,135
宇垣軍縮　123,143
ウラジオ出兵　157-158
援呉策　226-227
援蔣策　240
援段政策　153-155,159
援張策　171,173,225-227,229,234-236
大隈内閣
　——の参戦外交　152
　——の排袁策　152
オムスク政府　138-139,166

### か 行

郭松齢事件　230,233-235
革命外交　214,222
関東軍　9-10,233
関東軍司令官命令　235
九カ国条約　255,258
義和団の乱　4
錦州事件　250-252,255-256
軍国主義　62-63,88-95,104
軍備撤廃の制度的保障　180
桂園時代　162
経済戦争　117-118,128,143
現状維持　118,120-121,144
現状打破　118
元老の外交容喙　163-164
黄禍論　2,17,48
江浙戦争　224
国際協調　96-99,101-102,104,111,210
国際連盟　102,111,119-124,129,141,145,180,
　210,257
国民党　233-234,236
　——の北伐　57-58,237,239

### さ 行

サイパン陥落　245,260-261
山東問題　121-122,131-133
三民主義　233
自給自足　38-41,43,53,71,103,105,126,
　128-130,138,142
幣原外交　57,172,197,208-209,211,213-214,
　236,241-243
シベリア出兵　41-43,56,138,155-159
シベリア撤兵策　165-167
社会ダーウィニズム（ソーシァル・ダーウィニズム）　17,26,48,89,116
上海事変（第一次）　9-10,247,250-252
人口増加（過剰）　23,27,53-54,120,129,135,
　257
人種差別撤廃問題　112,121-122,132
新四国借款団　131,133-134,167-171
スティムソン=ドクトリン　250
正義・人道　35-36,92,100-101,116,120,124-
　125,129-130,143,201-202
星条旗盗難事件　198-199
政友会　227,229,231,236,242
世界のアメリカ化　149-150,172
世界の大勢　116,119,129-130,143,149,167,
　210

総力戦　20,38,49-50,56,93-95,103-105

## た　行

第一次大戦中の工業製品輸出　53
第一次大戦中の貿易黒字転換　52
第一次大戦中の労働移動　52
第一次大戦中の労働者の増加　52
対華二一カ条の要求　31,152
対米海軍七割論　186-187,190
対米海軍六割論　190
対米海軍十割論　182-184
台湾銀行救済　242
脱亜入欧　200,203
田中外交　210,242
ダニエルズ建艦計画　53
ダラー・ディプロマシー　258
中国共産党　233,239
中国市場　53,56
中国ナショナリズム　43,45-46,57-58,214,226
長期戦　37-38,41,124,125-128
張作霖爆殺　8
帝国国防方針　186
転換期　147-148,150,172
天皇機関説　50
ドイツ勢力の東漸(独力東漸)　42-44,56,137,155-156
ドイツの敗因　125-128
東京空襲　76,85

## な　行

ナチス　143,261
南京事件　237,241-242
——の三国公使案　238-239
——の制裁案　240-241
——のタイムリミット問題　238
——の背景　238-240
二個師団増設　51
西原借款　159
日英同盟　132,150
日独伊三国同盟　12,261
日独防共協定　11,143
日米交渉　13
日米紳士協定　200,203
日米戦争もの　245-246,248
日露戦争　2,4,20-22,35,79
日華陸軍共同防敵軍事協定（日華軍事協定）　43-45,56-57,155
日ソ基本条約　234

## は　行

拝金主義　103
排日移民法　101,112,199
——，抗議の国民大会　198
——，小学生の抗議　215
——，対米抗議公文　204
——と親米家　202-203
——と帝国議会　201-202,215-216
——のその後　208,217
——，排日条項　200,204
排日土地法　100-101
白禍論　201
八・八艦隊　53,182-183,185-186,191-193
バトル・オブ・ブリテン　12
パナマ運河通行税　206
原外交　97-98,171-172,223,243
原内閣の成立　159
パリ講和（平和）会議　99,116,118-120,138,167
パリ不戦条約　255,258
ハリマン事件　255
反過激派援助策　155-156
非常時　49-50
ブレスト・リトウスク講和条約　43
奉直戦争（第二次）　224,233,235,243
ボラー決議案　176

## ま　行

満州経営論　5,8

満州事変　9-10,208,223,247
——とアメリカ世論　250-253
満州問題　254-260
満蒙（満州）特殊権益　168-172,223,225-231,235-236,242
満蒙除外問題　167-170
満蒙の秩序維持　231-232
民生主義　233
民族自決　118-119
民本主義　102-104,210
無制限潜水艦作戦　32,78-79
メキシコ油田利権回収事件　213
門戸開放主義　8,255,257-258

## や・ら・わ　行

Uボート　79
陸海軍費（海軍費）　53,55,184
連ソ容共　233
ロシア革命　41,43
ロンドン海軍条約　254
ワシントン海軍会議　53,190-191
ワシントン海軍条約　254

《著者紹介》
関　静　雄（せき・しずお）

1947年 9 月生まれ
京都大学大学院法学研究科博士課程修了（日本政治外交史専攻）
京都大学法学部助手，帝塚山大学教養学部教授を経て，
現　在　帝塚山大学法政策学部教授
主　著　『日本外交の基軸と展開』ミネルヴァ書房，1990年
『近代日本外交思想史入門』（編著），ミネルヴァ書房，1999年
『夏目漱石―思想の比較と未知の探究―』（共著），ミネルヴァ書房，2000年
P・ウィルソン，D・ロング編著『危機の二〇年の思想家たち』（監訳）ミネルヴァ書房，近刊

MINERVA 日本史ライブラリー⑪
大正外交
――人物に見る外交戦略論――

2001年10月15日　初版第 1 刷発行　　検印廃止

定価はカバーに
表示しています

著　者　関　静　雄
発行者　杉　田　啓　三
印刷者　田　中　雅　博

発行所　株式会社　ミネルヴァ書房

607-8494　京都市山科区日ノ岡堤谷町1
電話代表（075）581-5191 番
振替口座　01020-0-8076 番


創栄図書印刷・新生製本

ISBN4-623-03518-2

Printed in Japan

MINERVA日本史ライブラリー

①日本社会史における伝統と創造　トマス・C・スミス著　大島真理夫訳　A5判三二八頁　本体三六八九円

②南原繁と長谷川如是閑　A・E・バーシェイ著　宮本盛太郎監訳　A5判四一六頁　本体四八五四円

③明治の機械工業——その生成と展開　鈴木淳著　A5判三八四頁　本体五五〇〇円

④「老農時代」の技術と思想　西村卓著　A5判三五二頁　本体五三〇〇円

⑤近代日本のアジア観　岡本幸治編　A5判三一六頁　本体五三〇〇円

⑥明治国家の成立　大江志乃夫著　A5判三七〇頁　本体五五〇〇円

⑦財閥形成史の研究〔増補版〕　安岡重明著　A5判五七二頁　本体六五〇〇円

⑧近代日本酒造業史　藤原隆男著　A5判四七二頁　本体五〇五六円

⑨三池争議——戦後労働運動の分水嶺　平井陽一著　A5判二三二頁　本体二八〇〇円

⑩近衞篤麿——その明治国家観とアジア観　山本茂樹著　A5判三三二頁　本体四五〇〇円

ミネルヴァ書房
http://www.minervashobo.co.jp/